Kohlhammer
Urban-
Taschenbücher

Band 340

Dirk Revenstorf

Psycho-therapeutische Verfahren

Band I:
Tiefenpsychologische Therapie

Zweite, überarbeitete und erweiterte Auflage

Verlag W. Kohlhammer
Stuttgart Berlin Köln

Meinen Eltern gewidmet
De mortuis nihil nisi bene

Die Deutsche Bibliothek – CIP-Einheitsaufnahme

Revenstorf, Dirk:
Psychotherapeutische Verfahren / Dirk Revenstorf. –
Stuttgart ; Berlin ; Köln : Kohlhammer.
Bd. 1. Tiefenpsychologische Therapie. –2., überarb. und
erw. Aufl. – 1994
(Urban-Taschenbücher ; Bd. 340)
ISBN 3-17-011628-2
NE: GT

2. überarbeitete und erweiterte Auflage 1994

Verlagsort: Stuttgart
Umschlag: Studio 23
Gesamtherstellung
W. Kohlhammer Druckerei GmbH + Co. Stuttgart
Printed in Germany

Inhalt

Menschen, die zu sehr an ihre Theorie glauben,
sind nicht nur schlecht darauf vorbereitet,
Entdeckungen zu machen,
sie machen auch dürftige Beobachtungen.

(Claude Bernard, 1865)

Vorbemerkung

In vier Bänden werden die zur Zeit populären Formen der Psychotherapie beschrieben. Anhand der Persönlichkeitstheorien, Vorstellungen zur Entstehung der Neurose und Durchführung in der Therapie mit Fallbeispielen und empirischen Ergebnissen sollen sie annähernd vergleichbar gemacht werden.

In diesem ersten Band des kurzgefaßten Überblicks über verschiedene Formen der Psychotherapie werden verschiedene Aspekte tiefenpsychologischer Therapie dargestellt. Während Freud den tiefenpsychologischen Aspekt des Verhaltens in Form eines Unbewußten elaboriert, der weitgehnd von verdrängter Sexualität und konflikthaften oder traumatischen Inhalten der Vergangenheit bestimmt ist, stellt Jung das Unbewußte zwar als gleichermaßen unergründlich, aber keineswegs als Reservoir unangenehmer Impulse dar. Vielmehr versucht er zu verdeutlichen, daß das Unbewußte eine Resource von Motivationen, Sichtweisen und Verhaltensmustern darstellt, deren Realisierung den Menschen erst vollständig macht. Dieses Reservoir ist etwas, das die Erfahrung des Individuums bei Jung überschreitet und einen kollektiven, archaischen Fundus darstellt.

Im Gegensatz zu dieser transpersonalen Dimension befaßt sich eine andere Richtung der Tiefenpsychologie und Therapie mit der Materialisierung der psychischen Phänomene im Körper des Individuums selbst. In den Körpertherapien Reichs und seiner Nachfolger werden nicht wie bei Freud und Jung kognitive Produkte, d.h. Träume oder Assoziationen, die um die Störung kreisen, betrachtet, sondern die körperliche Kristallisation der mit der Störung verbundenen inneren Haltung und Hemmung. Entsprechend ist der therapeutische Zugang ein körperlicher.

Neben der Projektion der psychischen Abläufe und Probleme in die Vergangenheit (Freud), ins Kollektive (Jung) und in den Körper (Reich) wird als eine weitere Dimension der tiefenpsychol-

gischen Betrachtungsweise die Projektion in den sozialen Raum betrachtet, die von Adler und von Berne in ganz unterschiedlicher Form pointiert werden.
Keiner, der sich ernsthaft mit Psychologie und Psychotherapie auseinandersetzt, kann an tiefenpsychologischen Befunden und Ideen vorübergehen, ohne sich dem Vorwurf auszusetzen, anthropologisches, philosophisches und praktisches Wissen über die menschliche Seele zu ignorieren. Manche betrachten dies als Quelle profunder Erkenntnis, andere als monströse Spekulation. Vermutlich stimmt sowohl das eine das andre. Jeder Therapeut weiß, daß eine biografisch-entwicklungsgeschichtliche Dimension bei den Problemen seiner Klienten wichtig ist, daß sich Störungen und deren Veränderungen auf bewußter wie unbewußter Ebene, ebenso im Körper wie in der sozialen Interaktion ausdrücken. Symptome wie etwa Phobien, Zwänge oder psychosomatische Erscheinungen, auch wenn sie vordergründig wie isolierte Dysfunktionen aussehen, können eine Bedeutung für die subjektive Sinngebung des individuellen Lebens annehmen. Die verschiedenen tiefenpsychologischen Schulen legen mehr Wert auf derartige Einsichten als dies andere Therapieformen tun. Bei der Suche nach Bedeutung resultieren allerdings manchmal Spekulationen, die in Phantastische gehen.
Für die zweite Auflage wurde der Text vollständig überarbeitet, inhaltlich vielfach ergänzt und neu geordnet, so daß der oben beschriebene sytematische Gesichtspunkt deutlich wird. Neben der Skizzierung ethischer Aspekte der Therapie wurde der methodische Teil auf den neuesten Stand gebracht, um eine kritische Rezeption der fast uferlosen Therapieliteratur zu erleichtern.

Dirk Revenstorf Frühjahr 1994

1. Einleitung und Grundlagen

1.1. Unterschiedliche Gesichtspunkte

Ganzheit, Norm und Kontrolle

In den folgenden Kapiteln werden eine Reihe sehr unterschiedlicher therapeutischer Verfahren diskutiert. Die Darstellung strebt keine Vollständigkeit an; denn dies ist nicht im Sinne des hier angestrebten Überblicks. Es gibt zur Zeit eine Unzahl von Therapieformen, und es entstehen anscheinend laufend neue. Das Anliegen des Buches ist, einerseits einen Einblick in die Vielfalt der bestehenden psychotherapeutischen Verfahren zu geben. Zum anderen sollen durch die Auswahl die grundlegenden Richtungen der Psychotherapie und deren Variationen deutlich gemacht werden. Hier wurde eine Einteilung in vier Gruppen von Therapieformen vorgenommen, die forciert erscheinen mag, da die einzelnen Therapieformen zum Teil auf sehr komplexe Weise miteinander verwoben sind. Trotzdem stehen bei jeder dieser Gruppen bestimmte Aspekte im Vordergrund.

- *Tiefenpsychologische Therapien* befassen sich mit einem Konflikt in der Vergangenheit als Quelle der Verhaltensstörung und untersuchen dessen vielfältige Spätwirkungen (Band 1). Der Therapeut betrachtet sich als *Projektionsfläche*, auf der der Klient Figuren sieht, mit denen er Auseinandersetzungen der Kindheit neu belebt und zu einem besseren Ende führt.

- *Verhaltenstherapien* stellen die externen aufrechterhaltenen Bedingungen in den Vordergrund: die Umgebungsaspekte und die kognitiven Anteile, die durch Fremd- oder Selbstkontrolle manipuliert werden können (Band 2). Verhaltenstherapeuten verstehen sich als Berater und *Planer* des Klienten und versuchen, Arrangements in der Umwelt zu treffen, die die Veränderung erleichtern. Ihre Anleitungen tragen oft den Charakter der Hilfe zur Selbsthilfe.

- *Humanistische Therapien* nehmen wie die tiefenpsychologischen Ansätze eine interne Bestimmung der Verhaltensstörung an, konzentrieren sich jedoch auf den Gegenspieler des Konflikts, nämlich die selbstheilenden Kräfte im Menschen (Band 3). Der Grundsatz heißt eher spontane Selbstregulation als geplante Kontrolle. Humanistische Therapeuten vergleichen ihre Funktion metaphorisch manchmal mit der eines *Gärtners*: er pflegt das Wachstum, das aus eigener Kraft geschieht.
- *Systemtherapie* gibt es als Terminus nicht. Er wird hier verwendet, um die Aufmerksamkeit darauf zu lenken, daß bei der Therapie von Gruppen, Paaren und Familien nicht mehr der einzelne allein, sondern im Verbund betrachtet wird: als temporäres (Gruppe) oder gewähltes (Paar) bzw. gewachsenes System (Familie) (Band 4). Versionen der Gruppen-, Paar- oder Familientherapie gibt es von fast jeder bedeutenden Therapieschule. Entsprechend verstehen die Therapeuten ihre Funktion sehr unterschiedlich. In konsequenter Sichtweise wird die Gruppe und insbesondere die Familie als Verbund von Individuen verstanden, die gemeinsam Systemeigenschaften entwickeln, die aus den Tendenzen der einzelnen Individuen kaum bestimmbar sind. Therapeuten, die solche Systemeigenschaften zu benutzen und wo nötig zu verändern suchen, betrachten sich häufig als Strategen oder *Regisseure*.

Wie die Diskussion der einzelnen Verfahren zeigen wird, hat jede Therapieform Ideen hervorgebracht, die sich nicht unbedingt gegenseitig widersprechen. Oft treten jedoch die einzelnen Therapieschulen mit dem Anspruch auf, das einzig gültige Verfahren zur Besserung seelischer Probleme gefunden zu haben. Es ist schwer, diese Ansprüche gegeneinander abzuwägen, da ihnen ganz unterschiedliche Kriterien zugrunde liegen. Die Desensibilisierung z.B. möchte Menschen von der Furcht vor ganz bestimmten Situationen oder Objekten befreien und nur das. Andere Therapieformen, wie die Gestalttherapie, möchten, daß die Menschen »... wirklich werden und existieren, daß sie lernen, einen Standpunkt einzunehmen, daß sie zum Zentrum ihrer selbst finden, daß sie die Basis des Existentialismus verstehen: »Ich bin, was ich bin, und in diesem Moment kann ich nur das sein, was ich bin« (Perls 1974, S.4). Oder man denke an Freuds bekanntes Wort: »Wo Es war soll Ich werden.«.

Therapeutische Interventionen unterscheiden sich also danach, ob sie den Menschen als Ganzes oder einzelne seiner Verhaltensweisen ändern wollen.
Eine andere Dimension, auf der sich therapeutische Ansätze unterscheiden, ist die der normativen Festlegung. Für Verhaltenstherapie z. B. gibt es explizit keine Norm außer der statistischen. Abnormes oder Normales kommt durch die gleichen Lernmechanismen zustande. Damit entfällt jede Stigmatisierung. Persönliches Leiden leitet sich nur noch aus der empfundenen Diskrepanz zur Umwelt ab (zur statistischen Norm). Wenn alle Menschen Zwängler oder Phobiker wären, gäbe es vermutlich keinen spezifischen Leidensdruck, der vom Zwang oder einer Phobie ausginge. Die Menschen würden ihre Umwelt wahrscheinlich anders strukturieren, soweit es die Möglichkeiten erlauben, um diesen Eigenarten gerecht zu werden. Oder ist eine depressive Sichtweise von der Welt, der Zukunft und sich selbst vielleicht nicht doch eine realistische und trotzdem gilt Depression als behandlungsbedürftig, weil sie eine Abweichung von der statistischen Norm des unbeugsamen Optimismus und Machertums darstellt. Allerdings werden allgemein Grundvoraussetzungen menschlicher Existenz wie Stimulation, Geborgenheit, körperliche Unversehrtheit akzeptiert und deren Verlust universell als Leidensursache angesehen. Verhaltenstherapie strebt Symptomreduktion und Anpassung an und ist zunächst in ihrem Ziel defizitorientiert. Die Gesprächstherapie dagegen beschreibt den voll funktionierenden Menschen mit ganz bestimmten Charakteristika. Es wird Offenheit, Kongruenz zwischen Selbstbild und Erfahrung, Flexibilität des Selbstbildes, bedingungslose Wertschätzung der eigenen Person, unverzerrte Realitätswahrnehmung u.a. angestrebt (*Rogers* 1959. Zit. nach *Minsel & Zielke* 1978, S. 959). Im weiteren Sinn geht es bei den humanistischen Therapien nicht um normorientierte Ziele, sondern um solche, die Werte an sich oder sogar Ideale darstellen, wie Lebendigkeit, Reichhaltigkeit, Spontaneität, Sinnfindung.
Neben dem ganzheitlichen und dem normativen Gesichtspunkt, unter dem man Therapien beurteilen kann, gibt es einen weiteren, der mit dem letzteren zusammenhängt. Das ist der der *Autonomie*. Während humanistische Therapieformen Autonomie als Wesensmerkmal des Menschen hervorheben und darauf abzielen, diese Autonomie herauszuarbeiten, sieht *Skinner* (1974) den Fortschritt in der Psychologie gerade darin, daß die Kon-

trolle des Verhaltens vom Inneren des Menschen auf das Äußere seiner Umgebung verlegt und damit untersuchbar wird. Dadurch wird der Begriff des autonomen Menschen mit freiem Willen negiert. Seine Souveränität erhält der Mensch nach Skinner dadurch wieder, daß er es ist, der seine Umgebung mitgestaltet und dabei so formt, wie er möchte, daß sie ihn steuert. Die Möglichkeit der externen Kontrolle wirft die Frage der moralischen Verantwortung auf, die *London* (1964, 1969) mehrfach diskutiert hat. Verhaltenskontrolle von Mensch und Tier ist in vielen Bereichen zu einer effektiven Technik gediehen. Dies wird nicht nur an der Pharmakotherapie oder der Hirnchirurgie deutlich, sondern auch an subtileren Möglichkeiten der Beeinflussung wie der Konditionierung. Es scheint nicht fruchtbar, die Möglichkeit der bösartigen Manipulation mit Hilfe solcher Techniken dadurch abzuwenden, daß man die Entwicklung der Verfahren unterbindet. Das wird vermutlich genauso wenig gelingen, wie es bei der Kernenergie oder den Massenmedien der Fall war. Die Alternative scheint vielmehr die verantwortungsbewußte Handhabe und Weitergabe der Interventionsverfahren zur Beeinflussung des Verhaltens zu sein. Wie heikel das ist, zeigt die Überschrift eines Buches über angeblich wirksame Möglichkeiten, den Kunden in Geschäftsverhandlungen unbemerkt zu beeinflussen: »Influencing with integrity« (*Laborde* 1984). Aus diesen Gründen scheint die Frage nach der Ethik in der Psychotherapie unausweichlich (s.u.). Der Mensch als Manipulationsobjekt ist dem Menschen nicht so gleichgültig, wie es ihm Tier und Umwelt immer noch sind.

Positivistische, kritische und humanistische Denkweise

Ein anderer Aspekt ist die wissenschaftstheoretische Begründung der Therapieformen. Das betrifft die *Objektivierbarkeit* des Therapieprozesses, seines Effektes und des menschlichen Befindens überhaupt. Die eine Position leugnet das Vorkommen einer »Seele« oder psychischer Zustände ganz und gar. Alle Erfahrung soll hiernach auf Drüsenfunktionen und Muskelbewegungen reduziert werden können. Bewußtseinsprozesse, wenn sie nicht sprachlich artikuliert werden, stünden damit außerhalb der wissenschaftlichen Erforschung: So der sog. methodische Behaviorismus à la Watson, auf den sich die traditionelle Verhaltenstherapie grün-

det. Andere Therapieformen zielen gerade auf die Bewußtseinsprozesse ab, vernachlässigen das äußere Verhalten und rücken die innere Auseinandersetzung in das Zentrum der Betrachtung: »Wie fühle ich wirklich, war ich früher anders, wer bin ich eigentlich, warum bin ich so. Ist mein Erleben vollständig« – so in der Gesprächstherapie, wo der Klient ganz auf sich selbst, auf seine Erfahrungen und sein Fühlen zentriert wird. Er hört in sich hinein, konfrontiert sich mit seinem Selbst. Es ist ein aktives Suchen, Forschen und Klären, das bedeutsam im eigenen Erleben und Fühlen ist (*Tausch & Tausch* 1978, S. 1916). Hier geht es um die wissenschaftliche Legitimität des Subjektiven.
Es gibt zur Zeit kein einmütig akzeptiertes Forschungsparadigma zur Untersuchung der Psychotherapie. Der behavioristisch operationale Ansatz kann für sich in Anspruch nehmen, daß er versucht, die psychologische Forschung in ähnliche Bahnen zu lenken wie die Physik – in der Hoffnung, daß dadurch hier ein ähnlicher Fortschritt erzielt wird wie dort. Es gibt jedoch prinzipielle Einwände gegen die Anwendung der positivistischen Denkweise in den Sozialwissenschaften. Hierzu gehört in der Psychologie der Hinweis auf die *historische Bedingtheit* des Forschungsgegenstandes – von einem »natürlichen« Vorhandensein menschlicher Gegebenheiten kann oft nicht die Rede sein. *Holzkamp* (1971) spricht von einem beschädigten Leben. Das Vorgefundene ist möglicherweise Produkt politischer Interessen, und die reine Feststellung des Vorgefundenen wird zum politischen Akt der Festschreibung. Zu den Problemen der naturwissenschaftlichen Denkweise in den Sozialwissenschaften gehört auch die *Reflexivität* des Forschungsgegenstandes. Der Befund über den Forschungsgegenstand bzw. seine Veröffentlichung wirkt auf diesen zurück und verändert ihn. Allein die Feststellung des Ausmaßes einer Phobie oder einer Depression beeinflußt diese schon – dem Therapeuten, der gesellschaftlichen Norm oder sich selbst zuliebe, manchmal im guten Sinne; manchmal aber auch im Sinne einer Verschlechterung. Interessant ist in diesem Zusammenhang auch der »modische« Wandel von Symptomen. Während Charcot, Janet, Freud und Breuer mit der Hysterie kämpften, ist heute die Agoraphobie viel verbreiteter. Oder bei den Eßstörungen scheinen innerhalb der letzen 10 Jahre die Anorexien ab- und die Bulimien zuzunehmen. Solche Phänomene, die mit der Veränderung der Daten durch deren Beobachtung zu tun haben, sind in Analogie zur Quantenphysik als *Unschärfe-Relation* oder auch self ful-

filling prophecy bezeichnet worden. Derartige Schwierigkeiten lassen den sog. positivistischen Ansatz für die Therapieforschung gelegentlich fragwürdig erscheinen.
Trotz solcher Bedenken ist das empirisch-naturwissenschaftliche Vorgehen gerade in der Therapieforschung aber auch sinnvoll. Das wird deutlich, wenn man sieht, wie stark sich z.B. die positivistisch ausgerichtete Verhaltenstherapie und zum Teil die Gesprächstherapie in den letzten 30 Jahren verändert haben. Immer wieder sind Lehrmeinungen umgestoßen und Maßnahmen radikal geändert worden. Man denke an die Reizüberflutung im Gegensatz zur Desensibilisierung, die verdeckten bzw. die kognitiven Techniken der Verhaltensänderung im Gegensatz zur extern gesteuerten Konditionierung; oder an die gemeindenahen Programme in der Umwelt des Patienten im Gegensatz zu denen, die in der Hospitalumgebung durchgeführt werden. Nur durch empirische Forschung kann ein differenziertes Bild von der Wirksamkeit einzelner Interventionen entstehen (s. *Grawe* 1992) – was nicht ohne politische Konsequenzen bleibt. Denn eine nach marktwirtschaftlichen Gesichtspunkten organisierte Gesellschaft kann letzten Endes nur eine Krankenversorgung unterstützen, die die Wiederherstellung der Funktionstüchtigkeit im Sinne meßbarer Kriterien anstrebt. (vgl. das Forschungsgutachten zu Fragen der Psychotherapie von *Meyer et al.* 1991) Und doch: in der Beschreibung von Therapieformen hinterläßt die aufs Naturwissenschaftliche ausgerichtete Betrachtungsweise einen nicht objektivierbaren Rest, der u.U. vom Klienten, Therapeuten oder auch vom Anthropologen als essentiell angesehen wird. Die tiefenpsychologischen und die humanistischen Ansätze, die sich gerade auf diesen ganzheitlichen, autonomen, subjektiven Anteil konzentrieren, lassen auf der anderen Seite insofern zu wünschen übrig, als sie in ihren Aussagen oft nicht überprüfbar sind, sich dem bloßen Verstehen erschließen und für Dogmatisierungen anfällig sind.
Bei der Heterogenität des Vorgehens und der Güte-Kriterien in der Therapie ist es ratsam zu versuchen, eine breite Perspektive zu gewinnen, ohne sich vorschnell festzulegen, indem man sich von den verlockenden Formulierungen der einen oder anderen Therapieschule einfangen läßt. Aber ebensowenig darf man sich über die Begrenzungen in den zugrundeliegenden wissenschaftstheoretischen Annahmen täuschen. Viele Therapieformen haben einen Preis verdient, wie *Luborsky, Singer & Luborsky* bereits

1975 bei einem Versuch, die Effektivität verschiedener Therapieformen zu vergleichen, feststellen. Diese Aussage ist später in den Meta-Analysen von *Smith, Glass & Miller* (1980) bestätigt und spezifiziert worden: die Klienten in den verschiedensten Therapien profitieren signifikant mehr als die in den unbehandelten Kontrollgruppen; und darin unterscheiden sich die meisten Therapieformen nicht sehr (s. unten Tabelle 1.1). Das enthebt den Vertreter einer bestimmten Therapieschule nicht, diesen Effektivitätsnachweis zu führen. Außerdem steht, wie *Grawe* (1992) zeigt, die Nicht-Unterlegenheit einer bestimmten Therapieschule auf wackligen Füßen, wenn man sie mit den Ergebnissen aus bisherigen empirischen Vergleichs-Untersuchungen begründet. Denn die geringen Unterschiede der Wirksamkeit zwischen den gut untersuchten Therapieformen (Verhaltenstherapie, Gesprächstherapie und analytische Therapie) beruhen weitgehend auf der mangelhaften statistischen Power der Untersuchungen, d.h. auf zu geringer Personenzahl in den Behandlungsgruppen und damit einer relativ großen Wahrscheinlichkeit, einen vorhandenen Unterschied zu übersehen (Fehler zweiter Art). Vielmehr könnte man zusätzlich von einem Fehler dritter Art sprechen, der darin besteht, die positivistisch orientierte und zugleich systemkonforme Evaluation nicht in ihren Grundannahmen zu hinterfragen.
Grundsätzlich erscheint daher ein systematischer Eklektizismus angezeigt (*Beutler* 1983, *Proschaska & DiClemente* 1984, *Wachtel* 1981), bei dem eine Passung zwischen dem Klienten und seinem Problem auf der einen Seite und dem Therapeuten und der Interventionsmethode auf der anderen Seite angestrebt wird. Praktisch wird sich der Therapeut häufig auf einen technischen Eklektizismus beschränken (*Norcross* 1986), bei dem er die Auswahl der Verfahren an Bedingungen wie Überprüfbarkeit, konsensuelle Validität oder eine ausgewogene Berücksichtigung bestehender Strömungen orientiert. Dabei bleibt der Intuition des Therapeuten viel überlassen. Aber vielleicht ist es der Struktur des menschlichen Gehirns angemessen, Vernunft und Intuition gleichberechtigt nebeneinander bestehen zu lassen. Auch in der Psychotherapie kann man zur Überprüfung der Wirkungsweise und der Wirkung von Interventionsverfahren nicht ohne weiteres auf die Methodologie der experimentellen Forschung verzichten, obwohl viele Voraussetzungen des wissenschaftlichen Experiments nicht gegeben sind. Es ist daher ratsam, nach Meta-Strategien zu suchen, wie etwa folgenden:

Konsensus: Aufgrund der mangelhaften Tragfähigkeit des experimentellen Vorgehens ist es in der Therapieforschung nicht zweckmäßig, wegen unzureichender statistischer Signifikanz und forschungslogischer Qualität allein Ergebnisse zu verwerfen. Wenn eine Vielzahl von gleichlautenden Resultaten aus methodisch schwachen Untersuchungen zusammenkommt, läßt dies auf einen brauchbaren Kern schließen. Dasselbe könnte zutreffen, wenn einige methodisch gut abgesicherte Untersuchungen zu widersprüchlichen Ergebnissen führen. Die Theorie mag dann als belastet angesehen werden und möglicherweise nur eingeschränkten Gültigkeitsbereich haben. Ein Beispiel hierfür ist die Existenz und Wirksamkeit des hypnotischen Sonderzustandes, der vielleicht nicht bei allen Individuen die gleiche Gültigkeit hat (siehe Band 3).

Empirie: Konsensus allein stellt keine Beweiskraft dar, sondern eher eine Vetofunktion gegen die voreilige Verwerfung von Methoden aufgrund empirischer Falsifikation. Die subjektive Gültigkeit wird dann Anlaß zur Exhaustion derart belasteter Methoden oder Theorien geben (*Holzkamp* 1968). Dies gilt auch für Sachverhalte, die die Tendenz haben, vom Raster der naturwissenschaftlich-empirischen Forschung nicht erfaßt zu werden. Zum Beispiel entzieht sich das Konzept des Unbewußten dem einfachen experimentellen Zugang. Es besteht jedoch ein breiter Konsensus über die Existenz des Unbewußten im Menschen. Dieser Umstand sollte Anlaß zur Konzeption präziserer Experimente in Bereichen geben, die durch den fragwürdigen allgemeinen Begriff impliziert werden, wie es z.B. in physiologischen Untersuchungen zur perzeptuellen Abwehr der Fall ist (siehe Kapitel 2.4 und *Dixon* 1981, *Bernstein* & *Pittman* 1992).

Paradigma-Veränderung: Da es vermutlich keinen sicheren Weg zur Erkenntnis gibt und Forschungsrichtungen häufig in Sackgassen enden (wie z.B. die faktorenanalytische Persönlichkeitsforschung; vgl. *Revenstorf* 1978), erscheint es ratsam, gelegentlich umzudenken und neue Gesichtspunkte zu erproben. Dieser letzte Punkt soll in einer skizzenhaften Gegenüberstellung verschiedener Theorien des Verhaltens im nächsten Abschnitt verdeutlicht werden. Metaphorisch mag Abbildung 1.1 erläutern, wie ein anderer Gesichtswinkel eine neue Sichtweise ermöglichen kann, die zur Umstrukturierung der Daten und zu einem neuen Sinn führt.

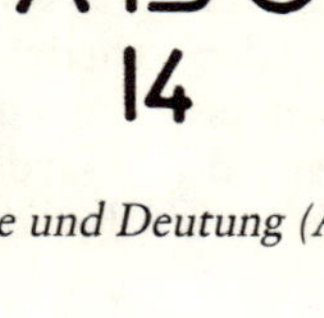

Abbildung 1.1: Perspektive und Deutung (ABC oder 12 13 14?)

1.2 Verhaltenstheorien

Dispositionelle und psychodynamische Modelle

Dem Namen nach entstehen ständig neue Therapieformen. 1982 hat *Parloff* bereits mehr 250 gezählt. Oft beschäftigen sich die einzelnen Therapieformen mit unterschiedlichen Problemen und machen keinen Versuch, die Ergebnisse anderer Therapieschulen zu diskutieren. Sie vermeiden es, andere Therapietechniken einzuordnen bzw. Zusammenhänge zwischen den Therapiemethoden klarzustellen. Wie im vorangehenden Abschnitt angedeutet, gibt es bisher kein einfaches Kriterium, um die bestehende Vielfalt therapeutischer Angebote zu ordnen. Gängig ist die Dreiteilung in psychodynamische Therapie, humanistische Therapien und Verhaltenstherapien oder die Zweiteilung in verstehende und experimentelle Ansätze. Darüber hinaus lassen sich jedoch Analogien zu allgemeinen Persönlichkeitstheorien sehen, die eine Hilfestellung zur Einordnung einer Therapieform geben können. In der Persönlichkeitstheorie unterscheidet man psychodynamische, dispositionelle und lerntheoretische Modelle (vgl. *Revenstorf* 1982).

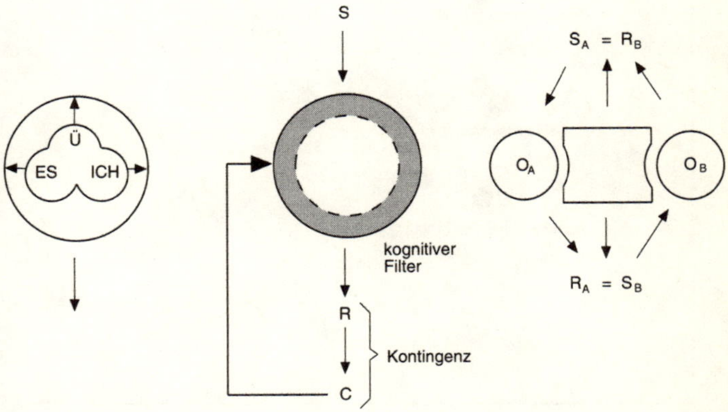

Abbildung 1.2: Drei Verhaltenstheorien. Links: internes, psychodynamisches Modell. Mitte: externes, verhaltenstheoretisches Modell. Rechts: systemtheoretisches Modell

Die erste Klasse von Verhaltenstheorien ist die der internen Determination des Verhaltens. Dazu gehören die psychodynamischen und die dispositionellen Ansätze. Die psychodynamischen Persönlichkeitsmodelle erklären das Verhalten aus der Dynamik der Motive im Individuum. Die verschiedenen Formen der Psychoanalyse, aber etwa auch die Primär- oder Gestalttherapie wären hier einzuordnen. Bei der Psychoanalyse liegt eine ausformulierte Theorie der Persönlichkeitsentwicklung vor – wie bei sonst keinem anderen Therapieansatz. Charakteristisch für den dynamischen Ansatz ist die Annahme verdeckter, d.h. unbewußter Prozesse, die im Laufe der Therapie aufgedeckt werden. Auch Hypnose arbeitet mit Inhalten, die dem normalen Bewußtsein nicht unmittelbar zugänglich sind, ohne allerdings immer auf die psychoanalytische Theorie Bezug zu nehmen.

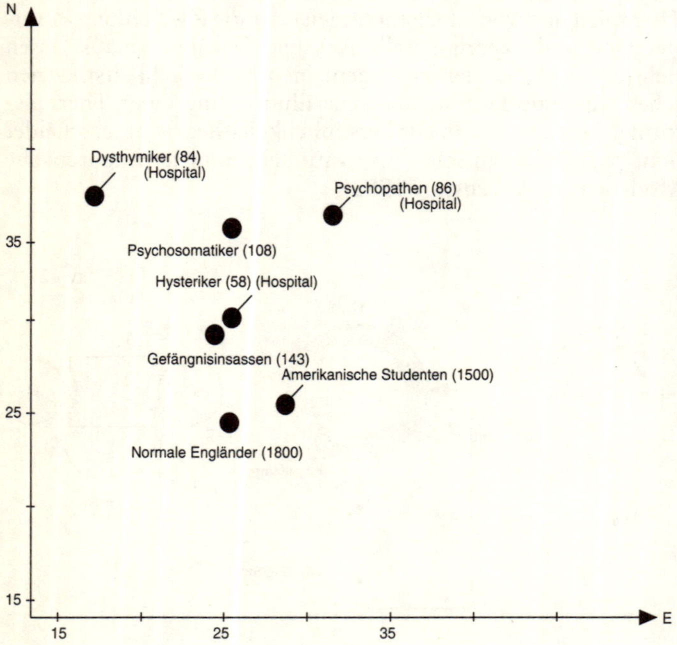

Abbildung 1.3: Verschiedene Stichproben im Koordinatensystem von Extraversion (E) und Neurotizismus (N) nach Eysenck

Ebenfalls intern determiniert ist das Verhalten gemäß dem dispositionellen Modell. Hier wird lediglich festgestellt, daß Verhaltensmuster vorgeformt im Individuum bereitstehen und übersituativ und zeitlich konstant sind. Das bekannteste Beispiel hierfür ist Eysencks Persönlichkeitstheorie (*Eysenck* 1970), die zwei grundlegende Dispositionen annimmt: Extraversion und Neurotizismus. Abnormes oder klinisch auffälliges Verhalten kommt durch bestimmte Kombinationen dieser beiden Faktoren zustande. Zum Beispiel resultiert eine neurotisch-introvertierte Disposition in Depression. Eine neurotisch-extrovertierte Disposition hingegen resultiert eher in Hysterie.
Die Dimension Introversion-Extraversion ist mit dem Körperbau in Zusammenhang gebracht worden. Extravertierte tendieren zum pyknischen, gedrungenen Körperbau, die Introvertierten dagegen zum leptosomen, dürren Körperbau. *Kretschmer* (1977) hat nun bei Pyknikern mehr affektive Psychosen festgestellt und bei Leptosomen mehr Schizophreniefälle. Ein solches Verhaltensmodell hält für die Therapie eine schlechte Prognose bereit: Ein Individuum ist ein bestimmter Typ und die psychischen Eigenschaften sind weitgehend somatisch begründet, d.h. kaum veränderbar. Aber auch die psychodynamischen Ansätze sind dispositionell; zum Zeitpunkt des Erwachsenseins sind die Triebverformungen und Abwehrmechanismen soweit verhärtet, daß sie praktisch einen Charaktertyp bilden, der sich übersituativ und zeitlich konstant verhält. Dies ist bei zwanghaften, depressiven und ängstlichen Menschen deutlich. Durch die Aufarbeitung der Kindheitskonflikte in der Therapie sind allerdings nach psychoanalytischer Vorstellung Möglichkeiten gegeben, durch Einsicht Verhaltensweisen und Krankheitsverständnis zu ändern. Gemeinsam ist bei den psychodynamischen und den dispositionellen Ansätzen, daß die treibende Kraft des Verhaltens im Innern des Individuums angenommen wird.

Lerntheoretische Modelle

Ganz anders geartet ist das verhaltenstheoretische Persönlichkeitsmodell. Der Organismus reagiert auf äußere Reize und Situationen sowie auch auf innere Reize und eigene Reaktionen, die selbst als innere Reize auslösen können. Auf diese Weise kommt es zum Ablauf von Verhaltensketten, die kaum noch

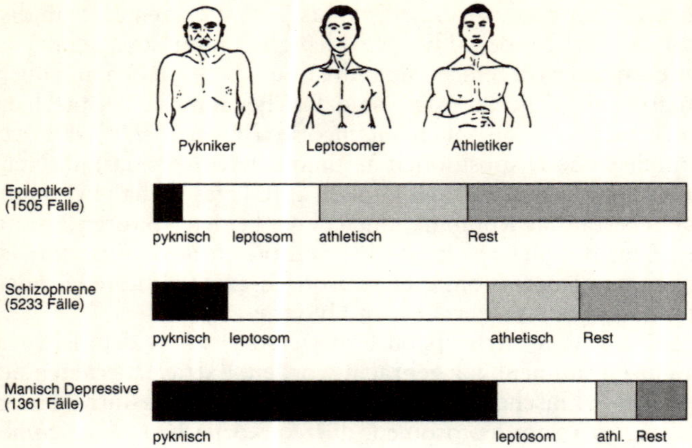

Abbildung 1.4: Körperbau und Psychose-Anfälligkeit

autonome Motive des Individuums widerspiegeln – allerdings werden Hunger, Neugier, Sexualität usw. als Antrieb des Individuums zugelassen, die ein Agieren zur Folge haben. Es wird jedoch angenommen, daß Problemverhalten durch externe Auslöser und Konsequenzen gesteuert wird, deren Veränderung eine Verhaltensveränderung nach sich zieht.

Die lerntheoretisch fundierte Persönlichkeitstheorie nennt sich *Interaktionismus* (*Magnusson & Endler* 1977). Mit diesem Ausdruck soll angedeutet werden, daß nicht allein die Situation bestimmend auf das Verhalten wirkt, genausowenig wie das Individuum ausschließlich übersituativ konstant prädisponiert ist. Vielmehr kommt es zu einer Interaktion im statistischen Sinne, einem nicht-additiven Zusammenwirken von Individualität und Situationseinfluß. Das hat zur Folge, daß jedes Individuum in jeder Situation anders zu reagieren scheint. Wenn es jedoch gelingt, Individuen nach Dispositionen, wie z.B. Extraversion, aber auch lerngeschichtlichen Erfahrungen, zu sortieren, dann ergibt sich wieder ein klareres Bild und eine gewisse Ordnung. Abbildung 1.5 erläutert diese Position. Wichtig ist bei diesem Ansatz, daß angenommen wird, die therapierelevanten Aspekte des Verhaltens seien extern determiniert.

Eine interne Bewertung der Situation, aber auch des eigenen Verhaltens (»Das war ein Fehlschlag, das nächste Mal ändere ich dies und das«) und der Konsequenzen (»Ich habe erreicht, was ich wollte. Prima«) könnte als Rückschritt oder als Fortschritt im dialektischen Prozeß der Theorienbildung angesehen werden (vgl. Kognitive Therapie, Band 2):

I. *These:* Interne Verhaltensdetermination (psychodynamische Therapie)
II. *Antithese:* Externe Verhaltensdetermination (Verhaltenstherapie)

Kanfer (1979) sieht nun in der kognitiven Wende eine Synthese, da die rigorosere Betrachtungsweise der zweiten Entwicklungsstufe (II) beibehalten wird, um die komplexeren Inhalte des Modells der ersten Stufe (I) effektiver zu untersuchen:
III. *Synthese:* Überprüfbares Vorgehen zur Untersuchung von Repräsentation des inneren Verhaltens mit angemessener Komplexität (Selbstregulations-Modell, s. Band 2).

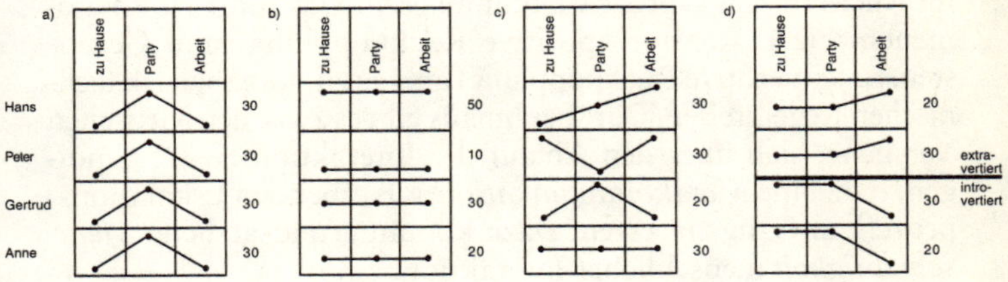

Abbildung 1.5: Interaktionistisches Persönlichkeitsmodell am fiktiven Beispiel des Rauchens a) Situationseinfluß, b) Dispositionseinfluß, c) und d) Interaktionismus (aus Revenstorf, Henrich & Brengelmann 1987)

Systemische Modelle

Ein weiteres Verhaltensmodell, das für die therapeutische Praxis und Theorie von Interesse ist, liefert die kybernetische Betrachtungsweise. Hier wird davon ausgegangen, daß Verhalten sich vornehmlich in der Interaktion mit anderen Menschen abspielt, zwischen denen dabei eine Interdependenz ensteht. Das starre Modell eines Reaktionsmechanismus, der auf eine konstante Umwelt in konstanter Weise reagiert, ist aus dieser Sicht inadäquat. Vielmehr muß man zumindest in Rechnung stellen, daß mein Verhalten Auslöser und Konsequenz für dein Verhalten und ebenso umgekehrt ist. Es ist zu vermuten, daß sich Lernprozesse dadurch qualitativ ändern. Es kommt zu Eskalationserscheinungen wie in folgendem verkürzten Beispiel:

1. Ich bin unausgeschlafen.
2. Mein Partner ist darüber verärgert, da er mehr Freundlichkeit erwartet.
3. Das macht mich wiederum gereizt.
4. Meine Gereiztheit macht den Partner aufgebracht usw.

Hier sind zirkuläre Verkettungen wirksam, denen die lineare Betrachtungsweise des S-R-Modells nicht ohne weiteres gerecht wird. Der Stimulus (das Partnerverhalten) verändert sich durch die Reaktion auf den Stimulus. Dadurch entstehen Rückkopplungsprozesse, die nicht mehr genau vorhersagbar sind (sog. deterministisches Chaos (z.B. *Gleick* 1988), da sie das Ergebnis mehrerer kleiner Zufälligkeiten im Ablauf sein können, die sich im Rückkopplungsprozeß akkumulieren. Das führt zu Phänomenen wie Eskalation (positive Rückkopplung) und Gegensteuerung (negative Rückkopplung) analog zu Vorgängen in technischen Regelkreisen. Darüber hinaus gibt es zwischen Menschen Versuche, sich über den Ablauf der Interaktion zu verständigen, d. h. eine *Metakommunikation*, z.B. über den Eskalationsprozeß, in Gang zu setzen. Dazu kommt grundsätzliche *Mehrschichtigkeit* menschlicher Interaktion, z.B.:

Der Therapeut rät dem Klienten (Alkoholiker), einen Entzug zu machen. Der Klient lehnt aber ab, und zwar um so stärker, je mehr der Therapeut zurät. Schließlich sagt der Therapeut: »Ich glaube, es ist für Sie doch nicht das Richtige. Sie würden das nicht durchhalten, es ist besser, Sie bleiben, wo Sie sind, und versuchen, mit Ihrem Alkoholproblem selbst fertig zu werden.« Der Klient ist darauf sehr erleichtert und antwortet: »Ja, Sie haben recht, aber ich kann es ja einmal versuchen.«

In der Kommunikation geht es häufig gar nicht um den offensichtlichen Inhalt, sondern um die Beziehung. In dem voranstehenden Beispiel: »Hier ordne ich mich nicht unter!« Manchmal erkennt der eine Partner diese vom anderen eingeführte »Spielregel«, deren er sich aber nicht bewußt sein muß. Er kann versuchen, sie zu unterlaufen, wie im gerade skizzierten Falle der Therapeut (vgl. *Watzlawick et al.* 1979).

a) Lineare Betrachtungsweise: Kritik → Trotz → Kritik → Trotz

$... R_A = S_B - R_B = S_A - R_A = S_B - R_B = S_A ...$

b) Zirkuläre Betrachtungsweise:

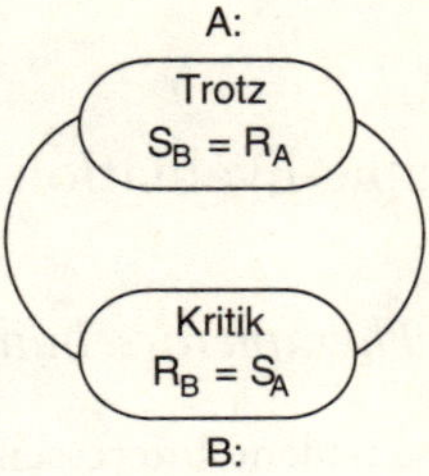

Abbildung 1.6: Zirkuläres S-R-C-Modell

Therapeutische Techniken oder Schulen lassen sich meist nicht einer bestimmten Verhaltenstheorie genau zuordnen. Psychoanalyse fiele wohl in die erste, dispositionelle Kategorie; Transaktionsanalyse aber, die sich auf die Psychoanalyse stützt, berücksichtigt außerdem Aspekte der Systemtheorie, da sie mit zwischenmenschlichen Regeln operiert (Kapitel 5). Die Gesprächstherapie nimmt eine relativ amorphe Struktur der Persönlichkeit an – der Mensch ist im Grunde gut, nur ist manchmal das Gute verschüttet. Die guten Seiten werden in der Interaktion mit dem Therapeuten freigelegt, indem der Therapeut im Gespräch Konsequenz und Auslöser geschickt setzt (belohnt, ignoriert, formt, hilft). Demnach wäre die Gesprächstherapie im Prinzip ein lerntheoretischer Ansatz. Auf der anderen Seite werden Konflikt und Konfliktlösung gemäß der Grundannahme der Gesprächstherapie durch Kräfte bedingt, die im Individuum lokalisiert werden. Unter diesem Gesichtspunkt handelt es sich mehr um ein internes Verhaltensmodell (Band III).
Für eine therapeutische Pragmatik lassen sich aus den genannten Verhaltensmodellen drei Klassen von Determinanten des menschlichen Problemverhaltens isolieren,

- *Emotionale Muster und kognitive Strukturen,* die nicht zu jedem Zeitpunkt den beteiligten Personen bewußt sein müssen, aber ihre Bedürfnislage regulieren (Internes Modell).
- *Auslöser und Konsequenzen,* die Verhalten steuern, d.h. fördern oder hemmen (Externes Modell).

- *Regeln,* die die Interaktion zwischen Klient und Therapeut, aber auch zwischen dem sozialen Umfeld, Familie und Partner steuern (Systemisches Modell).

1.3 Therapie-Evaluation

Ziele der Therapieforschung

Es gibt verschiedene Interessen am Therapieprozeß. Einmal ist es der *Zugang zum individuellen Klienten.* Um diesen zu optimieren wäre es nützlich, eklektisch jeden einigermaßen sinnvollen und verantwortbaren Ansatz anzuwenden (Gespräche, Gestaltübungen, Encounter, Katharsis, Hypnose, Traumdeutung u.a.). Denn das einzige Kriterium ist hier der positive Effekt auf den Klienten. Das führt zur wichtigsten und zugleich schwierigsten Frage: Der Nachweis des *Effektes* einer spezifischen Maßnahme. Zwar kann kurzfristig (innerhalb der Therapiestunde) die subjektive Überzeugung, etwas bestimmtes habe gewirkt, Klienten und Therapeuten imponieren, langfristig befriedigt diese Art der Evidenz jedoch nicht.
Das zweite Interesse am Therapieprozeß ist die Maximierung der *therapeutischen Effektivität.* Es gilt, Maßnahmen zu finden, die sich mit großer Sicherheit bei möglichst vielen Klienten als hilfreich erweisen. Da Therapie für Therapeut und Klient bzw. dessen Kostenträger auch einen ökonomischen Aspekt hat, kann das Verhältnis von Aufwand und Nutzen (Effizienz) nicht ganz außer acht gelassen werden (z.B. die Dauer). Es ist zunächst zu prüfen, ob eine bestimmte Therapie – oder Therapie im allgemeinen – wirksam ist und in welchem Ausmaß (*Wirksamkeit*). Daran schließt sich die Frage an, ob eine wirksamer ist als eine andere in Frage kommende Therapie (*komparative Wirksamkeit,* die sog. »Grand-Prix-Frage«). Eine präzisere Fragestellung ist die nach geeigneten Maßnahmen bei einer bestimmten Störung (die *Indikationsfrage*). Und schließlich unter Einbeziehung von Persönlichkeitsunterschieden (z.B. Extraversion oder Neurotizismus), die Suche nach geeigneten Maßnahmen, die bei einer bestimmten Störung bei einem bestimmten Personentyp wirksam sind (*differentielle Indikation*). Noch präziser könnte man nach der

individuellen Passung von Klient und Therapeut mit einem bestimmten Angebot fragen (*individuelle Passung*).
Ein drittes Interesse gilt den *Wirkmechanismen;* also dem, was sich in der Therapie abspielt (*Prozeßforschung*). Damit wird ein theoretischer Rahmen angestrebt, der zunächst das menschliche Erklärungsbedürfnis befriedigt. Darüber hinaus ermöglicht eine Theorie Vorhersagen und Extrapolationen auf unbekannte Situationen und Fälle und damit eine Weiterentwicklung. Sie trägt so zur Überprüfung der Brauchbarkeit des Therapieverfahrens bei.
Alle drei Gesichtspunkte erfordern, daß die Wirkung der Therapie überprüfbar wird, d.h. objektivierbar ist. Bei einer solchen Forderung geraten viele Therapiearten ins Hintertreffen, z.B. die humanistisch-ganzheitlichen Ansätze, bei denen sowohl der Therapieprozeß schwer objektivierbar wie auch der langfristige Therapieerfolg bisher selten erfaßt wurde; obwohl beide subjektiv durchaus evident sein können. So finden *Grawe, Bernauer & Donati* (1990b) in einer erschöpfenden Suche bis 1985 unter etwa 900 einschlägigen Studien kaum einen Wirksamkeitsnachweis für Primärtherapie, Katathymes Bilderleben, Bioenergetik, Adlers Individualtherapie, Jungs Analytische Therapie, Binswangers Daseins-Analyse, Neurolinguistisches Programmieren, Rebirthing u.a. Weniger als 5 Ergebnisse ergaben sich jeweils zu solchen Therapieformen wie Psychodrama, Transaktionsanalyse, Gestalt-, Tanz- und Musiktherapie. Einige Untersuchungen existieren zur psychotherapeutischen Wirksamkeit von Hypnose (19 ohne medizinische Anwendungen), Familientherapie (10) oder Meditation (19) und dem Autogenen Training (11). Zahlreiche Untersuchungen dagegen sind zur Wirksamkeit der Gesprächstherapie (24), den klassischen VT-Verfahren (150) und zu den kognitiven Therapieformen (50) gemacht worden. Eine Therapieform wird sich nicht weiter entwickeln, wenn sie nicht in einzelnen Thesen widerlegt und modifiziert wird. So hat man gerade bei einigen humanistischen Ansätzen den Eindruck, daß sie zwar fortbestehen – aber eher in der Art von Glaubenssätzen tradiert und nicht in einzelnen Punkten revidiert und fortentwickelt werden.
Es ist zu vermuten, daß alle therapeutischen Ansätze, sofern sie überhaupt überleben, wirksame Komponenten enthalten – und seien es unspezifische Effekte, die von den Vertretern der jeweiligen Therapieform allerdings oft fälschlicherweise als spezifisch

attribuiert werden. Dabei können Interventionen aus verschiedenen Therapieschulen in einem umfassenden Therapieschema einen Platz haben und sich gegenseitig ergänzen, wenn man ihren Stellenwert richtig einschätzt: Sei es in der Frage des Rapports, der Motivierung, der Diagnose, spezifischer Interventionen, der Umsetzung im Alltag oder der Erhaltung des Therapieerfolges. Wenn es gelingt, die Wirksamkeit und Indikation einzelner therapeutischer Maßnahmen festzustellen, kann sich eine integrative Gesamtsicht des Therapieprozesses entwickeln. Im gleichen Maß, wie dies der Fall ist, wird der Anspruch der einzelnen Therapieschulen, jeweils mit einem geschlossenen Kanon an Interventionsmöglichkeiten aufzutreten, uninteressant werden.

Schlüssigkeit der Ergebnisse

Im folgenden wird auf einige Möglichkeiten, den Therapieerfolg und den Therapieprozeß zu objektivieren, kurz eingegangen.

1) Korrelative Studien

Untersucht man die psychogenen Faktoren bei Bluthochdruck, dann stellt man fest, daß Personen, die in streßreicher Umgebung leben (schlechte Wohngegend, hohe Kriminalität, geringes Einkommen), einen höheren Blutdruck haben als solche, die in besseren Gegenden unter besseren Umständen leben. Außerdem stellte sich heraus, daß der Blutdruck noch höher ist, wenn Aggressionen üblicherweise nicht offen zum Ausdruck gebracht, sondern unterdrückt werden oder mit Schuldgefühlen verbunden sind.

Bei solchen Daten liegt nun die Vermutung nahe, daß Streß eine Ursache von Hochdruck sei und daß die Unterdrückung von Aggressionen in der gleichen Richtung wirkt. Eine Therapie könnte dementsprechend darin bestehen, daß der Streß verhindert wird bzw. die Aggressionen offen und ohne Schuldgefühl zum Ausdruck gebracht werden. Aber der hier vermutete Kausalzusammenhang ist keineswegs schlüssig: Der Hochdruck könnte auch zu übermäßiger Erregbarkeit beigetragen haben und die Aggression erst erzeugen, für die es dann keine adäquate Ausdrucksform mehr gibt. Hier wird im übrigen nicht die Effektivität einer therapeutischen Maßnahme überprüft – aber es geht um die Spekulation über die Möglichkeit solcher Maßnahmen.

2) Fallstudien

Um die Wirksamkeit und Funktionsweise einer Therapie zu belegen, werden oft Fallstudien herangezogen wie etwa folgende:

Eine 47jährige verheiratete Frau mit Kind litt seit 36 Jahren unter Zwangsgedanken und -ritualen. Die Gedanken bestanden zunächst aus Schimpfworten, die ihr nicht aus dem Kopf gingen, später aus Vorstellungen sexueller Natur, die große Angst auslösten. Diese Angst ließ sich nur dadurch mildern, daß sie bestimmte Handlungen wiederholt ausführte (An- und Ausziehen, Nachschreiben von Geschriebenem, Zurückverfolgen ihrer Schritte beim Begehen von Treppen). Seit ihrem 29. Lebensjahr hatte sie verschiedenste Behandlungen durchgemacht: Elektroschocktherapie, Antidepressiva, Tranquilanzien, mit 32 eine Leukotomie und später 11 Jahre lang eine psychoanalytische Behandlung. Ihr Zustand wurde immer schlechter, und kurz vor ihrer Überweisung war eine zweite Leukotomie in Betracht gezogen worden. Zum Zeitpunkt ihrer Aufnahme war sie den größten Teil des Tages mit der Ausführung von Ritualen beschäftigt. Nach einem Klinikaufenthalt von 2 Monaten, bei dem sie 1 Monat lang streng überwacht und an jedem Ritual gehindert wurde, bildeten sich die Rituale deutlich zurück. Danach wurde sie entlassen, und 6 Jahre später sagt sie, die Behandlung habe ihr Leben verändert. Sie hatte zwar immer noch Zwangsvorstellungen, aber diese waren nicht so häufig und nicht so störend. Wenn sie dennoch auftraten, wurden sie mit geringer Wahrscheinlichkeit von Ritualen begleitet. Nach Verlassen der Klinik war sie auf ein Kolleg gegangen, um ihre Ausbildung abzuschließen und fortan als Lehrerin zu arbeiten (*Meyer et al.* 1979).

Hier wurde eine Besserung erreicht, nachdem die Methode der Reaktionsverhinderung (Verhaltenstherapie, Band 2) einen Monat lang unter Aufsicht durchgeführt wurde. Man ist geneigt anzunehmen, daß die spezifische Maßnahme hier die Störung linderte. Allerdings kann man sich auch andere Ursachen vorstellen, die diesen Effekt in diesem Fall gehabt haben könnten. Kann es nicht sein, daß die Beziehung zum Therapeuten besonders wohltuend war und das Sozialverhalten der Klientin verändert hat? Oder können es nicht äußere Lebensumstände gewesen sein, wie familiäre Ereignisse, Distanzierung vom Alltag, eine berufliche Wende u.a.? Derartige Einflüsse sind, selbst wenn sie bekannt sind, in ihrer Wirkung nicht vom spezifischen Therapieeffekt zu trennen. Fallstudien sind daher stets geeignet, das Interesse an einer Therapieform zu wecken und den Eindruck ihrer Wirksamkeit zu vermitteln. Erwiesen wird sie damit jedoch nicht.

3) Einzelfallexperimente

Um den Schluß zu rechtfertigen, daß die Verbesserung des Klienten auf nichts anderes als die therapeutische Maßnahme zurückgeht, muß man alle anderen möglichen Ursachen, die in der gleichen Richtung wirken könnten, ausschließen können. Ebenso muß man entgegengesetzt wirkende Ursachen ausschließen können, bevor die Unwirksamkeit einer Maßnahme schlüssig wird. Gelingt es, das Problemverhalten durch die therapeutische Intervention in willkürlicher Weise so zu verändern, daß ein Zusammenhang z.B. mit Lebensumständen oder interner Reifung des Individuums ausgeschlossen werden kann, so ist die Wirksamkeit belegt. Derartige Evidenz kann man im Einzelfall durch geplantes Einsetzen und Absetzen der Maßnahme erzielen – soweit dies möglich ist. Hierzu ein Beispiel aus dem pädagogischen Bereich (*Hall et al.* 1977):

Eine Schulklasse mit 30 Schülern war nach Worten des Direktors vollständig außer Kontrolle geraten. Die Schüler störten ständig den Unterricht, indem sie durcheinanderredeten, den Platz verließen, Karten spielten, nicht arbeiteten, sich gegenseitig drangsalierten, auf den Büchern herumtrommelten, die Bänke ausräumten usw. Das verhaltenstherapeutische Konzept zur Änderung des Zustandes bestand in der Verstärkung von arbeitsgerechtem Verhalten. Zur Überprüfung des Effekts wurde die Schulklasse täglich eine halbe Stunde lang beobachtet und das Verhalten der Schüler registriert. Zunächst wurde eine Grundrate arbeitsgerechten Verhaltens erhoben, die bei 44% lag. Danach wurde der Lehrer unterwiesen, Störverhalten zu ignorieren und Arbeitsverhalten zu belohnen, indem er positiv darauf einging. In dieser Phase (II) steigt das arbeitsgerechte Verhalten auf etwa 70%. In der dritten Phase wird diese Maßnahme abgesetzt, d. h. der Lehrer verstärkt adäquates Arbeitsverhalten nicht. Es wird deutlich, daß hier das Zielverhalten tatsächlich zurückgeht. In der 2. Verstärkungsphase (IV) wird die Kontingenz wieder eingesetzt und allmählich ausgeblendet. Das Arbeitsverhalten hält sich nach diesem Eingriff auch bei den Nachkontrollen (Phase V) auf etwa 75%. In der Abbildung sind darunter die Beobachtungen aufgezeichnet, die den Lehrer betreffen: sein positives Eingehen steigt von durchschnittlich 1,4mal in der Grundratenphase auf 14mal pro Sitzung in den Interventionsphasen. D.h., der Lehrer verwirklicht hier deutlich das intendierte verhaltenstherapeutische Konzept und kann als Reaktion darauf das Arbeitsverhalten in der Schulklasse steigern (siehe Abbildung 1.7).

Allerdings wird man die Wirksamkeit der Maßnahme zunächst nur bei der untersuchten Schulklasse als gegeben ansehen. Bei diesen Schülern war die Beachtung durch die Lehrer besonders wichtig. Bei anderen Schülern mag vielleicht die Beachtung durch die Mitschüler wichtiger sein. Dann würde die Aufmerksamkeit des Lehrers vermutlich eine geringere Wirkung haben. Der Untersucher hat das Verfahren möglicherweise schon auf 10 andere Schulklassen angewendet und nur diesen einzigen erfolgreichen Fall für die Darstellung herausgegriffen. Logischerweise handelt es sich daher bei dem Resultat des Experiments um eine Existenz-Aussage: Das Therapieverfahren ist in mindestens einem Falle nachweislich wirksam.

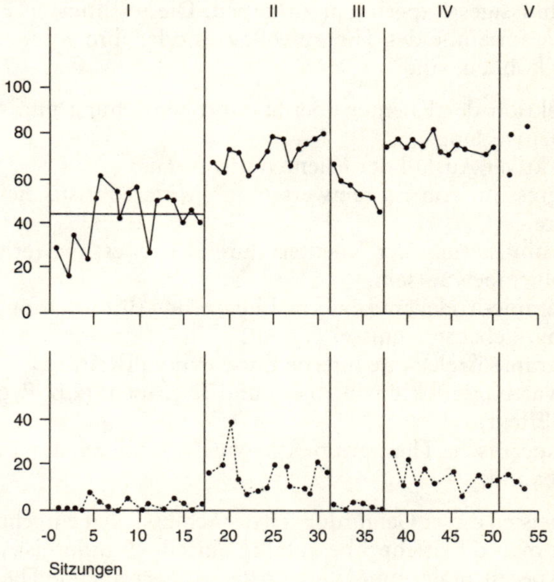

Abbildung 1.7: Zusammenhang zwischen Arbeitsverhalten der Schüler und kontingenter Verstärkung durch den Lehrer. Experimentelle Einzelfalluntersuchung (Hall et al. 1977). Ordinate der oberen Grafik: Prozent Arbeitsverhalten im Beobachtungszeitraum. Ordinate der unteren Grafik: Häufigkeit des positiven Eingehens des Lehrers innerhalb der 30 Minuten Beobachtungszeit. I: Grundraten-Beobachtung, II und IV: kontingente Verstärkung, III: Absetzen der Kontingenz, V: auslaufende Behandlung

4) Kontrollgruppenexperimente

Der experimentelle Nachweis der Wirksamkeit einer Therapiemaßnahme wird üblicherweise durch Gruppenuntersuchungen geführt. Und zwar in einer Weise, daß die Ergebnisse verallgemeinerungsfähig sind. Das wird dadurch erreicht, daß man die Untersuchungsgruppe aus der angepeilten Zielpopulation als Zufallsstichprobe zieht. Das ist allerdings in vielen Untersuchungen nicht gegeben, woraus eine eingeschränkte Verallgemeinerungsfähigkeit der Ergebnisse resultiert. Darüber hinaus muß man all die alternativen Erklärungen des Therapieeffekts ausschließen können, wie sie von *Campbell & Stanley* (1963, vgl. *Revenstorf* 1980) zusammengestellt wurden, um ein schlüssiges Experiment zu haben. Die wichtigsten Faktoren, die im Sinne des Therapieeffektes oder ihm entgegen arbeiten können, sind:

- Selektion der Klienten (bei Stichprobenziehung und Gruppenzuweisung)
- Selektiver Ausfall der Klienten (drop-outs)
- Regression von Extremwerten zur Mitte (statistische Artefakte)
- Sensibilisierung der Klienten durch die Messung (erhöhtes Problembewußtsein)
- Therapie-irrelevante externe Einwirkung (Information, Werbung, Lebensereignisse)
- Therapie-irrelevante interne Entwicklung (Reifung)
- Erwartungseffekte von Klient und Therapeut (z.B. Pygmalion-Effekt)
- Unspezifische Therapieeffekte (wie Zuwendung, apparativer Aufwand)

Den meisten dieser Gefährdungen der Schlüssigkeit entgeht man, indem man die Stichprobe zufällig aufteilt (Randomisierung). Der Experimentalgruppe läßt man die zu überprüfende Therapieform angedeihen und verschiedenen Kontrollgruppen läßt man alles außer den vermuteten Wirkkomponenten der Therapie zugute kommen, also alle unspezifischen Maßnahmen, wie Zuwendung, Beteiligung an Experiment und Messung. Verbessert sich nun die Experimentalgruppe gegenüber den Kontrollgruppen in einem Ausmaß, das die inter- und intraindividuelle Schwankung in beiden Gruppen übersteigt, so hat man einen schlüssigen Nachweis der Wirksamkeit der Therapie. Dazu bedarf es neben der Planung einer adäquaten statistischen Auswertung. Ein Beispiel von *Jacobson* (1978) mag dieses Vorgehen verdeutlichen.

Untersucht wurden Maßnahmen zur Paartherapie. Freiwillige Paare mit gestörter Beziehung wurden in 4 Gruppen unterteilt. 2 Gruppen erhielten nach einem Problemlösetraining Hausaufgaben, in denen sie dem Partner bestimmte Wünsche erfüllen mußten und dafür unabhängig vom Partner (durch Erfüllung eigener Wünsche, wie Tennisspielen, kleine Anschaffungen usw.) belohnt wurden. Die Abmachungen wurden schriftlich in Verträgen festgehalten (*Experimentalgruppe 1:* »Good Faith«).
Eine zweite Experimentalgruppe erhielt dasselbe Training, nur daß die Verträge anders lauteten: Die Belohnung bestand darin, daß als Gegenleistung ein Wunsch des einen vom anderen erfüllt wurde (*Experimentalgruppe 2:* »Quid-pro-Quo.«).
Daneben gab es eine Kontrollgruppe, die eine Pseudobehandlung erhielt, in der die gleiche Aufmerksamkeit und die gleichen Erwartungen in bezug auf die Therapie zu geben versucht wurden. Im übrigen wurde in den Sitzungen über Eheprobleme gesprochen, ohne daß aber konkrete Abmachungen getroffen wurden (*Placebo-Kontrollgruppe*).
Schließlich gab es noch Paare, die lediglich die Vor- und Nacherhebung mit den gleichen Meßinstrumenten und dem gleichen Abstand wie die übrigen Paare mitmachten. (*Wartelistenkontrollgruppe*).
Während die Pseudotherapie eingeführt wird, um die nichtspezifischen Effekte in der Therapiestunde zu erfassen, dient die Wartelistengruppe dazu, die reinen Meßeffekte zu bestimmen. Mit den beiden Experimentalgruppen sollen zwei Arten der Belohnung in ihrer Wirksamkeit überprüft werden: Ist die gegenseitige Erfüllung der Wünsche als Belohnung besser als unabhängige Selbstbelohnung? Abbildung 1.8 zeigt bezüglich der Veränderung auf einem Partnerschaftsfragebogen, der die Qualität der Beziehung erfaßt, daß sich beide Experimentalgruppen, verglichen mit der unspezifischen Therapie und noch mehr gegenüber der Wartelistenkontrollgruppe verbessern. Die beiden Experimentalgruppen jedoch unterscheiden sich voneinander nicht in signifikanter Weise. D.h., die Art des Vertrages ist unerheblich. Nicht ohne Wirkung ist, wie man sieht, die unspezifische Therapiekomponente, die in der Zuwendung und Problemdiskussion besteht (Placebo-Kontrollgruppe). Dies wird am Vergleich mit der Wartelistengruppe deutlich, die sich über den Zeitraum der Therapie verschlechtert. Statistisch wurden die besprochenen Unterschiede mit Hilfe der Varianzanalyse ausgewertet.

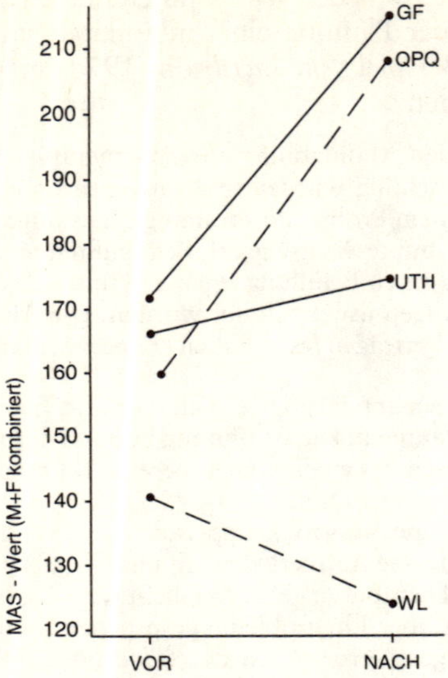

Abbildung 1.8: Effekte von Verhaltensverträgen in der Paartherapie. Kontrollgruppenexperiment nach Jacobsen (1978). Die Ordinate enthält den kombinierten Fragebogenwert aus der Mertial Adjustment Scale (MAS). Die vier behandekten Gruppen waren:
GF: Unabhängige Selbstverstärkung der Partner für die Beziehung fördernde Verhaltensweisen (Good Faith)
QPQ: Quid pro quo (gegenseitige Verstärkung)
UTH: Unspezifische Therapie
WL: Wartelisten-Kontrollgruppe

In diesem Experiment sind spezifische Therapieeffekte gegen unspezifische Therapieeffekte und die Effekte der Messung abgegrenzt worden. Allerdings ist die Verallgemeinerungsfähigkeit wie in fast allen Therapieexperimenten dadurch eingeschränkt, daß es sich um freiwillige Teilnehmer und nicht um eine zufällige oder in anderer Weise – z.B. durch Quotenziehung – repräsentative Stichprobe von Paaren mit gestörter Ehe handelt.

5) Komparative Untersuchungen

In dem im Vorangehenden beschriebenen Experiment werden zwei Interventionsformen innerhalb einer Therapieschule (»Quid-pro-quo« und »Good-Faith« Abmachungen) miteinander verglichen. Dabei erweist sich nicht nur deren grundsätzliche Wirksamkeit, sondern auch, ob eine der beiden Verschreibungsformen wirksamer ist, was hier nicht der Fall war. Solche direkten Vergleiche sind auch zwischen diametral entgegengengesetzten Therapieformen gemacht worden:

- Die kognitv-argumentative Therapie wurde mit einer pharmakologischen Behandlung (Imipramin) bei depressiven Klienten von *Beck et al.* (1985) verglichen: die Autoren fanden die kognitive Therapie genauso wirksam.
- Mit einer psychoanalytischen Kurzzeittherapie und einer Desensibilisierung wurden gemischte ambulante Klienten von *Sloane et al.* (1981) behandelt, ohne daß sich eine bemerkenswerte Überlegenheit einer der Therapieformen zeigte.
- Eine psychoanalytischen Kurzzeittherapie wurde mit einer Gesprächspsychotherapie von *Meyer et al.* (1981) bei psychosomatischen Klienten verglichen, ohne daß eine der beiden Therapieformen sich als deutlich überlegen erwies.
- Gesprächspsychotherapie wurde mit verschiedenen Formen der Verhaltenstherapie von *Grawe et al.* (1990) verglichen, und es ergaben sich auch hierbei nur minimale Unterschiede.

Der Unterschied der Wirksamkeit zweier Therapieformen in einem derartigen Vergleich kann auf spezifische Eigenheiten der Therapieformen zurückgeführt werden, da alle anderen Bedingungen gleich sind.

Vergleicht man die im Vorangehenden geschilderten vier Vorgehensweisen, so ergibt sich zusammenfassend:

Korrelative Studien zeigen Zusammenhänge, lassen aber keine Kausalschlüsse zu. Daher können mit ihrer Hilfe auch keine Wirkungen erklärt oder bestätigt werden.

Fallberichte vermögen u. U. die Wirksamkeit einer Therapieform klarzumachen und ihre Wirkungsweise intuitiv einleuchtend darzustellen. Sie haben aber keine Beweiskraft, sondern Hinweischarakter.

Einzelfallexperimente weisen kausal den Einfluß der therapeutischen Maßnahmen nach – aber nur im Einzelfall. Sie gestatten existentielle Kausalaussagen wie: in mindestens einem Fall (im Beispiel in einer Schulklasse) hat die Maßnahme gewirkt.

Kontrollgruppenexperimente: Um allgemeingültige Kausalschlüsse zu ziehen, muß sich während der Therapie eine repräsentative Stichprobe von Klienten in einem Ausmaß verändern, das im Rahmen von Zufallsschwankungen nicht mehr erklärbar (statistisch nachweisbar) ist. Hierzu ist der Vergleich mit einer Kontrollgruppe geeignet, die Auskunft über die Größenordnung der aufgrund des Zufalls zu erwartenden Veränderungen und alle außerexperimentellen Einflüsse gibt. Im einzelnen sind folgende Kontrollgruppen zu unterscheiden: Anhand von im allgemeinen schwierig durchzuführenden *Placebo*-Gruppen lassen sich unspezifische und spezifische Effekte trennen. Wegen der Undurchführbarkeit einer Doppel-Blind-Anordnung, bei der wie in der Medizin weder Therapeuten noch Klienten wissen, ob Placebo oder Verum verabreicht wird, ist nicht auszuschließen, daß sich die Erwartung des Therapeuten nonverbal auf den Klienten überträgt (*Rosenthal & Frank* 1956). Die unbehandelte *Wartelistengruppe* dagegen sichert das Ergebnis pauschal gegen Spontanremission, Reifung, äußere Einflüsse, die Regression zur Mitte sowie den Einfluß der Messung und der Einbeziehung in eine wissenschaftliche Untersuchung ab. Wollte man diese beiden letzteren Faktoren gesondert betrachten, dann benötigte man eine dritte allerdings für die meisten Belange unrealistische sog. *»Non-Kontakt«-Kontrollgruppe:* vergleichbare Klienten, die unbehandelt bleiben und deren Störungsbefunde zum Zeitpunkt nach der Behandlung der Experimentalgruppe erhoben werden, ohne, daß die Probanden sich in eine Behandlungsstudie einbezogen fühlen (Solomons Vier-Gruppen-Vergleich, s. *Revenstorf* 1980).
Therapie-Vergleiche: Insofern für viele psychische Störungen bereits die Wirksamkeit bestimmter Therapieformen mit Kontrollgruppenexperimenten nachgewiesen worden ist, kann die Gleichwertigkeit bzw. Überlegenheit einer neuen Methode durch den Vergleich mit einer erfolgreichen Standardmethode überprüft werden, ohne daß in ethisch fragwürdiger Weise Klienten unbehandelt bleiben müssen.

Indikationsfrage

Eine besondere Form des Gruppenexperiments stellt der faktorielle Versuchsplan dar. Z.B. untersuchte *Di Loreto* (1971), ob sich drei Therapieformen (Gesprächstherapie, Desensibilisierung und kognitive Therapie) bei introvertierten und extravertierten Klienten mit sozialer Angst unterschiedlich auswirken. Es fand sich tatsächlich eine differentielle Wirkung von Gesprächstherapie und kognitiver Therapie: die erste wirkte besser bei Extravertierten, letztere besser bei Introvertierten. Hier wurden zwei Bedingungsfaktoren des Therapieerfolges systematisch variiert: Persönlichkeitstyp und Therapieform. Die Auswertung ergibt nicht nur eine Aussage darüber, ob eine Therapieform der anderen überlegen ist oder ob ein Persönlichkeitstyp besser therapierbar ist als der andere (Haupteffekte der statistischen Analyse). Vielmehr lassen sich Aussagen über die differentielle Indikation aus den Ergebnissen ableiten: Für wen ist welche Therapie am besten? (Interaktionseffekte in der statistischen Analyse, vgl. Abbildung 1.9).
Einerseits sind derartige Interaktionseffekte in der Therapieforschung von besonderem Interesse, da sie von der pauschalen Annahme oder Ablehnung einzelner Therapieformen wegführen. Andererseits lassen sich nur sehr wenige Wirkfaktoren auf diese Weise gemeinsam systematisch variieren, da stets alle Kombinationen untersucht werden müssen. Das ergibt bei fünf untersuchten Wirkfaktoren mit je zwei Ausprägungen $2^5 = 32$ Versuchsbedingungen, für die eine hinreichende Anzahl untersuchter Fälle vorliegen muß. Man kann sich leicht ausrechnen, daß faktorielle Experimente den Rahmen des Machbaren sprengen, wenn mehr als drei Faktoren und mehr als zwei Ausprägungsgrade der Faktoren untersucht werden. Der Therapieprozeß ist aber ohne Zweifel ein sehr komplexes Geschehen (s. unten Tabelle 1.2), in dem Klientenvariablen, Störungsbilder, Therapieformen und Therapeutenvariablen miteinander interagieren (vgl. *Kiesler* 1971, *Orlinsky & Howard* 1986). Das heißt, die systematische, faktorielle Untersuchungsstrategie hat kaum eine Chance, eine umfassende Entscheidungsgrundlage zu liefern – obwohl sie zur Untersuchung bestimmter Aspekte durchaus sinnvoll ist.

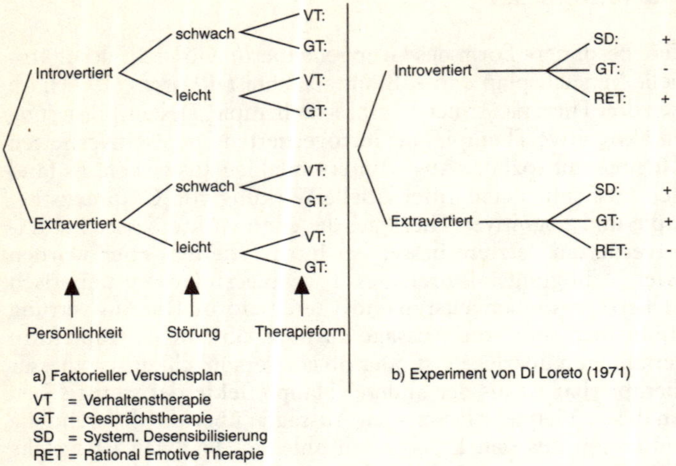

Abbildung 1.9: Faktorielles Design zur Untersuchung der Wirksamkeit verschiedener Therapieformen bei unterschiedlichen Persönlichkeitstypen (Di Loreto 1971)

Komponenten-Analyse

Als Alternative ist daher für die Untersuchung komplexer sozialer Interventionen die »Entblätterungstechnik« vorgeschlagen worden (Systematic dismanteling, *Gottman & Markman* 1978). Dabei wird ein Therapieprogramm nach bestem derzeitigem Wissen zusammengestellt, und dieses Konglomerat aus Interventionen wird in seiner pauschalen Wirksamkeit untersucht – etwa durch einen einfachen Vergleich mit einer Kontrollgruppe. Da die so untersuchte therapeutische Maßnahme im allgemeinen viele Wirkkomponenten enthält, kann nicht gesagt werden, worauf die eventuelle Wirksamkeit zurückgeht. Im nächsten Experiment kann man nun eine Komponente weglassen und überprüfen, ob sich die Wirksamkeit des Programms dadurch ändert. Je nach Hypothese kann man vermutlich wichtige Maßnahmen weglassen, um zu zeigen, daß dadurch die Wirksamkeit reduziert wird, oder man kann unwichtige Komponenten weglassen, um zu zeigen, daß das Programm auch sparsamer aufgebaut werden kann. Der entscheidende Nachteil dieses Vorgehens ist, daß man Wirkungen, die allein durch das Zusammentreffen von Komponenten zustande kommen, so nicht systematisch untersuchen kann – etwa der erhöhte Effekt der Gesprächstherapie bei extravertierten Klienten (Abbildung 1.10). Um ein einfaches Beispiel für diese Strategie zu nennen, könnte man ein Therapieprogramm für Drogenabhängige mit folgenden Komponenten aufstellen:

1. Stimuluskontrolle (Vermeidung von« Scene«-Requisiten)
2. Soziale Kompetenz (Gruppentherapie)
3. Arbeitsverhalten
4. Freizeitverhalten.

In einer experimentellen Phase könnte die erste Komponente weggelassen werden, wenn man vermutet, daß Klienten mit adäquatem Arbeitsverhalten, sozialer Kompetenz und Freizeitmöglichkeiten gar nicht auf die Idee kommen, sich auf diese »Scene« zu begeben. Aus dem Effekt dieses verminderten Programms wird man auf die Relevanz dieser Therapiekomponente schließen können.
Die meisten klinischen Stichproben sind weder repräsentativ (zufällig) aus der Zielpopulation ausgewählt, noch ist die Zuweisung zur Experimental- und Kontrollgruppe immer zufällig, sondern wird nach Therapiebedürftigkeit vorgenommen. Ein weiteres Manko stellt die allgemein übliche Strategie dar, ausgefallene Klienten (drop-outs) aus dem Untersuchungskollektiv auszuschließen und weder als Erfolg noch als Mißerfolg zu rechnen. Konservativ betrachtet müßte man sie eher zu den Mißerfolgen rechnen. Denn möglicherweise sind diese drop-outs besonders schwere Fälle, die die Behandlung als erfolglos ansehen. Auch in der Kontrollgruppe kann ein ähnlicher selektiver Klientenausfall eintreten, der das Untersuchungsergebnis systematisch verfälscht. Durch solche Mängel wird die Schlüssigkeit und die Verallgemeinerungsfähigkeit experimenteller Ergebnisse der Therapieforschung häufig in Frage gestellt.
Um eine Therapieform in ihrer Wirksamkeit zu überprüfen, wird man verschiedene Forschungsstrategien anwenden. Ohne überzeugende Fallstudien wird niemand auf die Idee kommen, Initiative oder Hypothesen für eine kontrollierte Untersuchung zu entwickeln. Bei seltenen Störungen wird man anstelle von Gruppenexperimenten zu Einzelfallexperimenten greifen müssen, die auch

zur Untersuchung des Therapieprozesses geeignet sind. Für die Überprüfung der Wirksamkeit mehrerer Therapiekomponenten ist die Entblätterungstechnik praktisch, und für Indikationsfragen sind faktorielle Experimente besonders aufschlußreich.

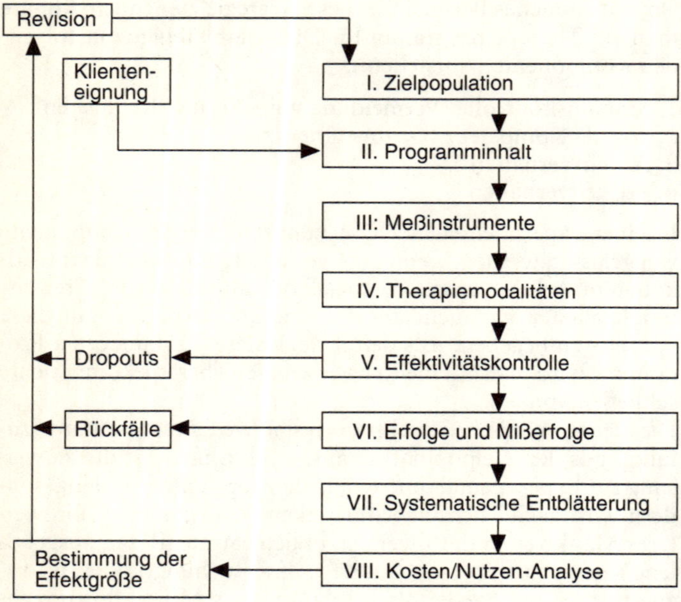

Abbildung 1.10: Systematische Entblätterungstechnik (Programm Developmentmodel nach Gottman & Markman 1978)

Meta-Analysen

Die Vielzahl der Untersuchungen zur Wirksamkeit einzelner Therapieformen war schwer überschaubar, bis *Smith & Glass* (1977) als universell anwendbares und simples Maß der Wirksamkeit einer Therapie die sog. Effektsstärke (ES) vorschlugen (vgl. *Revenstorf* 1984). Sie berechnet sich als Differenz der Mittelwerte von Behandlungs- und Kontrollgruppe, dividiert durch die Streuung (Standardabweichung) der Kontrollgruppe. Sie ist ein Maß dafür, um wieviel sich die Klienten durch die Behandlung in Richtung Gesundheit verändert haben – gemessen an den Veränderungen, die sich in der gleichen Zeitspanne in der unbehandelten Gruppe aus welchen Gründen immer vollzogen haben:

$$Es = \frac{M(Behandlg) - M(Kontroll)}{Str(Kontroll)}$$

Mit der Effektstärke können Therapieeffekte zwischen verschiedenen Studien auf der gleichen Variablen (z.B. Beck-Depressions-Inventar) oder zwischen verschieden Variablen in einer Studie verglichen werden (z.B. die Veränderungen in der Herzrate und dem »state-anxiety«-Fragebogen bei einer Angstbehandlung). Natürlich besteht bei dieser Methode die Gefahr, Äpfel und Birnen zu vergleichen (*Rachman & Wilson* 1980), doch ergibt die mittlere Effektstärke, die eine bestimmte Behandungsmethode auf vergleichbaren Maßen in verschiedenen Studien erzielt, eine Abschätzung der zu erwartenden Wirksamkeit dieser Methode. Die Aussage läßt sich für Untergruppen von Klienten (Indikationsfrage) oder Erfolgsmaße spezifizieren. Tabelle 1.1 enthält eine Zusammenstellung von Effektstärken für einige bekannte Therapieformen. So erreicht die Systematische Desensibilisierung in 223 Untersuchungen einen mittleren Wert von ES= 0.91. Dem entspricht in der Normalverteilung, die als Modell für die individuellen Veränderungen angenommenen wird, eine Position, die von 81 % der unbehandelten Fälle der Kontrollgruppen nicht erreicht wird. Anders ausgedrückt schneiden 50 % der behandelten Klienten so gut oder besser ab als es für lediglich 19 % der unbehandelten Klienten zutrifft. Inzwischen haben zahlreiche derartige Meta-Analysen – zuletzt die von *Grawe, Bernauer & Donati* (1990) an etwa 900 Untersuchungen – bestätigt, daß Psychotherapie grundsätzlich als wirksam betrachtet werden kann und daß dies für viele einzelne Therapieformen – wenn auch, gemessen an der Zahl der Studien, unterschiedlich gut – bestätigt ist. Faßt man alle diesbezüglichen Ergebnisse zusammen, so ergibt sich ein Wert von ES=0.85 (entsprechend dem 80. Perzentil).

In einer Gegenüberstellung von tiefenpsychologisch-humanistischen und kognitiv-behavioralen Therapieformen fanden verschiedene Autoren durchgängig eine geringfügig höhere Effektstärke für die behavioralen Therapieformen: etwa ES=0.64 gegenüber ES=1.03. *Smith, Glass & Miller* (1980) errechneten, daß diese scheinbare Überlegenheit auf die leichter simulierbaren Erfolgsmaße in der Verhaltenstherapie zurückzuführen ist (etwa die Annäherung an das phobische Objekt gemessen in cm) und daß sie verschwindet, wenn man diesen Einfluß auspartialisiert. Allerdings zeigt sich eine solche Überlegenheit auch in Meta-Analysen von direkten Therapievergleichen (vgl. Shapiro 1985). Nur bei den einzelnen komparativen Untersuchungen selbst tritt dies nicht in Erscheinung (s.o.), was aber auf die geringe statistische Power der Untersuchung zurückgeführt werden kann (Grawe 1992). D.h., es ist nicht auszuschließen, daß die kognitiv-behavioralen Therapien in manchen Bereichen wirksamer sind als z.B die Gesprächstherapie.

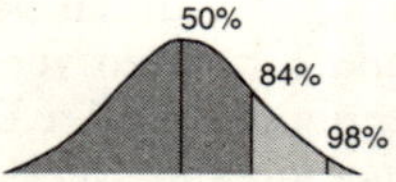

	Anzahl der Untersuchungen	z	Perzentil der Kontrollgruppe in %
1 System. Desensibilisierung	223	.91	31
2 Rat.-emo. Therapie	35	.77	78
3 Verhaltenstherapie	32	.76	78
4 Adlerian. Therapie	16	.71	76
5 Impulsion	45	.64	74
6 Gesprächstherapie	94	.63	74
7 Psych.-dyn. Therapie	96	.59	72
8 Transaktionsanalyse	25	.58	72
9 Elektrische Therapie	70	.48	68
10 Gestalttherapie	8	.26	60

Tabelle 1.1: Gegenüberstellung der Wirksamkeit verschiedener Therapieformen. Angegeben ist jeweils der z-Wert und das Perzentil der unbehandelten Kontrollgruppe, an dem sich die Mittelwerte der behandelten Experimentalgruppe befinden (nach Smith & Glass 1977)

Klinische Signifikanz

Neben dem Kriterium der statistisch signifikanten Veränderung in der Therapie ist der Begriff der klinischen Signifikanz vorgeschlagen worden (*Jacobson, Follette & Revenstorf* 1986). Üblicherweise gilt ein Verfahren als wirksam, wenn sich der Mittelwert durch die Behandlung signifikant verändert (und durch eine Kontrollgruppe abgesichert ist, s.o.). Dieser Unterschied kann numerisch gering und klinisch irrelevant sein. Wenn z.B. auf einer Skala klinisch unauffällige Personen einen Wert von $M_{norm} = 100$ nicht unterschreiten und eine untersuchte Klientengruppe vor der Behandlung einen Mittelwert von $M_a = 90$ und nachher von $M_b = 92$ hat, so ist diese klinisch unbedeutende Erhöhung des mittleren Meßwertes statistisch signifikant, wenn die Streuung $s = 10$ und die Anzahl der untersuchten Klienten $N = 100$ ist, denn der resultierende t-Wert überschreitet das 1%-Niveau:

$$t = \frac{M_a - M_b}{Str / N}$$

Um dagegen klinisch signifikante Veränderungen zu ermitteln, trägt man auf der X-Achse eines Kordinatenkreuzes die Werte vor der Behandlung und auf der Y-Achse die nach der Behandlung ein. Alle Individuen, die auf der Diagonale liegen, haben sich nicht verändert, die darüber haben sich verbessert und die darunter sich verschlechtert. Allerdings ist zunächst die Größe zu berechnen, die eine reliable Veränderung (RD) darstellt:

$$RD = 1.96\ Str \quad (1 - Rd)$$

Über Individuen, die in die Zone von ein RD oberhalb und unterhalb der Diagonale fallen, kann aufgrund der Unzuverlässigkeit des Meßinstruments ebenfalls nichts gesagt werden, ob sie sich durch die Behandlung verändert haben. Im übrigen läßt sich jetzt auszählen, wieviele sich im Quadranten der vollständigen Heilung (oben links), wieviele sich reliabel verbessert haben (oberes Dreieck des rechten oberen Quadranten) und wieviele sich verschlechtert haben (unterhalb der Diagonale). Abbildung 1.11 zeigt diese Untergruppen am Beispiel der Paartherapie: 3 Paare haben sich verschlechtert, 16 Paare müssen als im Rahmen der Reliabilität als unverändert gelten und 21 Paare (53%) als zuverlässig verbessert; davon können 12 als geheilt betrachtet werden, weil sie vor der Therapie im dysfunktionalen und hinterher im funktionalen Bereich sich befinden.

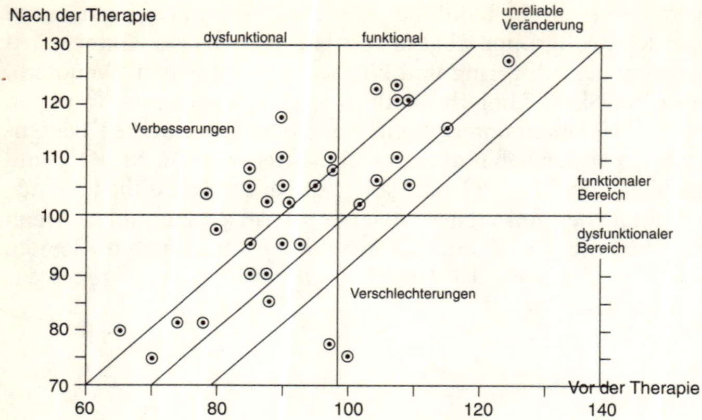

Abbildung 1.11: Reliable Veränderung und klinische Signifikanz: 40 Paare mit Eheproblemen vor und nach einer Verhaltenstherapie (Reziprozitäts- und Problemlöse-Training, s. Jacobson, Follettte & Revenstorf 1984). Abhängige Variable: »Marital Adjustment Scale« (Reliabilität = 0.95, Streuung = 10, Mittelwerte vor und nach der Therapie: 90 und 110; unglückliche Beziehung unterhalb 100)

1.4 Therapieprozeß

Allgemeine Therapiefaktoren

Die Therapieforschung hat Hinweise darauf erbracht, daß abgesehen von der differentiellen Indikation, die bisher so schlecht belegt ist, Unterschiede in der Wirksamkeit zwischen den einzelnen Therapieformen im pauschalen Vergleich gar nicht so erheblich sind. Das zeigen die Ergebnisse von Meta-Analysen wie in Tabelle 1.1 und auch direkte Vergleiche von Therapieformen (s.o.), die bisher keine sehr erheblichen Unterschiede in der Wirksamkeit erbracht haben: zwischen analytischer Kurztherapie und Verhaltenstherapie (*Sloane et al.* 1981), Gesprächstherapie und analytischer Fokaltherapie (*Meyer et al.* 1981), Gesprächs-, Verhaltens- und Kognitiver Therapie (*Grawe, Caspar & Ambühl* 1990). Viele Therapieformen kommen offensichtlich auf ganz unterschiedlichem Wege zu ähnlichen Ergebnissen und Erfolgsquoten. Das könnte bedeuten, daß es nicht auf die

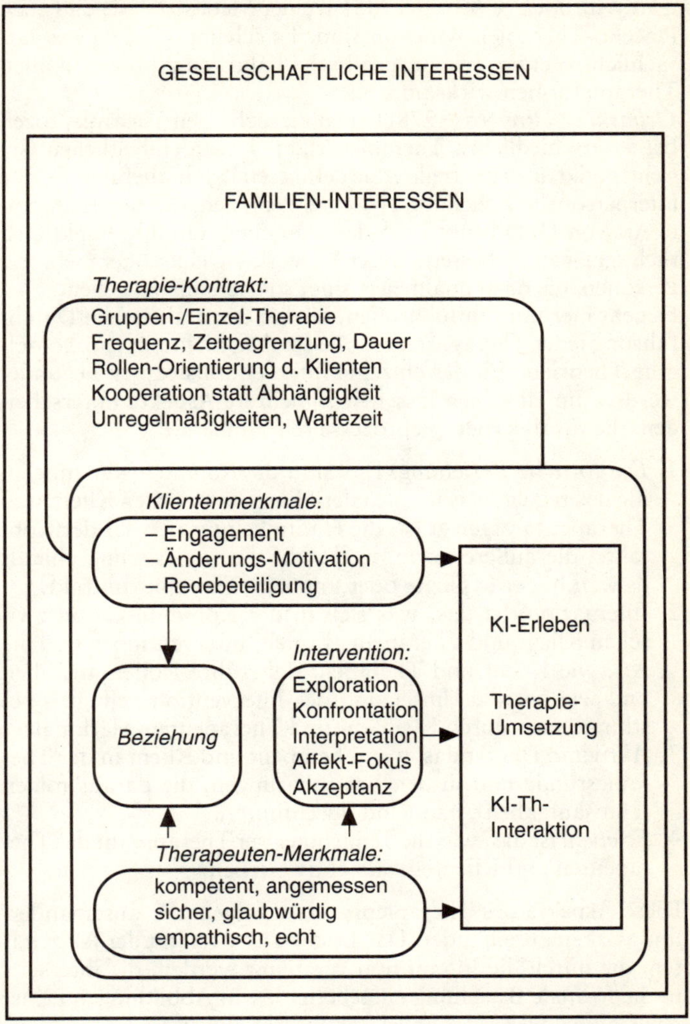

Abbildung 1.12: Allgemeine Therapiefaktoren (nach Orlinsky & Howard 1986)

eine oder andere spezifischen Technik ankommt, auf die die Therapieschulen ja so viel Wert legen. Außerdem zeigten *Prioleau, Murdock & Brody* (1983) in einer Meta-Analyse, daß auch Placebo-Therapien wirksam sind. Es scheint also, daß es tatsächlich so etwas wie unspezifische Faktoren gibt, die in allen Therapieformen wirksam sind.

Orlinski & Howard (1978) haben versucht, den Therapieprozeß bei unterschiedlichen Therapieverfahren nach einheitlichen Gesichtspunkten zu beurteilen. Sie definieren Psychotherapie als eine interpersonelle Beziehung zwischen Personen, die eine bestimmte Art von Hilfe benötigen oder wünschen, um ihre Funktionstüchtigkeit zu verbessern, unter Mitwirkung einer oder mehrerer Personen, die dazu qualifiziert sind, solche Hilfe zu geben.

Es geht hier um Einflußgrößen, die bei der praktischen Durchführung jeder Therapie eine Rolle spielen, nicht um psychologische Theorien, mit der einzelne Interventionsformen begündet werden. Im einzelnen lassen sich mehrere Aspekte unterscheiden, die für die Therapieprozesse relevant sind:

1. *Die formale Beziehung:* Das sind die Rahmenbedingungen, die das regeln, was in formaler Hinsicht zwischen Klient und Therapeut festgelegt ist: die Häufigkeit und Dauer der Kontakte, die äußere Form, in der die Therapiesitzung abläuft usw., d.h. der explizite oder implizite Therapiekontrakt.
2. *Interaktion:* Ist das, was sich in der Kommunikation zwischen Klient und Therapeut abspielt: Interventionen und die Art, wie Klient und Therapeut dabei ihre Rollen ausfüllen und wie gut die Umsetzung der Intervention gelingt – bestimmt auch durch Klienten- und Therapeuten-Merkmale.
3. *Aktivität:* Das ist das, was Therapeut und Klient in der Therapiestunde und in den Vereinbarungen, die daraus folgen (Hausaufgaben), handelnd durchführen.
4. *Erleben:* Ist das, was die Teilnehmer der Therapiestunde (Therapeuten und Klienten) subjektiv erleben.

Diese Aspekte des Therapieprozesses folgen z.T. auseinander: und wirken aufeinander: Das Erleben ist Resultat der Aktivitäten, die durch die Interaktion veranlaßt werden, die ihrerseits in die formale Beziehung eingebettet ist. In Abbildung 1.12. ist das Gefüge dieser Variablen vereinfacht skizziert.

Empirisch zeigt sich, daß viele Einzelkomponenten des Therapieprozesses zur Wirksamkeit der Therapie beitragen. Tabelle 1.2 enthält die wichtigsten Ergebnisse aus über tausend Untersuchungen (Orlinsky & Howard 1986). Zusammengefaßt sind es vier wirksame Komponenten:
Effektive und instrumentelle Aktivität in der Therapie, bei der der Klient Lernender ist, aber selbst Initiative ergreift. Und guter persönlicher Kontakt zwischen Klient und Therapeut, der in gegenseitiger Bestätigung resultiert.

Prozeß- und Therapieerfolg

A. Rahmenbedingungen	
1. Gruppe-/Einzeltherapie	=
2. mehr oder weniger >einmal pro Woche	
3. Zeitbegrenzt	+
4. Dauer (in Grenzen	+
5. Verzögerung, Unregelmäßigkeiten	–
6. Orientierung des Kl seine Rolle	+
7. Kooperation >Abhängigkeit in der Rollenverteilung	
B. Therapeutenrolle	
8. Angemessenheit d. Intervention & Kompetenz des Th	+
9. Engagement	+
10. Sicherheit & Glaubwürdigkeit	+
11. Echtheit	+
12. Emathie (Kl-Urteil)	+
C. Intervention	
13. Exploration, Konfrontation, Interpretation	+
14. Reflektion, Unterstützung, Rat, Th-Selbstöffnung	+
15. Fokus auf Affekt und Übertragung	+
16. Wärme und Akzeptanz	+
17. Th-Beitrag zur therapeutischen Bindung	+
D. Klientenrolle	
18. Redebeteiligung	+
19. Engagement	+
20. Änderungs-Motivation	0/+
E. Klientenerleben	
21. Selbstexploration	?/+
22. Negativer Affekt & Feindseeligkeit am Anfang	+
23. Unmittelbarkeit des Affekts	+
24. Katharsis	+

25. Offenheit	
26. Hier & Jetzt (anders als Affekt)	0
27. Expressivität	+
28. Wärme und Akzeptanz	
29. Kl-Beitrag zur therapeutischen Bindung	+
30. Abwehr	–
31. Einsicht, Erleichterung, Konfliktlösung	+
F. Therapeut-Klient-Interaktion	
32. Empathische Resonanz	+
33. Gegenseitige Bestätigung	+
34. Allgemeine Qualität der therapeutsichen Bindung	+

Tabelle 1.2: Effekte von Variablen des Therapieprozesses (nach Orlinsky & Howard 1986). Positive (+), negative (–) und keine (0) Effekte sowie widersprüchliche Ergebnisse (?) (Kl=Klient, Th=Therapeut)

Unspezifische Therapiefaktoren

Mehr auf den Schein als auf die tatsächliche Kompetenz kommt es nach der Vorstellung von *Frank* (1973) an. Wie viele humanistische Therapeuten vertritt er die Meinung, daß lediglich die Selbstheilungskräfte durch geeignete Maßnahmen im Klienten aktiviert werden müssen. Dazu kann sich der Therapeut ganz unterschiedlicher Methoden bedienen, deren Inhalt nicht wesentlich ist, die aber vier unspezifische therapiewirksame Komponenten enthalten müssen:

- Die therapeutische *Beziehung*, in der der Klient den Therapeuten bereit und kompetent zur Hilfe erlebt.
- Die therapeutische Situation. Im Sprechzimmer wird dem Klienten durch eine Reihe von *Insignien* bedeutet, daß er sich in einer Ausnahmesituation befindet, in der er Außergewöhnliches erleben darf. Zu diesen Insignien gehören Apparate, die professionelle Akkreditierung des Therapeuten, die Couch, und ähnliches mehr.
- Das therapeutische Konzept ermöglicht es, dem Klienten eine *Erklärung* dafür zu geben, warum er Probleme hat, wie seine Sinnkrise oder Verhaltensstörung zustande gekommen ist und wie man ihm helfen kann. Es wird ihm die Möglichkeit zur Attribution von Störungen und Heilung gegeben.

– Das therapeutische *Ritual* hängt eng mit dem Konzept zusammen. Dadurch werden Klient und Therapeut in eine aktive Auseinandersetzung verwickelt, von der beide glauben, daß sie etwas Bestimmtes tun müssen, um die Heilung zu bewirken.

Die vier Ingredienzien bewirken beim Klienten (und beim Therapeuten) positive *Erwartungen* in bezug auf die Heilung, die Bereitschaft und die Möglichkeiten zum *Lernen* und *affektiv* getönte Erfahrungen. Diese drei vermittelnden Variablen wiederum bewirken das, was die eigentliche Heilung ausmacht, nämlich die Umstrukturierung von Demoralisierung des Klienten in Hoffnung auf eine positive Lebensbewältigung. Dadurch wird der Selbstheilungsprozeß ausgelöst, der sich in der Symptomverminderung zeigt.

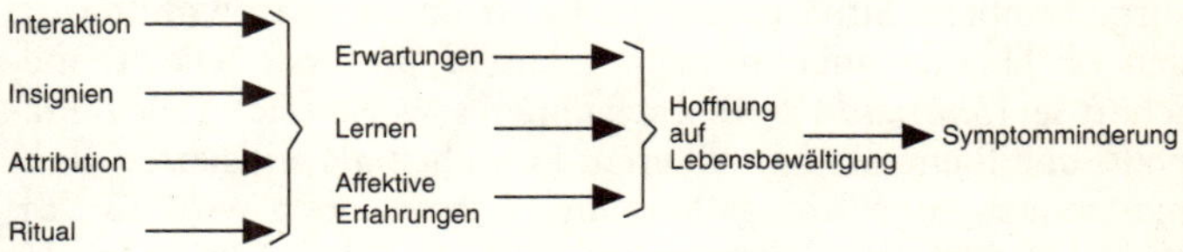

Abbildung 1.13: Unspezifische Therapiefaktoren nach Frank

Die Kennzeichnung des Therapieprozesses als ein *Ritual*, das genügend komplex sein muß, um bei dem Klienten den Eindruck zu erwecken, daß es seinem Problem angemessen ist, die *Insignien* für Prestige und Kompetenz und die Fähigkeit des Therapeuten, dem Klienten eine wie auch immer geartete *Erklärung* für sein Befinden zu vermitteln, rücken den Psychotherapeuten, wie ihn Frank sehen möchte, in die Nähe des Wunderheilers und Schamanen. Die Techniken und das Erklärungsmodell, die eine Therapieform liefert, sind dabei weniger wichtig als die *Beziehung* zwischen Therapeut und Klient und die professionellen Symbole, die zur Schau gestellt werden. Über einen derartig ausgehöhlten Psychotherapiebegriff mag man geteilter Meinung sein. Die letzten Endes vermittelnde Größe im Therapieprozeß ist das Prinzip der Hoffnung.
Als unspezifische Komponente einer wirksamen Therapie wird auch die Klienteneignung anzusehen sein. Die Therapie kann nur

erfolgreich sein, wenn der Klient fähig und bereit ist, die therapeutische Situation für sich zu nutzen. Daraus geht hervor, daß bestimmte Klienten für die Therapie ungeeignet sind. Nicht alle Therapeuten akzeptieren diese Position. Vielmehr halten sie es für einen Teil der therapeutischen Technik, den Klienten zu motivieren. Jedenfalls wird in diesem Therapiemodell dem Therapeuten verursachende Funktion am Heilungsprozeß zugeschrieben: er verfügt über entsprechende Techniken des Rapports, der Motivierung usw., die als wirksam angenommen werden, jedoch nicht spezifisch für bestimmte Therapieformen sind.

Folgt man der Auffassung, daß viele der wirksamen Ingredienzien der Therapie unspezifisch für die jeweilige Therapieform sind und so aussehen können wie die von Frank genannten, dann müsen auch in nicht-therapeutischen Beziehungen teilweise Wirkungen wie in Therapien beobachtbar sein. Etwa streben effektive Eltern oder konstruktive Freundschaften oder die Seelsorge ähnliche Situationen an. Es ist daher geargwöhnt worden, ob Therapie nicht nur eine gekaufte, professionelle Freundschaft sei (*Shofield* 1964). Tatsächlich erweisen sich viele therapeutische Elemente bei näherem Hinsehen als stilisierte Merkmale einer guten Alltags-Kommunikation, doch wird aus Tabelle 1.2 auch der Beitrag einer professionellen Schulung klar (Zeilen 8 bis 17). Therapie ist daher wohl am ehesten so etwas wie die Reinkultur der interpersonellen Hilfeleistung.

Die Ausbildung des Therapeuten ist auch deshalb von Bedeutung, weil der Therapeut in der Lage sein sollte, den Therapieprozeß und die Beziehung zum Klienten zu reflektieren. Es ist aber vor allem erforderlich, daß der Therapeut mit Hilfe einer bestimmten Technik vorgeht, und diese so gut beherrscht, daß er sich mit ihr wohlfühlt. Nur so kann er seine Rolle kongruent ausfüllen (Kapitel 1.5).

Spezifische Therapiefaktoren

Strupp (1972) geht davon aus, daß der Klient in jeder Therapie manipuliert wird, allerdings zu seinem Wohl. Eine ähnliche Position nimmt *Haley* (1963) ein. Für Strupp gibt es neben der Klienteneignung zwei Komponenten jedes Therapieprozesses: Einmal die therapeutische *Beziehung*, die sowohl den formalen Aspekt wie die Interaktion umfaßt. Das zweite Grundelement

ist die therapeutische Technik, die ebenfalls Aspekte der Interaktion wie aber auch der Aktivität umfaßt. Dabei werden folgende Klassen von Techniken unterschieden. Diese verschiedenen Techniken werden von vielen Therapeuten, wenn auch in unterschiedlichem Ausmaß, verwendet:
Therapeutische Techniken (nach *Strupp* 1972):

- Suggestion
- Offene Kommunikation und Selbstexploration
- Interpretation
- Bereitstellung von Normen
- Arrangement von Konsequenzen

Eine ganz ähnliche Vorstellung entwickelt *Bandura* (1977), der als Kernstück aller Therapieformen die Fähigkeit sieht, beim Klienten die *subjektive Kompetenz* zur Lebensbewältigung zu steigern. Für Bandura ist es nicht das eigentliche Ziel der Therapie, den Klienten in der Lebensbewältigung erfolgreich zu machen, als vielmehr in ihm das Bewußtsein zu stärken, daß er dazu in der Lage sei, wenn keine widrigen Umstände dem entgegenstehen. Bandura unterscheidet daher zwischen Kompetenzerwartung (efficacy expectation) und Ergebniserwartung (outcome expectation). Eine erhöhte subjektive Kompetenz ermöglicht es dem Klienten auch unter Schwierigkeiten, wiederholte Bewältigungsversuche zu unternehmen und bei Mißerfolg nicht zu verzagen. Damit wird auch für den Verhaltenstherapeuten *Bandura* (vgl. 1969) das direkte Therapieziel zu einer subjektiven Größe, die nicht unbedingt beobachtbar ist (Abb. 1.14).
Bandura macht mit diesen Ideen den Versuch einer umfassenden Theorie der Verhaltensänderung. Er nimmt also ähnlich wie Frank an, der aktive Bestandteil jeder Psychotherapie sei die Stärkung der Erwartung eigener Effektivität (self-efficacy) im Klienten. Dafür gibt es nach Bandura vier mögliche Informationsquellen:

1. Die Ausführung und damit verbundene persönliche Erfahrung (wie beim *operanten Lernen*).
2. Die Beobachtung eines anderen, der Erfahrungen macht (wie beim *Modell-Lernen*).
3. Die verbale Überredung (wie bei der *Didaktik* oder *Hypnose*) und schließlich:
4. Innerkörperliche Signale der physiologischen Erregung (wie bei der *klassischen Konditionierung*).

Jeder der vier Punkte kann dazu beitragen, Verhalten zu ändern: Die Erfahrung des Erfolges (Lernen am Erfolg), die Nachahmung eines Vorbilds (Lehrer, Eltern), das Wort einer Autorität (Therapie im allgemeinen?) und das Erlebnis physiologischer Reaktionen (Desensibilisierung). Von diesen vier Techniken hält Bandura allerdings die des Erfahrungslernens und des Modell-Lernens für die wirksamste.

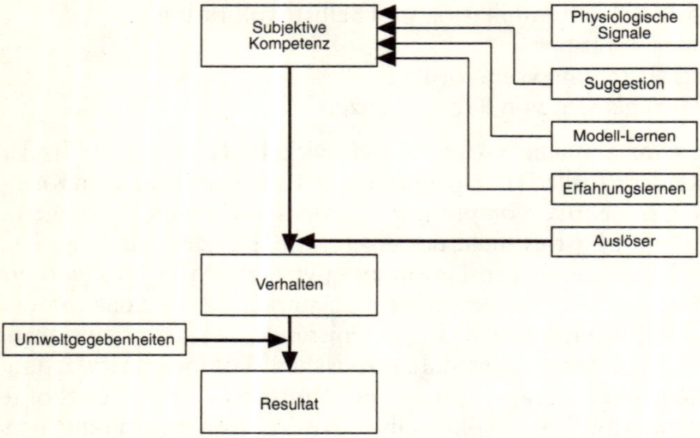

Abbildung 1.14: Subjektive Kompetenz und spezifische Therapiefaktoren (nach Bandura 1977)

1.5 Zur Ethik des Psychotherapeuten

Der Streit der Therapieschulen

Ein ideologisch gefärbter Gegensatz war schon immer zwischen den Therapieschulen humanistisch-psychodynamischer und denen empirisch-experimenteller Prägung vorhanden.Sie unterscheiden sich in ihrer Therapieauffassung durch vieles, zum Beispiel:

- Krankheits- und Persönlichkeitsmodell (siehe Kapitel 1.2);
- Die Methode des therapeutischen Vorgehens (Kapitel 1.1);
- Die Methode des Nachweises der Wirksamkeit (Kapitel 1.3).

Die Form der Auseinandersetzung zwischen den beiden Lagern legt nahe anzunehmen, daß es noch andere als empirische Gründe gibt, die hier eine Rolle spielen. Einer ist der Glaube an bzw. die Skepsis gegenüber dem zweckrationalen Denken, das durch den technologischen Fortschritt in den Wissenschaften so an Bedeutung gewonnen hat (vgl. *Habermas* 1969).
Der *Glaube* an den empirisch-wissenschaftlichen Denkansatz in der Psychotherapie gründet sich auf den Erfolg des rationalen Denkens in anderen Bereichen und zugleich auf die Irrtümer, denen ein rein intuitives Denken ausgeliefert ist. Die *Skepsis* gegenüber der instrumentell so erfolgreichen Vernunft drückt sich in zwei Hauptargumenten aus, die unter anderem von humanistischen Autoren vorgebracht werden:

1. Es ist zunehmend deutlicher geworden, daß die Anwendung des zweckrationalen Denkens allein zu Ungereimtheiten führt, wie dem Raubbau der Ressourcen, Belastung der Umwelt, Bedrohung der individuellen Freiheit durch Medien und Computer-Kommunikation, Entfremdung von Natur und Produktion (*Meadows et al.* 1992)
2. Die instrumentelle Vernunft erfaßt womöglich wesentliche Teile des menschlichen Daseins nicht adäquat. Es ist das, was *R. Pirsig* in seinem Essay über die Vernunft (1974) »Qualität« nennt. Würde man alles vom Leben subtrahieren, was durch das zweckrationale Denken ausgeklammert wird, dann müßten wir auf den Reichtum der Empfindungen und Gefühle verzichten, den wir durch den Anblick einer eindrucksvollen Landschaft, dem Genuß eines Kunstwerks, durch das Erleben von Erfolg und Mißerfolg, durch Liebe und Trauer erleben, ebenso wie Abgeklärtheit und meditative Versenkung. Ohne all dies wäre das Leben stark reduziert. Wir müßten auch die Phänomene des gegenseitigen Verstehens, das über die verbale Formulierung hinausgeht, der psychosomatischen Erkrankung und Heilung, bestimmte hypnotische Phänomene wie suggerierte Schmerzfreiheit u.ä. streichen, weil sie bisher nicht objektiv faßbar sind, genauso wenig wie die sogenannten Psi-Phänomene, Telepathie, Hellsehen, Psychokinese u.a.

Komplementär zur Skepsis gegenüber dem Zweckrationalismus ist bei der beschriebenen Anschauung die Hoffnung, die in eine romantische Lebensweise gesetzt wird. Nach humanistischer

Auffassung wird in der westlichen Welt das Fühlen gegenüber dem Denken, das Wahrnehmen gegenüber dem Spekulieren vernachlässigt. Ließen wir die ganzheitlich intuitive Betrachtungsweise und das emotionale Urteil mehr gelten, könnte dies Ausweg und Überwindung der rationalen Sackgasse sein und würde die Rückkehr zum vitaleren Leben bedeuten. Es wird hier die Ansicht geäußert, daß das intensivere Erleben der menschlichen Impulse und die ganzheitliche Betrachtung der Umwelt eine heilende Selbstregulation mit sich bringt. Im Gegensatz dazu führt die lediglich rationale Analyse zwar zu einer vernünftigen Balance der Impulse, die dabei jedoch an vitaler Qualität verlieren, weil sich Impuls und Impulskontrolle in ihrer Energie gegenseitig aufzehren. Dies trägt zu einer planvollen, aber emotional verarmten Lebensweise bei.
Die romantische Auffassung, die Umwelt wie auch die Innenwelt vor jeder Analyse zunächst ganzheitlich, gefühlsmäßig zu erleben, stand von jeher dem rationalen Denken gegenüber. Dieser Gegensatz ist keinesweg neu. Die romantische Lebensauffassung gewinnt aber in dem Moment, wo die Vernunft sich als monströs entpuppt, erneut Zulauf – häufig aufgrund einer undifferenzierten Heilserwartung. Demgegenüber meldet das rationale Denken seine Zweifel an: Reine Intuition führe zu einer unkritischen Haltung, lasse den kurzfristigen vor dem langfristigen Erfolg gelten, stelle das individuelle Bedürfnis über das gemeinschaftliche, sei der Fehlwahrnehmung, Verzerrung und Indoktrination ausgesetzt – kurz: führe ins Chaos.
Wie bei der Betrachtung der wissenschaftlichen Grundlegung der Therapieformen (Kapitel 1.1) legt auch die Betrachtung der angestreben Lebensqualität die Annahme nahe, daß weder die eine oder andere Denkform, für sich genommen, allein sinnvoll ist. Es kann also gar nicht darum gehen, die Wahl zwischen ihnen zu treffen, sondern eine Integration anzustreben. Es ist zwar u. U. unmöglich, beide Denkansätze zu gleicher Zeit zu vollziehen; eine Lösung könnte aber darin bestehen, sie alternierend zur Geltung kommen zu lassen: Zu Zeiten romantisch und zu Zeiten rational. Dafür gibt es Modelle. Östliche Philosophen streben ein Hin- und Herpendeln zwischen Zuwendung zur Welt und Zurückgezogenheit, sinnlich konkretem Leben und Entrückung an. Die Kreativitätsforschung hat gezeigt, daß geniale Denker (Mathematiker, Chemiker, Physiker und andere, s. *Blakeslee* 1980) stets die ganzheitliche Anschauung mit der rationalen Analyse zu ver-

knüpfen wußten. Ein entsprechendes Modell des schöpferischen Denkens unterteilt den Prozeß in vier Stufen, wobei die erste und die letzte rational, die beiden mittleren intuitiv gestaltet werden:

1. Die rationale *Analyse* der Aufgabenstellung wird gefolgt von einer
2. *Inkubation*, in der bildliches Vostellung und gefühlsmäßige Bewertung vorherrscht.
3. Der Grundriß einer *Problemlösung* entsteht daran anschließend in einer Art Aha-Moment ebenfalls ganzheitlich (Erleuchtung). Ein Beispiel hierfür ist Kekules Traum von der Schlange, die sich in den Schwanz beißt, als Lösung für die chemische Ringformel des Benzol.
4. Dieser intuitiven Lösung folgt als vierter Schritt die rationale *Überprüfung* der gefundenen Lösung.

Könnte nicht die Psychotherapie auch einen Kristallisationspunkt bilden, an dem sich zweckrationales und intuitives Denken vereinen lassen, da beide hier in besonderem Maße gefordert sind? Ungeplante Erlebnisaktivierung allein ist als Therapie ebenso unzweckmäßig wie die rein rationale Analyse des Problems.

Die Werte des Psychotherapeuten

Der Schulenstreit in der Psychotherapie beruht auf unterschiedlichen Werten, nicht auf Fakten allein. Zunächst aber scheinen Therapeuten generell etwas andere Werte als die Durchschnittsbevölkerung zu haben, und damit wahrscheinlich auch als ihre Klienten – wenigstens zu Beginn der Therapie. Denn es gibt Belege für eine gewisse Annäherung der Einstellungen zwischen Klient und Therapeut, zumindest bei erfolgreichen Abschlüssen (*Welkowitz et al.* 1967). Therapeuten legen u.a. mehr Wert auf Freiheit, Selbstachtung, innere Harmonie und weniger auf Sicherheit, Behaglichkeit und Vergnügen (*Reiter & Steiner* 1976). Werte, in denen sich Menschen im allgemeinen unterscheiden, sind von *Allport, Vernon & Lindzey* (1951) untersucht worden. Sie legten die Sprangersche Typologie zugrunde, in der religiöse, politische, soziale, theoretische, ökonomische und ästhetische Menschen unterschieden werden. Diese Typologie dürfte auch für die Ausübung von Therapie bedeutsam sein.
Die Annahme, daß Therapeuten keine Werte vermitteln, geht

auf Freuds Neutralitätsgebot in der Psychoanalyse zurück, das ebenso wie die scheinbare Nichtdirektivität der Gesprächstherapie als unrealistisch kritisiert worden ist (*Bergin* 1980). Die humanistischen Therapieformen, insbesondere die Gestalttherapie, streben danach, in der Therapiesituation konkrete Werte wie Selbstverantwortlichkeit, Bewußtheit, emotionale Beteiligung zu realisieren. Sie lasssen sich als die Bemühung zusammenfassen, die sozialen Zwänge und Fremdbestimmtheiten des Menschen zu reduzieren. Die Verhaltenstherapie zieht sich auf die empirischen Ergebnisse der Machbarkeit von Verhaltensänderungen zurück, operiert aber implizit im Sinne der Anpassung an die Gesellschaft, indem sie Funktionalität zum Kriterium macht.

Vergleicht man diese Positionen mit den Moralbegriffen *Kohlbergs* (1978), so könnte man das psychoanalytische und das verhaltenstherapeutische Menschenbild dem konventionellen Moralbegriff zuordnen, der das Allgemeinwohl über das Eigeninteresse des Individuums stellt (zweite Stufe der Moral) – allerdings würden wohl Vertreter beider Disziplinen für die Wertneutralität ihrer Therapie argumentieren. Das humanistische Menschenbild dagegen scheint der ersten Stufe, nämlich der egoistischen Moral, am nächsten zu stehen – wenn nicht mit dem Axiom der Gutartigkeit des so befreiten Menschen dieser moralischen Zuordnung der Makel des Unsozialen genommen wäre. Sucht man unter den Therapien nach einer, die der dritten, der postkonventionellen Stufe der Kohlbergschen Moral entspricht, so scheint sich die Logotherapie anzubieten. Hierin wird eine Dezentrierung des Individuums – weg von sich und seinen Interessen, Intentionen und Ängsten angestrebt (*Frankl* 1975) Zugleich geht es darum, einen übergeordneten Sinn im Leben zu finden, bei dem die Normen der Gemeinschaft u.U. als unverbindlich erklärt werden – etwa in totalitären Systemen. Es muß festgehalten werden, daß, wie *Perrez* (1976) betont, immer Wertentscheidungen getroffen werden, wenn ein Therapeut (man könnte auch allgemeiner sagen: Psychologe oder Wissenschaftler überhaupt) sich für die Erreichung bestimmter Ziele einsetzt. Diese Situation verschärft sich, wenn ein Individuum sich unter Leidensdruck an eine Autorität wendet und von ihr Rat erwartet. Das zu verhehlen, hieße, den Bock zum Gärtner zu machen bzw. den Therapeuten zum geheimen Verführer, wie in der Werbung (vgl. *Bergin* 1985).

Die Rolle des Psychotherapeuten

Ein Autor, der über Psychotherapien schreibt, mag voraussetzen, daß der Leser Psychotherapie für sinnvolles Handeln hält. Doch sollte man einige Prämissen dieser Annahme ganz unvoreingenommen betrachten.

- *Abhängigkeit:* Die übliche Rollenverteilung in der Therapie gibt dem Therapeuten eine meist unangefochtene Stellung und schreibt ihm Verständnis für das Problem des anderen zu und Kompetenz, es zu beheben. Ist eine solche asymmetrische soziale Beziehung moralisch vertretbar und mit der Menschenwürde vereinbar?
- *Verkürzung:* Kann ein Individuum einem anderen helfen, das sich in einer persönlichen Krise befindet? Läßt sich überhaupt ein persönliches und individuelles Problem so auf ein Schema reduzieren, daß es dem einen (genannt Therapeut) bekannt vorkommt und in dieser Vereinfachnung den anderen (Klient) hinreichend charakterisiert?
- *Manipulation:* Läßt sich menschliches Erleben und Verhalten durch Mechanismen beschreiben, aus denen sich Interventionen ableiten lassen, die in einem überschaubaren Zeitraum wirksam werden, ohne daß der Behandelte zum Objekt von Manipulationen wird?
- *Eingriff in die Natur:* Alle Therapie wirkt der natürlichen Auslese entgegen. Der Mensch hat seit Jahrtausenden seinen Selektionsvorteil verbessert – zu einem Ausmaß, in dem die Menschheit durch ihre Existenz die Erde als Biotop bereits überfordert. Ist es biologisch sinnvoll, diese Tendenz zu unterstützen, und trägt die Therapie des Einzelnen überhaupt zur Stabilität des Gesamtsystems bei? Oder noch lapidarer: Hat der Mensch die therapeutische Bemühung verdient ? Freud jedenfalls soll 76jährig zu Ferenczi geäußert haben, Neurotiker seien Gesindel, nur gut um aus ihnen zu lernen und an ihnen Geld zu verdienen (*Ferenczi* 1989).

Während dieser letzte Gesichtspunkt im allgemeinen nicht in Betracht gezogen wird, da dem anderen zu helfen ein Gebot der Nächstenliebe ist, werden die anderen Probleme von den einzelnen Therapieschulen unterschiedlich beurteilt.

Abhängigkeit

In allen Gesellschaftssystemen gibt es Ungleichheiten der Machtverteilung und Rollen mit unterschiedlichem Einfluß – vom Staat vorgegeben (z.B. Richter) oder aufgrund ökonomischer Vorteile (z.B. Firmeneigentümer). Sucht ein »Patient« einen Therapeuten auf, so begibt er sich freiwillig in eine zunächst unauffällige Abhängigkeit – wie auch in anderen Fällen, etwa beim Rechtsanwalt, Steuerberater, Arzt oder Priester. Im Laufe einer Therapie ändert sich das Verhältnis unvermeidlich: Während das Erstgespräch der Konsultation eines Experten ähnelt, der um die Anerkennung durch den Klienten bemüht ist, wird dieser im Laufe der Beratung immer mehr Dinge zur Sprache bringen, die seinen Selbstwert tangieren. Von Ängsten über Leistungsschwächen, Zwängen, Familienstreitigkeiten, sexuellen Abnormitäten, Abhängigkeiten bis hin zu inzestuösen und anderen Traumata. Das verlangt vom Zuhörer Diskretion, und unmerklich wächst seine Aufgabe, für die Aufrechterhaltung der Würde des Klienten zu sorgen. Während dessen Persönlichkeit immer transparenter wird, wird die des Therapeuten vom Klienten immer selektiver wahrgenommen – entweder ähnlich einer biographisch signifikanten Figur, wie es die Psychoanalyse sieht (Projektion), oder als Wesen mit mehr Wissen über Lebensprobleme und deren Lösungen in der Rolle eines Gurus. Zugleich wird der Therapeut in seiner Rolle weniger als im sonstigen Alltag mit seinen persönlichen Schwächen konfrontiert. Das Beziehungsmodell entfernt sich schleichend von dem eines Kunden, der eine austauschbare Dienstleistung vom Fachmann anfordert. Zwar muß es nicht unbedingt ein Problem für den Therapeuten sein, seinem »Kunden« einfühlsam und akzeptierend zu begegnen und die Schweigepflicht zu wahren. Aber kann er nicht eine Vorliebe für das Gefühl entwickeln, gebraucht zu werden und unbewußt den Zeitpunkt verpassen, wenn er dieser Abhängigkeit entgegen wirken sollte, statt sie zu fördern – weil er seine Position genießt oder sogar mißbraucht? (vgl. *Heyne* 1991).

Die Psychoanalyse stellt dieses Problem in Rechnung, indem sie die Annahme macht, daß der Klient grundsätzlich unbewußt eine Eltern/Kindbeziehung in der Therapie inszeniert, in der er einen verschütteten, meist inzestuösen Familienkonflikt reaktiviert und ihn so bearbeitbar macht. Die Gesprächs- und die Verhaltenstherapeuten nennen den Kunden »Klienten«, um den Beratungsaspekt über den der Abhängigkeit zu stellen. Und einige neuere Formulierungen beschränken sich auf den Kundenbegriff (so im NLP), wodurch die Abhängigkeitproblematik völlig verschleiert wird. Aufgrund der beschriebenen asymmetrischen Entwicklung der Beziehung läßt sich aber die Tatsache nicht von der Hand weisen, daß der Therapeut die Verantwortung für die Nutzung und die Steuerung der Abhängigkeit im Sinne der »Heilung« des Patienten trägt. Ob er dabei vermeidet, die mit seiner Position verbundene Zuwendung, Anerkennung und Einfluß zum hauptsächlichen Grund seiner Berufsausübung zu machen? Das wäre nicht nur Mißbrauch, sondern würde auch seinen Narzißmus als Charaktermißbildung fördern. Aber selbst wenn diese Gesichtspunkte berücksichtigt sind – ist es nicht unbescheiden, eine Rolle anzunehmen, die ihn in den Augen des anderen höherstellt? Macht Heilung, Wachstum oder wie immer der Veränderungsprozeß genannt wird die illusionäre Verkennung und Erhöhung des Helfers nötig? Wie sorgt gemäß Hippokrates der Psychotherapeut dafür, daß er Diener des Patienten bleibt?

Verkürzung

Die Anlässe, eine Therapie in Anspruch zu nehmen, sind zahlreich: Erziehungsprobleme, Abhängigkeiten, Paarkonflikte, Krankheitsbewältigung, Ängste, Zwänge, körperliche Manifestationen seelischer Probleme in bestimmten Organen (Asthma, Ulcus, Angina pectoris, Dermatosen, Migräne) u.a. Die Gründe, eine Therapie in Anspruch zu nehmen, sind ebenso unterschiedlich: Der Wunsch nach Veränderung, nach Bestätigung des Leidens, der Unveränderbarkeit des Problems; die Suche nach einem Verbündeten, einem Gesprächspartner und vieles mehr. Der Therapeut soll die Probleme und die Motivation des Klienten einschätzen und aus der subjektiven Komplexität der persönlichen Krise eine Defektstruktur destillieren – in einem sehr begrenzten Zeitraum. Die dadurch gegebene Vereinfachung führt meistens zur »Diagnose« einer typischen Störung innerhalb eines überschaubaren Kategoriensystems (etwa DSM III). Aber haben je zwei Menschen dasselbe Problem, dieselbe Persönlichkeit, dieselbe Biographie? Wird eine solche Vereinfachung der Individualität des Menschen gerecht?

Die Idee, daß seelische Probleme oder solche sozialer Interaktion als Krankheitseinheit zu klassifizieren sind, stammt vermutlich aus der Medizin, wenn nicht aus der Autowerkstatt. In der Medizin scheint es umschriebene Defekte zu geben, wie eine Infektion, Leberzirrhose oder Arterienverkalkung, die sich an einzelnen Organen manifestieren, ähnlich in Erscheinungsbild und Enstehungsgeschichte – vergleichbar etwa einer defekten Zylinderkopfdichtung oder einem falsch eingestellten Vergaser. Aber ist der seelische Apparat dem des Körpers vergleichbar, gibt es seelische Organe, Häute, Knochen, Flüssigkeiten und Sinneszellen? Nur metaphorisch läßt sich dies behaupten. Auch wenn manche seelischen Probleme an Organe gebunden auftreten (Psychosomatosen), gibt es keine Erlebnisformen, die mit chemischen Prozessen des somatischen Metabolismus vergleichbar sind. Wenn die augenblickliche Befindlichkeit Folge der sensorisch-affektiv-kognitiven Verarbeitungsprozesse, der Konstitution und der Biographie ist, dann kann es keine zwei gleichen Befindlichkeiten geben. Und doch sind Vereinfachungen geboten, damit der Mensch (Klient wie Therapeut) das Gefühl hat, klar zu sehen.
Dieses Problem wird von den einzelnen Therapieschulen unterschiedlich gehandhabt: Die Psychoanalyse geht davon aus, daß der Klient eine Situation aus der Vergangenheit reinszeniert, also eigentlich etwas schon Bekanntes sich wiederholt. Die Verhaltenstherapie postuliert eine begrenzte Anzahl von Lerngesetzen, die die Entstehung und Behebung von Verhaltensstörungen beschreiben, ohne zu sagen, was das subjektive Leiden dabei ausmacht. Die humanistischen Therapien (Gesprächstherapie, Gestalttherapie) versuchen weitgehend auf eine Klassifikation der Störung zu verzichten und beschränken sich darauf, das momentane Erleben des Klienten zu beleuchten. Die Hypnotherapie verzichtet sogar darauf, das Erleben unbedingt ins Bewußtsein zu heben, sondern überprüft anhand nonverbaler Reaktionen des Klienten, ob die Suggestionen rezipiert wurden und vermutlich innere Suchprozesse auslösen. Doch Suggestionen in Form von Bildern, Anekdoten, Metaphern u.a. setzen mindestens ein intuitives Bild von dem voraus, was für den Klienten hilfreich sein könnte. Solange dieses Bild implizit bleibt, wird keine Verkürzung sichtbar. Der Therapeut hat jedoch immer, wenn auch kurzfristig sich ändernde Hypothesen, die jeweils eine bestimmte Sichtweise darstellen. Hypothesen über die subjektive Befindlichkeit lassen sich im Gegensatz zu Hypothesen

über die physikalische Welt schwer überprüfen. Und selbst in der physikalischen Welt gibt es Beispiele für unterschiedliche Sichtweisen.
In der Psychotherapie gilt das Primat der Subjektivität als unangefochten, Interpretation wird als Erkenntnis weitergegeben, pseudowissenschaftliche Erklärungen werden als objektive Wahrheit hingenommen und selbst die Kompetenz des »Heilers« wird oft ohne Legitimationszwang akzeptiert. Während die Kompetenz des Behandlers gesetzlich abgesichert werden kann, ist die therapeutische Erkenntnis unlösbar mit Subjektivität verschwistert. Die in der Therapie entwickelten Sichtweisen über die Funktion, Entstehung und Lösung des Problems können am ehesten als Kokreation des (der) Klienten und des Therapeuten (-teams) verstanden werden und haben keinen Anspruch auf Verallgemeinerung. Ein solcher Standpunkt ist nur aus konstruktivistischer Sicht vertretbar, daß nämlich alle Realität in der Wahrnehmung des Subjekts konstruiert wird (*Foerster* 1985, *Glasersfeld* 1987, *Maturana & Varela* 1986).

Manipulation

Jede Therapieform entwickelt einen Kanon von Techniken, mit denen bestimmte Reaktionen und Effekte ausgelöst werden sollen. Das impliziert ein mechanisches Menschenbild, in dem nach Schrauben oder Hebeln gesucht wird, deren Position verstellbar ist, wodurch eine veränderte Erlebnis- oder Verhaltenweise erreicht wird. Die Anwendung von Imipramin bei einem Mangel an Neurotransmittern im synaptischen Spalt als vermutete Ursache der Depression wäre ein Beispiel für eine solche Auffassung (vgl. *Davison & Neale* 1978). Die Tatsache, daß die sog. Pharmakeule oder die Verwendung von Elektro-konvulsiven Schocks in der Psychiatrie die Gefahr der totalen Manipulation des Patienten mit sich bringt, ist oft genug kritisiert worden – beruht aber letztlich auf derartigen Vorstellungen von psychischer Erkrankung. Wenn die Autonomie des Individuums einen unveräußerlichen Wert für den Therapeuten darstellt, dann ist ein solches Technik-Verständnis von Therapie unhaltbar.
Wenig tröstlich erscheint auch die Verschiebung des Akzents von Fremdkontrolle auf Selbstkontrolle (*Kanfer & Schefft* 1988), wo das Prinzip der Manipulierbarkeit nicht durchbrochen wird. Vertretbar dagegen erscheint der aus der Synergetik stammende Begriff der Selbstregulation (*Haken* 1984, *Prigogine & Sten-*

gers 1981). Danach können Randbedingungen eines lebenden Systems so verändert werden, daß die gegenwärtige Verhaltens- und Erlebensform nicht mehr die einzig mögliche ist. Aber welche neue Reaktion sich der Organismus sucht, ist entweder nicht bestimmbar (wenn das System sich an einem sog. Bifurkationspunkt befindet) oder es ist prinzipiell bestimmbar, aber so empfindsam von den Ausgangsbedingungen abhängig, daß praktisch nicht zweimal dieselbe Reaktionsform auftritt (deterministisches Chaos). Technik besteht aus dieser Sicht darin, dem Organismus einen Zustand mit mehr Freiheitsgraden zu ermöglichen, ohne auf die spezifische Reaktion Einfluß zunehmen. D.h., therapeutische Intervention soll dem Individuum aus einer momentanen Sackgasse heraushelfen, damit es neue Formen der Selbstorganisation finden kann. Der Therapeut ist dabei nicht Manipulator auf ein möglicherweise fremdbestimmtes Ziel hin, er ist auch nicht Katalysator einer absehbaren Entwicklung mit festem Ausgang: vielmehr gibt er einen Anstoß zur Eigenproduktivität des Klienten, ohne die Richtung vorhersehen zu können, in der die Entwicklung ihren Lauf nimmt. Hierin unterscheidet sich seine Tätigkeit von der anderer Berater wie Rechtsanwalt, Steuerberater oder Priester, da der Therapeut nicht nur keine Wertungen vornimmt sondern eigentlich weniger weiß als der Klient.

Literatur

Baumann, U. (Hrsg.): Indikation zur Psychotherapie. Fortschritte der Klinischen Psychologie Nr. 25, München, Urban & Schwarzenberg, 1981

Beutler, L.E.: Eclectic psychotherapy: A systematic approach. New York, Pergamon, 1983

Frank, J.D.: Persuasion and healing. A comparative study of psychotherapy. Baltimore, John Hopkins Univ. Press, 1973

Garfield, S.L., & Bergin, A. E.: Handbook of psychotherapy and behavior change. New York, Wiley, 1986

Gottman, J.M. & Markman, J.: Experimental design for psychotherapy research. In: Bergin, A.E. & Garfield, S. L. (Eds.): Handbook of psychotherapy and behavior change. New York, Wiley, 1978

Gurman, A.S., & Razin, A.M.: Effective Psychotherapy, Handbook of Research. New York, Pergamon, 1977

Haken, H.: Erfolgsgeheimnisse der Natur: Synergetik. Frankfurt/Main, Ullstein 1984

Meyer, A.E., Richter, R., Grawe, K., von der Schulenberg, J.-M. & Schulte, B.: Forschungsgutachten zu Fragen eines Psychotherapeuten-Gesetzes. Bonn, Gesundheitsministerium, 1991

Norcross, J.C. (Ed.): Handbook of Eclectic Psychotherapy. New York, Brunner/Mazel, 1986

Orlinsky, D.E. & Howard, K.I.: Process and outcome in psychotherapy. In: Garfield, S.L. & Bergin, A.E. (Eds.) Handbook of psychotherapy and behavior change. New York, Wiley, 1986

Pirsig, R.M.: Zen and the art of motorcycle maintenance. New York, Bantam Books, 1974

Rachman, J.: The effects of psychotherapy. Oxford, Pergamon, 1971

Revenstorf, D.: Richtungen und Ansätze der Psychotherapien: In: Bastine R. (Hrsg.): Klinische Psychologie Bd.2. Stuttgart, Kohlhammer, 1992

Smith, M.L., Glass, G.V. & Miller, T.I.. The benefits of psychotherapy. Baltimore, John Hopkins University Press, 1980

2. Psychoanalyse: Das sexuelle Unbewußte

2.1 Historisches

Freuds Psychoanalyse war sicher der erste ernsthafte Versuch einer umfassenden Theorie der Persönlichkeit, die sowohl die Unterschiedlichkeit der menschlichen Charaktere wie auch deren Lebensentwicklung erklären wollte. Dabei war das Persönlichkeitsmodell eigentlich Nebenprodukt der klinischen Tätigkeit, in der es um die Ätiologie der Neurosen und deren Behandlung ging. Freuds Entwurf kann in mehrfacher Hinsicht als genial bezeichnet werden: Die Theorie ist nicht nur umfassend, sondern auch anwendungsbezogen; sie ist so plausibel und zugleich so komplex formuliert, daß sie dem Leser unmittelbar Erkenntnisse über sich und sein Alltagserleben zu geben scheint und zugleich gegen Widerlegungen relativ immun ist.
Freud wird auch bei aller Kritik an der Wissenschaftlichkeit seiner Methode von seinen Gegnern als eine der einflußreichsten Figuren in der Geschichte der Psychologie überhaupt bezeichnet (*Ellenberger*, 1970). Er wurde 1856 in Freiberg, Mähren, geboren und lebte fast sein ganzes Leben in Wien, starb allerdings 1939 nach der Flucht vor den Nazis in London. Er litt die letzten 16 Jahre seines Lebens an Zungenkrebs, der sich ständig verschlimmerte, und beendete im Alter von 83 Jahre sein Leben. Freud stammte aus einer jüdischen Familie in bescheidenen Verhältnissen. Für seine akademische Karriere hatte er daher Benachteiligungen zu erwartenen; er studierte Medizin, war Arzt und Neurologe und hat sich sehr bald der Privatpraxis zugewandt. Einen Lehrstuhl hat er nie innegehabt. In den 60 Jahren zwischen 1880 und 1940 hat er neben seiner Praxis ständig publiziert und ein sich immer erweiterndes Bild der menschlichen Psyche formuliert.
Seine Persönlichkeitstheorie steht im Kontrast zur Experimentellen Psychologie des ausgehenden 19. Jahrhunderts, die sich mit dem Bewußtsein, dem Denken, der Wahrnehmung (Psychophysik) beschäftigt und gewissermaßen ein seelenloses Menschenbild erstellt hat. Freud hat das Unbewußte und die Sexua-

lität als die wichtigste Grundlage menschlichen Handelns aus der tabuisierten Anonymität gehoben und in Abhebung von der damaligen viktorianisch-prüden Kultur vermutlich in ihrer Bedeutung überschätzt. Freuds Erkenntnisse über die Psyche des Menschen stammen zum großen Teil aus der klinischen Praxis und aus der Selbstanalyse. Der bedeutsamste Aspekt der Freudschen Theorie: Es gibt eine subjektiv nicht unmittelbar einsichtige Zone der menschlichen Seele, das *Unbewußte*, von dem aus alle wesentlichen Handlungen gesteuert werden.
Freud war zunächst neurologisch interessiert (entdeckte 1884 die analgetische Wirkung des Kokains), ging aber dann 1885 zu Charcot nach Paris an die damals berühmte neurologische Klinik Salpetriere. Charcot betrieb zu der Zeit die hypnotische Behandlung von Hysterien. Nach seiner Rückkehr nach Wien arbeitete er mit einem anderen Neurologen zusammen, nämlich Breuer, der ebenfalls hysterische Fälle behandelte. Beide, Freud und Breuer, waren von der Wirksamkeit der Hypnose nicht beeindruckt. Breuer führte zu der Zeit eine andere Behandlungsform, das Kathartische Verfahren ein, das darin bestand, die unbewußten Impulse des Patienten im Gespräch auszuagieren. Freuds erstes bedeutendes Werk (Traumdeutung) erschien um 1900 und machte ihn weithin bekannt. Er beschrieb hierin die derzeit schwer verständliche Interpretation der Träume und die Verwendung der Träume für die Therapie psychoneurotischer Störungen. Sein letztes Buch (»Abriß der Psychoanalyse«, unvollendet) erschien posthum 1940. Sein Leben und Werk sind von seinem Freund und Kollegen *Ernest Jones* (1879 bis 1958), selbst Psychoanalytiker und Schüler Freuds, in einer faszinierenden Biographie beschrieben worden. Inzwischen sind viele Biografien gefolgt. Um 1910 war Freud schon weltbekannt und hatte einen Kreis von Schülern um sich in Wien versammelt (Rank, Adler, Jung, Jones, Ferenczi). Die ersten drei haben sich später mit eigenen tiefenpschologischen Schulen von Freud getrennt. Freud, der immer um die Durchsetzung und Verbreitung seiner Lehre bemüht war, gründet um 1920 ein geheimes Komitee mit eben diesem Ziel. Es hat neben Freud sechs Mitglieder (Rank, Ferency, Jones, Sachs, Abraham und Eitingon); alle sechs erhalten von Freud einen speziellen Ring, den er selbst auch trägt.

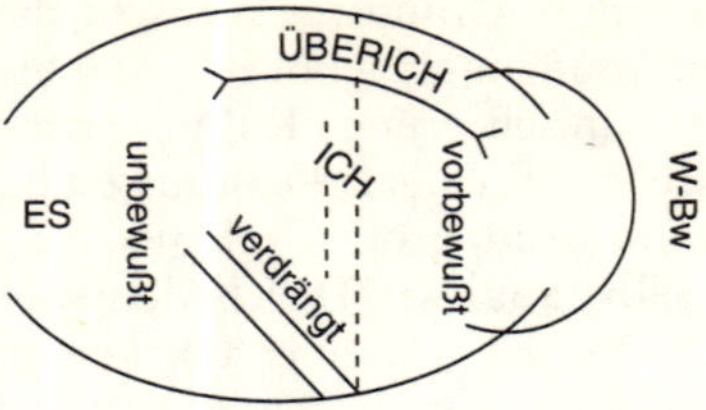

Abbildung 2.1: Freuds Darstellung der psychischen Provinzen (aus der neuen Folge der Vorlesungen zur Einführung in die Psychoanalyse)

2.2 Struktur der Psyche

Instanzen und Triebe

Der Mensch hat Lebensformen entwickelt, die sich erheblich von denen seiner tierischen Vorfahren unterscheiden. Dem wird nach Freud durch die spezielle Konstruktion des psychischen Apparates Rechnung getragen. Es werden drei *psychische Provinzen* (Instanzen) unterschieden; das sind Bereiche, in denen jeweils andersartige seelische Prozesse ablaufen. Das Es beinhaltet die biologischen Antriebe. Im *Ich* wird überprüft, ob diese Impulse in die Realität umgesetzt werden können. Und aus dem *Überich* werden hierzu Beschränkungen erlassen, die die Norm oder Moral der Gesellschaft bzw. Eltern repräsentieren (Gewissensfunktion). Die Aufgabe des *Ich* ist die der Kompromißbildung zwischen den vom Es kommenden Impulsen, der *Realität* und dem *Überich* . Das Ich agiert nach dem Realitätsprinzip, während das Es nach dem Lustprinzip handelt, d.h. sich auf die Befriedigung seiner Impulse konzentriert. Die Triebäußerung des Es läuft im sog. *Primärprozeß* ab; dabei wird die Trieberfüllung in der Vorstellung vorgenommen. Im *Sekundärprozeß* versucht das *Ich,* die Triebansprüche in eine realitätsgerechte Form zu bringen und in die Tat umzusetzen, soweit dies möglich ist. Das *Ich* verfügt über die bewußten Fähigkeiten und Fertigkeiten des Individuums: Wahrnehmung, Motorik, Gedächtnis und andere intellektuelle Qualitäten ermöglichen die erfolgreiche Auseinandersetzung mit der Realität. Der sich häufig ergebende Konflikt zwischen den Interessen des *Ich* und des *Es* bildet eine der Quellen für eine neurotische Entwicklung.

Das Seelenleben speist sich aus einer Energie, die wie Freud glaubte, letzten Endes physiologischer Natur ist. Diese Energie entsteht nach den Vorstellungen Freuds dadurch, daß der Organismus aus einem normalen und funktionalen Gleichgewicht gebracht wird. Und sie wird bei Wiedergewinnung dieses Gleichgewichts verbraucht – etwa durch körperliche Aktivität. Der Organismus hat eine Tendenz zur Homöostase, die gestört wird, wenn der Organismus durch Drüsensekretion oder durch externe Stimulation gereizt wird. Etwa reizt die Magensekretion bei Nahrungsdefizit des Organismus die Magenschleimhaut und veranlaßt eine Aktivität: die Nahrungssuche und Nahrungsaufnahme. Auch der Anblick eines appetitlichen Gerichts kann diesen Effekt haben.

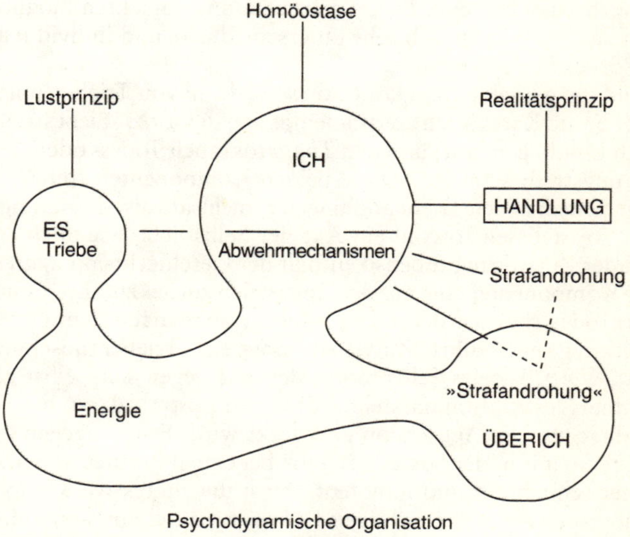

Abbildung 2.2: Schematische Darstellung der Verteilung der psychischen Energie in die drei Instanzen und die dabei wirksamen Prinzipien

Die psychische Energie findet ihren Ausdruck in diversen Trieben, von denen Freud keine endgültige Liste zusammenstellen wollte. Dazu gehören einmal Selbsterhaltungstriebe (Ichtriebe, wie z.B. Hunger), darüber hinaus aber die sexuellen Triebe, wie orale Bedürfnisse, anale Bedürfnisse, genitale Bedürfnisse (siehe psychosexuelle Entwicklung) und eine Reihe von ursprünglich sexuellen Bedürfnissen, die in kulturell-produktive umgewandelt wurden (*Sublimation*): soziale Aktivitäten, Arbeit, Kunst, intellektuelle Aktivitäten usw. Während die Selbsterhaltungstriebe auf den eigenen Körper gerichtet, und daher narzißtisch sind, sind die sexuellen und aggressive Impulse auf mögliche Sexualpartner gerichtet und die kulturell-produktiven Impulse nicht unbedingt personenbezogen. Es wird zwischen Triebobjekt und Triebziel unterschieden. Objekt kann der eigene Körper (Narzißmus), eine Person (Liebe) oder ein Gegenstand wie Brot sein (bei Hunger). Das Triebziel ist die angestrebte Handlung, z.B. Onanie, Zuwendung oder Nahrungsaufnahme. Da die Triebenergie weitgehend beweglich ist, sind Verschiebungen zwischen einzelnen Triebzielen und -objekten möglich und der Trieb kann sich sehr unterschiedliche und individuelle Ausdrucksformen suchen.

Freud hat gemeint, man könne diese Vielzahl von Trieben unter zwei breite Kategorien zusammenfassen, den *Eros* (Liebestrieb, auch Libido genannt) und den *Thanatos* (auch Todes- oder Zerstörungstrieb genannt). Diese beiden Komponenten treten im allgemeinen in den Triebhandlungen gemeinsam als »Legierung« auf. So ist Essen sowohl ein Akt der Selbstliebe wie auch ein Akt der Zerstörung. Ebenso enthält der Geschlechtsakt aggressive Komponenten, die auf den Todestrieb zurückzuführen sind. Der Todestrieb wurde von ihm relativ spät (nach dem ersten Weltkrieg) eingeführt. Zuweilen findet eine Triebentmischung statt, wie z.B. beim Selbstmord, der eine gegen sich selbst gerichtete Destruktion darstellt, oder beim Lustmord, wo die Sexualität von der Aggression überdeckt wird. Fehlt dagegen die Aggressivität in der Sexualität ganz bei einem Partner, so wirkt dieser schüchtern und impotent. Auch die aggressive Komponente ist daher in der richtigen Dosierung durchaus sinnvoll.

Als dritten menschlichen Antrieb wird von *Kohut* (1979) der primäre, natürliche Narzißmus hervorgehoben, der nicht wie Aggression und Sexualität auf andere Personen, sondern auf das eigene Selbst bezogen ist. In der Interaktion mit liebevollen Bezugspersonen, die Zuwendung und Frustration zu balancieren wissen, entwickelt das Individuum mit Hilfe seines Narzißmus gutartige und verläßliche Selbstbilder, die die Grundlage für sozial so wertvolle Verhaltensweisen wie Humor, Empathie und Weisheit darstellen sollen.

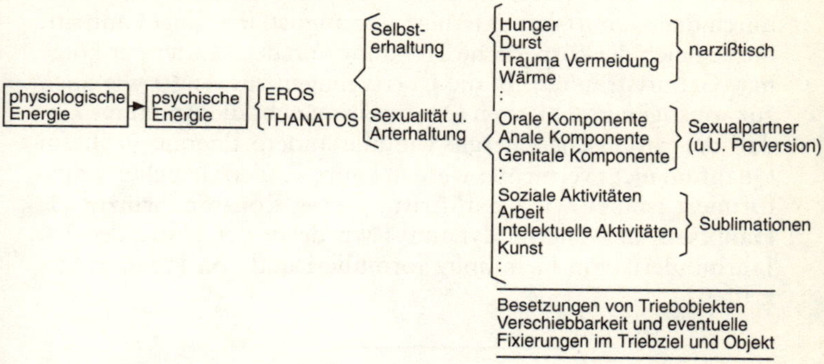

Abbildung 2.3: Unvollständige Übersicht über die Triebe im psychoanalytischen Modell

Angst

Die im Es lokalisierten Impulse, die gemäß dem Lustprinzip unbedingte und sofortige Erfüllung erfordern, führen zu ständigen Konflikten mit dem Ich, das überprüfen muß, ob diese Impulse realitätsfähig sind, und sie in den meisten Fällen zurückweisen oder einschränken oder umformen muß (Ich-Zensur). Wird diese Kompromißarbeit des *Ichs* gestört, so kommt es zur Entwicklung von *Angst.* Angst entsteht zunächst real als empfundene Bedrohung durch die Außenwelt, indem die Triebansprüche diese Bedrohung provozieren (*Realangst*). Wenn z.B. das Kind etwas unerlaubt an sich nimmt (etwa Geld), folgt eventuell physische Strafe oder Liebesentzug, die beide eine reale Angst auslösen. Das führt zu einer Zurückdrängung der Triebansprüche. U.U. wird diese Zurückdrängung durch situative Streßfaktoren behindert (etwa äußere Not), so daß die ursprünglichen Impulse nicht zurückgehalten werden können, oder aber sie wurden eine Zeitlang vollständig zurückgehalten und sind daher angestaut. In beiden Fällen entsteht Angst vor Entladung der Impulse, nämlich *neurotische* Angst. Eine dritte Angst entsteht durch die Bedrängung des Ichs von Seiten des *Überichs* in

Form von *Schuldgefühlen*, moralischen Ansprüchen nicht zu genügen. Die subjektive und physiologisch objektive Erscheinungs- und Erlebnisform der Angst ist der *Primärangst* nachgebildet, die nach Rank während der Geburt, beim Durchtritt durch den Geburtskanal (Angst wie angustiae = Enge) auftritt, die zugleich die körperliche Trennung von der Mutter zur Folge hat (Geburtstrauma). In die Überlegungen zur Angst wie auch zur sonstigen psychischen Organisation geht die Annahme ein, daß die psychische Energie wie alle andere Energie in ihrem Quantum nicht vernichtet werden kann, sondern lediglich transformiert immer wieder auftritt. Dieses Konstanzprinzip (1. Hauptsatz der Thermodynamik) wurde in der Mitte des 19. Jahrhunderts von Helmholtz formuliert und von Freud aufgegriffen.

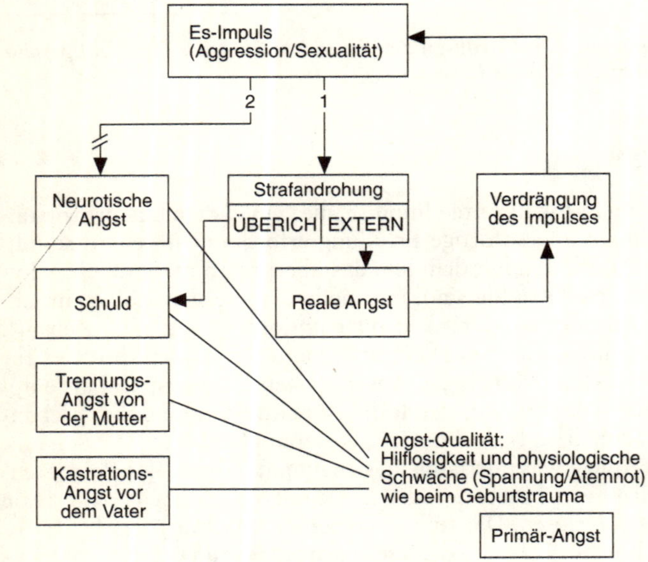

Abbildung 2.4: Der Zusammenhang verschiedener Formen der Angst im psychoanalytischen Modell

Die psychische Energie wird vorübergehend oder auch langfristig in bestimmten *Besetzungen* festgelegt, in denen die Triebe mit bestimmten Triebzielen bestimmte Triebobjekte besetzen. Finden Umbesetzungen solcher Objekte statt, d.h. richtet sich der Trieb auf ein neues Objekt, weil das alte nicht mehr zugänglich ist, so spricht man ebenso wie bei der Veränderung der Triebziele (s.o.) von Verschiebung.

Abwehrmechanismen

Es gibt die verschiedensten Gründe, warum die unmittelbare Befriedigung der Triebansprüche nicht möglich ist und zu Unlusterlebnissen führt. Dies kann einmal die Gefährdung des Individuums durch die Umwelt sein – etwa, wenn man sich zur sofortigen Befriedigung des Hungers etwas stiehlt und dadurch von anderen verfolgt wird. Es können mehrere, einander widersprechende Triebimpulse zugleich auftreten – etwa homosexuelle und heterosexuelle Tendenzen – und so Unlust erzeugen. Der Triebanspruch kann mangels Gelegenheit nicht oder nur teilweise befriedigt werden und so Ohnmachtsgefühle auslösen, die ebenfalls als Unlust empfunden werden. Der Triebanspruch kann auch Handlungen erfordern, die mit der Selbstachtung nicht zu vereinbaren sind, entweder zu aggressiv, zu egoistisch oder unmoralisch erscheinen. Die dadurch erzeugte Unlust wird vom Überich ausgelöst. Unlust kann schließlich auch ausgelöst werden, indem die Umwelt sich verändert. Das Ich wird grundsätzlich als konservativ aufgefaßt und widersetzt sich einer veränderten Umwelt. All dies sind Anlässe, die das Ich zur Abwehr der Ereignisse, der damit verbundenen Triebansprüche oder der Erinnerung daran bewegen. Es sind von Freud verschiedene Arten der Abwehr genannt worden, die sog. Abwehrmechanismen, die von *Anna Freud* (1937) systematisch dargestellt wurden. Diese Abwehrmechanismen bilden kein konsistentes System. Die Liste ist weder abgeschlossen noch sind die Kategorien exklusiv. Vielmehr lassen sich manche unter anderen subsumieren und sind auf unterschiedlichem Abstraktionsniveau formuliert. Die wichtigsten Abwehrmechanismen sind die folgenden:

1. *Verdrängung* – es werden Triebansprüche einfach zurückgewiesen. Dadurch wird eine Reaktion verhindert und es entsteht u.U. eine Erinnerungslücke. Die Unterdrückung von

Triebansprüchen kann zu schwerwiegenden Funktionseinbußen führen, wenn z.B. sexuelle Impulse ganz zurückgewiesen werden, kommt es nach Freudscher Theorie zur Impotenz. Eine partielle Form der Verdrängung ist die *Verleugnung* der Realität. Hier wird die Realität den Wünschen gemäß wahrgenommen. Ein zurückgewiesener Liebhaber kann sich einbilden, daß er immer noch von seiner Angebeteten liebevoll betrachtet wird. In extremen Fällen kann er die Anwesenheit des Liebesobjekts phantasieren, die tatsächlich nicht gegeben ist. Eine andere Form abgeschwächter Verdrängung ist die *Isolierung.* Dabei sind z.B. traumatische Ereignisse durchaus bewußt, werden aber als völlig bedeutungslos wahrgenommen – d.h.ihres Affektes entkleidet. Etwa wird die ständige Anwesenheit des Hausfreundes in keinen Zusammenhang mit der Ehefrau gebracht. Ebenfalls eine abgeschwächte Form von Verdrängung ist die *Rationalisierung.* Wird die negative Bewertung durch eine andere Person nicht ertragen, kann man deren negative Äußerungen z.B. mit schlechter Laune erklären.

2. *Konversion* – als Folge der Verdrängung drückt sich die ursprüngliche Triebregung, die Unlust erzeugt, u.U. in Form körperlicher Symbolik aus. So wurden hysterische Anfälle von Frauen, die sich dabei am Boden wälzten und unter Muskelkontraktionen litten, als Ausdrucksform koitaler Bewegungen interpretiert. Auch hysterische Blindheit oder Lähmungen sind bekannt (Konversionshysterien). Im weiteren Sinne gehören auch psychosomatische Erkrankungen hierzu sowie eine generelle Schwäche (Psychasthenie). Eine andere Art von Ersatzhandlung ist die

3. *Verschiebung* – die sowohl bezüglich des Objektes wie auch des Triebzieles stattfinden kann. Beispielsweise erinnert jemand aus seiner frühen Kindheit nicht den Tod der Großmutter, der ihn sehr betroffen hat, sondern ein banales Ereignis, das zur gleichen Zeit stattfand – etwa, daß er Eis gegessen hat (Deckerinnerung). Oder es kann die Aggression des Sohnes gegen den Vater verschoben werden, weil sie nicht geduldet wird und sich an dessen Stelle gegen andere Personen wenden. U.U. kommt es auch zur Wendung gegen die eigene Person.

4. *Reaktionsbildung* – hierbei wird das Triebziel ins Gegenteil verkehrt. Statt Haßgefühle äußert der Mensch ein Übermaß an Liebesbezeugungen oder Besorgnis um die gehaßte Person. Reaktionsbildung kommt besonders dann leicht zustande, wenn die Gefühle gegenüber dem Triebobjekt ambivalent sind, also beide Bedürfnisse vorhanden sind, das eine aber unterdrückt werden muß. So ist z.B. aus mittelalterlichen Klöstern bekannt, daß Nonnen in deliranten Zuständen gelegentlich in schwere Gotteslästerungen oder ungezügelte Erotik verfielen, die dann im Anschluß durch übergroße Frömmigkeit wieder kompensiert wurden.

5. *Projektion* – extern verursachte Unlust oder Angst ist für den Organismus gelegentlich leichter zu ertragen als Unlust, die in uns selbst liegt. So können Menschen, die selbst eine außereheliche Beziehung haben, besonders eifersüchtig sein, um ihre Schuldgefühle zu überdecken. Oder es werden die Ursachen der Angst nach außen verlegt, etwa anstelle »ich hasse meinen Vater« lieber »er haßt mich«. Aus solchen Projektionen kann sich ein paranoider Wahn entwickeln.

6. *Regression* – die psychoanalytische Theorie geht von einer latenten Fixierung bestimmter Triebäußerungen auf frühere Entwicklungsstufen und Verhaltensmuster aus (s.u.), die besonders gut eingefahren waren. Wird z.B. einem Kind ein neues Geschwister geboren, so verfällt es möglicherweise auf Daumenlutschen oder Bettnässen. Dies kann einmal die Imitation von Verhaltensweisen des nachgeborenen Kindes sein, um wie dieses die Zuwendung der Mutter zu erhalten. Es wird zugleich aber im Sinne einer Krisenbewältigung als eine Regression auf eine frühere Entwicklungsstufe betrachtet. Während die bisher genannten Abwehrmechanismen im allgemeinen keine günstige Triebbefriedigung oder Konfliktlösung darstellen, hat die Regression auch positive Aspekte. So kann die Regression auf die kindliche Art des intuitiven Verstehens zu besonders kreativen Ausdrucksformen führen (als »schöpferische Regression«).

7. *Identifikation* – hierdurch wird es möglich, eine Triebbefriedigung stellvertretend zu erreichen. Der Knabe identifiziert sich mit dem Vater, um so an dessen Liebesbeziehungen zur Mutter teilzuhaben. Auch die Identifikation hat positive

Aspekte, da sie zugleich die Übernahme der elterlichen Moralvorstellungen ermöglicht. Identifikation führt so zu pädagogischen Effekten wie auch zu Solidarität, u.U. sogar zu Selbstkritik (Identifikation mit dem Angreifer).

8. *Sublimation* – werden die Triebansprüche in Bezug auf ihr Ziel und Triebobjekt derart verschoben, daß es zu einer sozial geschätzten Aktion kommt, spricht man von Sublimation. Dabei kommt es zu einer Desexualisierung der libidinösen Triebe. So kann der Künstler seine Wunschvorstellungen schöpferisch so ausgestalten, daß die Produkte ihm Zuwendung und Erfolg bringen, obwohl ihm das in unmittelbarer Form versagt geblieben war. Auch die sog. Zielhemmung ist eine Form der Sublimation. Diese tritt ein, wenn es z.B. statt der sexuellen Handlung nur zur Zärtlichkeit kommt. Als konstruktive Verwendung aggressiver Wünsche kann z.B. die Tätigkeit des Chirurgen und des Metzgers interpretiert werden.

Wie man sieht, führen die Abwehrmechanismen z.T. zur Unterdrückung von Triebansprüchen, z.T. zu Ersatzbildungen. Diese können eine befriedigende Lösung darstellen, wie es häufig bei der Identifikation, der Regression und der Sublimation der Fall ist. Sie bringen dem Individuum Aufmerksamkeit und Erfolg und verselbständigen sich daher später. In diesem Fall wird der Triebanspruch als erledigt betrachtet. Bleiben Angstzustände zurück, ist die Arbeits- und Genußfähigkeit eingeschränkt und bedeutet die Durchführung der Abwehr einen ständigen unlustbetonten Aufwand, so gilt sie als nicht geglückt. Dies ist insbesondere bei neurotischen Symptomen der Fall. Es ist aber kein grundsätzlicher Unterschied zwischen einfachen Ersatzbildungen und krankhaften Symptomen zu machen. Sauberkeit kann grundsätzlich zweckmäßig und angebracht sein. Nur in übertriebener Form erhält sie zwanghafte Züge. Die Abwehrmechanismen laufen zum großen Teil ohne unsere bewußte Kenntnis ab. Die abgewehrten Triebansprüche, Ereignisse und Erinnerungen werden ins Unbewußte verdrängt und sind nur durch indirekte Maßnahmen, wie Traumdeutung oder freie Assoziation bzw. Hypnose, dem Bewußtsein zugänglich.

2.3 Psychische Entwicklung und Charakter

Prägenitale Entwicklung

Die psychoanalytische Theorie der seelischen Entwicklung des Menschen hat zwei herausragende Charakteristika: Der Mensch hat nicht erst im Erwachsenenalter sexuelle Regungen, sondern von Geburt an. Schon in der frühen Kindheit ist sein Leben hauptsächlich sexueller Natur. Zweitens bestimmt die Dynamik der sexuellen Entwicklung in den ersten Lebensjahren weitgehend die spätere Persönlichkeit und Pathologie. Die psychische Entwicklung des Kindes macht verschiedene *Phasen* durch:

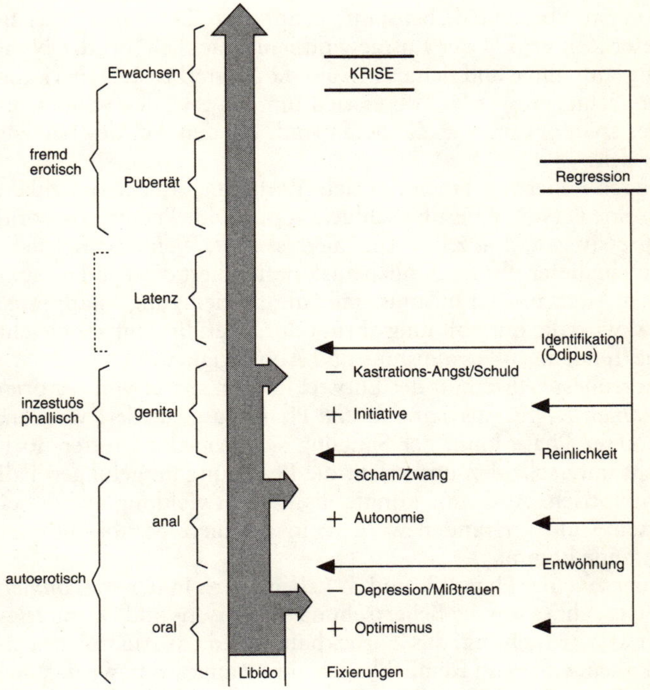

Abbildung 2.5: Entwicklung und Libidofixierung

die orale, anale, phallische, die Latenzphase und schließlich die genitale Phase. Das Sexualleben umfaßt jeden Lustgewinn aus entsprechenden Körperzonen. Sexualität im Sinne der Psychoanalyse ist daher viel breiter definiert als in der Umgangssprache. Sie wird erst nachträglich in den Dienst der Fortpflanzung gestellt. Während der kindlichen Entwicklungsphasen und der Lustgewinnung aus den entsprechenden erogenen Zonen konzentriert sich die zur Verfügung stehende Libido auf bestimmte Arten des Lustgewinns (*Fixierungen*). Auf diese Fixierungen wird später im Erwachsenenalter in Krisensituationen häufig zurückgegriffen (*Regression*). Je nach der Entwicklung in den einzelnen Phasen kann die Fixierung für das spätere Leben positiv oder negativ sein.

Die erste Phase (1. Lebensjahr) nennt man die *orale* Phase. In dieser Zeit erfolgt der Lustgewinn hauptsächlich aus der Nahrungsaufnahme und richtet sich auf die Mutterbrust. Dabei kann unterschieden werden, ob es sich um den Akt des Schluckens oder später, wenn die Zähne da sind, um den Akt des Beißens handelt.

Je nach Fixierung handelt es sich für die spätere Persönlichkeit um eine Person, »die alles schluckt«, oder eine Person, »die oral aggressiv ist«, d.h. z.B. verbal aggressiv ist. Wenn die Befriedigung in dieser Phase reichlich ausfällt, tendiert das Kind im späteren Alter zu Optimismus, fällt die Befriedigung knapp aus, bzw. wird die Entwöhnung abrupt durchgeführt, entsteht leicht eine Tendenz zu Pessimismus und Abhängigkeit.

Der früheste Abschnitt der Entwicklung ist später von Autoren (*Mahler, Kohut*) als *narzißtische* Phase ausgegliedert worden; in dieser Phase kann der Säugling sich von der Mutter noch nicht unterscheiden und erlebt die Beziehung im gelungen Fall symbiotisch. Autismus könnte als Fehlentwicklung auf dieser ersten Stufe verstanden werden, in der diese Symbiose nicht zustande kommt.

In der zweiten Phase (2. und 3. Lebensjahr), in der sog. *analen* Phase, geht es um die Beherrschung der Blasen- und Darmtätigkeit, d.h., es geht um das Zurückhalten und das Ausstoßen von Fäkalien, wie es im Reinlichkeitstraining angestrebt wird. Wird vom Kind übermäßige Reinlichkeit verlangt, dann wird es später vermutlich ein »zurückhaltender« Typ werden, wird dagegen wenig Wert auf Reinlichkeitstraining gelegt, so neigt er später dazu, seine Impulse immer frei »herauszuschleudern« (Jähzornsanfälle, Unordentlichkeit usw). Wird das Kind für Exkretionsakte besonders von der Mutter gelobt, führt das eher zur Produktivität und Kreativität im späteren Leben oder auch zu retentiver Gefügigkeit.

In diese Phase fällt die volle Entwicklung des Bewegungsapparates aber auch die der Sprache, z.B. Erfahrungen der motorischen Beherrschung und verbalen Manipulation. Das Kind spürt nicht nur die Macht der Eltern, sondern übt über die Ausscheidungsfunktion selbst wieder Macht aus: Es kann geben und verweigern. In dieser Phase entstehen daher auch Tendenzen zur Dominanz und Unterwerfung.

In der *phallischen* Phase, der dritten Phase (etwa vom 4. bis zum 6. Lebensjahr), tritt für das Kind die entscheidende Wendung der psychosexuellen Entwicklung ein. Es entdeckt seine Genitalien und die Möglichkeit, daraus Lustgewinn zu erfahren. In dieser Zeit wenden sich Mädchen wie Jungen der Masturbation zu. Zugleich ist die Mutter das Liebesobjekt für beide Geschlechter, da sie die versorgende Instanz ist. Es besteht das Bedürfnis, den neuen Trieb mit dem alten Liebesobjekt in Zusammenhang zu bringen. Das wird innerhalb der Familie nicht toleriert und führt zur sog. Ödipus-Situation, die allerdings für die Geschlechter unterschiedlich aussieht. Der Junge versucht in kindlicher Weise die Mutter zu verführen. Sobald ihr das mehr oder weniger klar wird, wird sie ihn davon abbringen, unter Umständen unter Androhung der Kastration. Auch im Zusammenhang mit den Masturbationsversuchen entsteht die Befürchtung, »das Ding« würde abgeschnitten. Die Ausführung der Bestrafung wird dem Vater zugeschoben. Der Vater wird in dieser Zeit ohnehin als Konkurrent in Bezug auf die Mutter empfunden. Es entsteht der Wunsch, den Vater zu beseitigen und die Mutter zu besitzen, was zusammengefaßt der Inhalt der Ödipussage ist (siehe Kapitel 2.4). Die Drohung der Kastration wird mit äußerster Angst erlebt und führt zum sog. *Kastrationskomplex*, dem stärksten Trauma der Kindheit. Befürchtungen dieser Art werden u.U. durch den Anblick des weiblichen Genitals verstärkt, das den Eindruck erweckt, als sei hier die Kastration bereits durchgeführt worden. Eine Fehlentwicklung aus dieser Zeit kann dann eintreten, wenn der Junge, um die Zuneigung der Mutter zu retten, den Geschlechtstrieb verdrängt und in eine unmännliche, passive Einstellung verfällt, ähnlich wie sie die Mutter selbst hat. Die Männlichkeit des Knaben zieht sich gleichsam in eine Trotzeinstellung zum Vater zurück, die sein späteres Verhalten in der menschlichen Gemeinschaft beherrschen wird. Aus dem Jungen wird ein femininer Typ. Auf der anderen Seite kann die Angst vor dem Verlust des Geschlechtsteils, ausgelöst durch den Anblick des weiblichen Geschlechts, phobische Züge annehmen, was dann zur Vermeidung weiblicher Geschlechtspartner und zur Homosexualität führen kann. Die *Normalentwicklung* jedoch geht so vonstatten, daß sich der Junge mit dem Vater *identifiziert*, um mindestens vertretungsweise am Besitz der Mutter teilzuhaben. Dieser Identifikationsvorgang mit dem Vater ist deshalb von großer Bedeutung, weil auf diesem Wege auch andere Persönlichkeitsmerkmale und moralische Normen des Vaters mit übernommen werden.

Bei Mädchen vollzieht sich der Ödipuskomplex etwas anders: es kommt zunächst zum *Penisneid.* Dauert dies an, so kommt es leicht zu einem generellen Minderwertigkeitsgefühl für das weibliche Geschlecht. Da die Masturbation ebenfalls weniger stark ausgeprägt ist als bei Jungen, kommt es u.U. überhaupt zu einer Abwendung von der Sexualität. Es kann aber auch sein, daß sich bei dem Mädchen der starke Wunsch regt, ein Junge zu werden, was in extremen Fällen zu weiblicher Homosexualität führen kann. Dies geht mit einer Ablösung von der Mutter einher, die das Mädchen minderwertig (ohne Penis) ausgestattet hat. Dafür findet eine Identifikation mit dem Vater statt. Einer homosexuellen Entwicklung kommt außerdem eine (biologisch nachweisbare) grundsätzlich bisexuelle Veranlagung beider Geschlechter zugute. Die *normale* Entwicklung allerdings verläuft beim Mädchen so, daß es versucht, sich das geliebte Glied anzueignen, daß sich mitgegengeschlechtlichen Partnern vereinigt. Hierfür kommt zunächst der Vater in Frage. Das Mädchen haßt nun die Mutter aus zwei Gründen: nämlich einmal aus Kränkung über den versagten Penis, zum anderen aus Rivalität bezüglich des Vaters. Gegenüber dem Vater mag zunächst der Wunsch im Vordergrund stehen, über seinen Penis zu verfügen, er gipfelt jedoch darin, von ihm ein Kind als Geschenk zu bekommen. Man sieht hier einen grundsätzlichen Unterschied in der Freudschen Auffassung der psychosexuellen Entwicklung von Mädchen und Jungen. Während die Kastrationsangst beim Jungen den Wunsch der Beziehung zum gegengeschlechtlichen Elternteil beendet, führt der analoge Penisneid beim Mädchen erst dazu, daß sich die Beziehung zum gegengeschlechtlichen Elternteil anbahnt.

Die weitere Entwicklung

In der phallischen Phase findet die Entwicklung des Überichs im Zusammenhang mit der Lösung des Ödipuskonfliktes statt. Die elterlichen Verbote werden introjiziert und damit vorweggenommen, so daß es nicht zum offenen Ausdruck von Feindseligkeiten durch Zuneigung oder Haß gegen die Eltern kommt. Dabei sind zwei Dinge beobachtbar:

a) Die Stärke des Überichs hängt nicht nur von der Strenge der Eltern ab, sondern vor allem von der Stärke des eigenen Triebanspruchs, da durch eine Gegenbesetzung die Triebimpulse kontrolliert werden müssen.
b) Introjiziert wird nicht das Elternbild, so wie es vom Kind in Form der Erziehung erfahren wird, sondern das Überich der Eltern, so wie die Eltern praktisch erzogen worden sind. Hierauf führt Freud die starke Tendenz zur konservativen Einstellung unserer Gesellschaft zurück. Später wird das Überich erweitert durch Introjektion von Bekannten, Freunden, Lehrern, Figuren aus der Literatur und Geschichte.

Interessant ist ferner, daß das Überich in den meisten Fällen primär durch akustische Hinweise im Rahmen der Erziehung vermittelt wird (»Stimme des Gewissens«). Dadurch erklärt man sich, daß gewisse Psychosen, deren Entstehung mit einem besonders starken Überich zusammenhängt, sich in Form von »Stimmen hören« manifestieren.
Soweit zur Freudschen Auffassung von der psychosexuellen Entwicklung in den ersten Kindheitsjahren. Nach der Ödipus-Situation tritt zunächst eine vollkommene Verdrängung der sexuellen Impulse ein, es kommt zur sog. *Latenzphase.* In dieser Phase werden hauptsächlich soziale Antriebe ausgebildet und Verschiebungen in dieser Richtung auf soziale Objekte und sozial akzeptable Tätigkeiten, wie Lernen usw., vorgenommen. In den ersten drei Phasen (orale, anale, phallische Phase) sind die Triebregungen vorwiegend auf den eigenen Körper gerichtet, d.h. autoerotisch. Im ersten halben Lebensjahr gibt es keine identifizierte Bezugsperson. Die Mutter als Versorger ist austauschbar. In den nächsten Jahren treten zunächst die Mutter als bedeutsame Person, später der Vater als Erziehungsinstanz und die anderen Familienmitglieder hervor. Elterliche Funktionen können von Anfang an ganz oder teilweise auch von Großeltern oder

Geschwistern übernommen werden. In der Pubertät, im Anschluß an die Latenzphase, erwacht die Sexualität zu neuem Leben, sie richtet sich jetzt aber im Normalfall auf gegengeschlechtliche Partner außerhalb der Familie. Dabei werden vielfache Fixierungen aus früheren Phasen wiederbelebt. D.h., es werden alte Reaktionsschemata verwendet (das Mädchen sucht sich eventuell einen Mann nach dem Ebenbild des Vaters). Diese Phase heißt die genitale Phase und dauert bis ins Alter an. Zu dem genitalen Trieb mischen sich Triebkomponenten der oralen und der analen Phase, die im allgemeinen zu sexuellen Aktivitäten führen, die vor dem eigentlichen Geschlechtsakt liegen. Die Phasen der libidinösen Fixierung lösen sich nicht ab, sondern überlagern sich. D.h., die Quelle des oralen Lustgewinns z.B. ist auch in den nachfolgenden Entwicklungsstufen bedeutsam. Das gleiche gilt für die anale und phallische Fixierung. Die psychosexuelle Entwicklung entspricht daher einer polymorphen Entfaltung und Differenzierung verschiedener phasenspezifischer libidinöser Entwicklungslinien.

Charakterfixierungen

Fixierungen beherrschen nicht nur das spätere Sexualleben, sondern auch die aktuelle Krisenbewältigung und allgemeine Persönlichkeitsstruktur. So spricht man z.B. vom oralen Charakter usw.

- Da ist zunächst der *narzißtische* Typ, dem es nicht gelungen ist, in seiner Kindheit hinreichend befriedigende Objektbesetzungen herzustellen. Als eine Extremform davon kann der Autismus angesehen werden, bei dem die Selbststimulation anstelle von Kontaktversuchen getreten ist. Eine andere Form der Unfähigkeit, stabile Objektbesetzungen aufzunehmen, wird als sog. Borderline-Syndrom bezeichnet, das durch eine schizoide Rückzugstendenz für den Fall gekennzeichnet ist, daß das grandiose Selbstverständnis des Individuums enttäuscht wird. Drogenabhängigkeit wird ebenfalls als narzißistische Störung betrachtet: der Konsum mancher Drogen (z.B. Heroin, LSD, oder auch Marihuana und Alkohol in größeren Mengen) führt zum Rückzug aus den nicht als verläßlich erlebten sozialen Beziehungen und wird zur Selbstbefriedigung. Eine Regression auf die narzißtische, autoerotische Objektwahl kann auch während der ödipalen Situation eintreten, wenn die Objektbesetzungen innerhalb der Familie zurückgewiesen werden und eine Identifizierung mit dem gegengeschlechtlichen Elternteil nicht gelingt. Im Gegensatz zu solchen Formen des sekundären Narzißmus ist *Kohut* (1979) grundsätzlich dafür eingetreten, daß die narzißtische Haltung lebensbejahend und die Entwicklung eines primären Narzißmus wichtig für die Selbstverwirklichung ist.

- *Oraler Typ:* Hier gibt es einmal die Haltung des Anspruchsvollen, nie zu Befriedigenden. Dem gegenüber gibt es den versorgenden Typ, der gerne andere befriedigt (altruistisch). Davon abgehoben gibt es aber auch den optimistischen Charakter, wenn die Befriedigung während der oralen Phase ausreichend war, oder den pessimistischen Haltung, wenn Versagungen vorherrschten.
- *Analer Typ:* Hier ist der eine Gesichtspunkt der des Zurückhaltens gegenüber dem des Produktiven. Abgehoben ergibt sich die Typologie Ordnung/Sparsamkeit/Rigidität gegenüber Liederlichkeit. Hinzu kommt die charakterliche Fixierung als dominant oder unterordnend.
- *Phallischer Typ:* Hier sind einmal die mißglückten Lösungen des Ödipuskonfliktes zu sehen, zum anderen entstehen generelle Tendenzen des Ehrgeizes und der Initiative, aber auch Abwendung von der Sexualität bzw. Homosexualität bzw. Minderwertigkeitsgefühle.

Gelingt es, die Libido ohne größere Fixierungen aus der Jugendzeit in die genitale Phase hinüberzuretten, so entsteht der reife genitale Charakter. Der Charakter ist nach psychoanalytischer Auffassung die Summe aller erstarrten Widerstände und Abwehrformen (Charakterpanzer nach *Reich* 1933). Das können Sublimierungen, Reaktionsbildungen oder simple Fixierungen der kindlichen Triebansprüche sein. Weiterhin wird eine differenzierende Wirkung der Vererbung auf die Ichstruktur eingeräumt. Die Ausformung des Charakters aufgrund der libidinösen Entwicklung ist besonders von *Karl Abraham* (1927), aber auch von *Freud* (1908, »Charakter und Analerotik«) sowie von *Wilhelm Reich* (1933, Kapitel 4.2) formuliert worden. Ein etwas erweitertes Schema der psychischen Entwicklung sowie der darin auftretenden Krisen und der optimalen Charakterformung gibt *Erikson* (1963) in folgender Abbildung:

	Phase	Krise	Optimale Entwicklung
I	Oral-sensible Phase (0–1 J.)	Vertrauen – Mißtrauen	Optimismus
II	Anal-muskuläre Phase (1–2 J.)	Autonomie– Scham	Kontrolle über sich selbst und die Umwelt
III	Motorisch-genitale Phase (3–6 J.)	Initiative– Schuld	Zielstrebigkeit
IV	Latenz-Phase (6–14 J.)	Fleiß – Versagen	Kompetenz
V	Pubertät u. Auduleszenz (14–25 J.)	Rollenidentität – Rollenkonfusion	Vertrauen Zuversicht
VI	Frühes Erwachsensein (25–35 J.)	Intimität – Isolation	Bekennen, Teilnahme, Nähe, Liebe
VII	Mittleres Erwachsensein (35–45 J.)	Kreativität – Selbst-beschäftigung	Produktion und Reproduktion
VIII	Reifes Erwachsensein (45– J.)	Integrität Verzweiflung	Ausblick, rückblickende Zufriedenheit, Weisheit

Abbildung 2.6: Phasen der Lebensentwicklung nach Erikson (erweitert nach Mischel 1971, S.39)

2.4 Empirische Befunde zur psychoanalytischen Theorie

Zum Witz

Empirische Untersuchungen zur psychoanalytischen Theorie sind von Kiener (1978) zusammengefaßt worden. In der Arbeit wird über die Theorie des Witzes, die Libidotheorie, die Phasenlehre und die Abwehrmechanismen berichtet.
Nach der Freudschen Theorie beruht die Wirkung des Witzes (1905, »Der Witz und seine Beziehung zum Unbewußten«) auf

dem *Ersparnisprinzip*, und zwar in zweierlei Hinsicht. Einmal sind Witze oft aggressiver oder sexueller Natur und erlauben in ihrer Formulierung, einem tabuisiertem Inhalt in sozial-akzeptierter Form Ausdruck zu verleihen. Dadurch wird psychische Energie, die sonst zur Hemmung oder Verdrängung dieser Impulse aufgewendet würde, eingespart.

Herr Müller führt einen aufwendigen Lebenswandel. Er hat viel Geld verdient und es sich dann zurückgelegt. Andere sagen, seine Frau hat sich zurückgelegt und dabei viel Geld verdient.

Im übrigen sind in Witzen oft mehrere Inhalte in einer Formulierung oder einer Figur »verdichtet«, was Freud ebenfalls als Energieersparnis ansieht.

Diener über seinen Herrn, den Baron v. Rothschild: »Er ist zu mir ganz famillionär.« D.h. ganz familiär, aber eben auch herablassend wie ein Millionär.

Berlyne (1973) hat die Intensität eines Witzes (Witzigkeit) mit dem Aktivationsniveau in Verbindung gebracht und hier folgendes gefunden. Außer der Aktivation (z.B. im EEG gemessen) enthalten Witze oft auch Komponenten der kognitiven Umstrukturierung. Eine Unstimmigkeit oder Zweideutigkeit löst sich plötzlich unvermittelt auf.

Vater über seine Söhne (Arzt und Sänger): »Der eine heilt und der andere heult.«

Groch (1974) hat jedoch festgestellt, daß Humor aus vielen Komponenten besteht und daß z.B. das Medium eine Rolle spielt. Witzigkeitsbeurteilungen von ähnlichen Inhalten, die als Cartoon bzw. als Photos dargeboten wurden, korrelierten gering miteinander. *Kiener* faßt zusammen: »Allenthalben bestätigt sich demnach in der Witzforschung der Eindruck, daß das psychoanalytische Theoriensystem einer differenzierteren Realitätsfassung nicht adäquat ist. Es vermag nur im günstigsten Fall Teilaspekte aufzuklären.« (S .1207)

Zur Phasenlehre

Nach Freudscher Ansicht gibt es bestimmte ausgeprägte psychische Syndrome wie orales, anales oder phallisches Syndrom, die mit bestimmten Fixierungen in der kindlichen Entwicklung zusammenhängen. Zu diesen Syndromen gibt es eine Vielzahl von empirischen Untersuchungen. Am bekanntesten ist die von *Goldman-Eisler* (1948), die eine Reihe von oralen und analen Charakteristika faktorisiert hat und zwei Dimensionen fand, nämlich Optimismus-Pessimismus (oral) und Impulsivität-Zurückhaltung (anal).

Nach diesen Beschreibungen gibt es so etwas wie ein orales Syndrom, was am positiven Pol durch Sympathieneigung, Optimismus, Hinwendung zum Leben charakterisiert ist und am negativen Pol durch abweisende Haltung, Passivität, Abwendung vom Leben, Pessimismus. Dabei liegt das Merkmal einer frühen und strengen Entwöhnung in Richtung von Passivität (Abbildung 2.7).

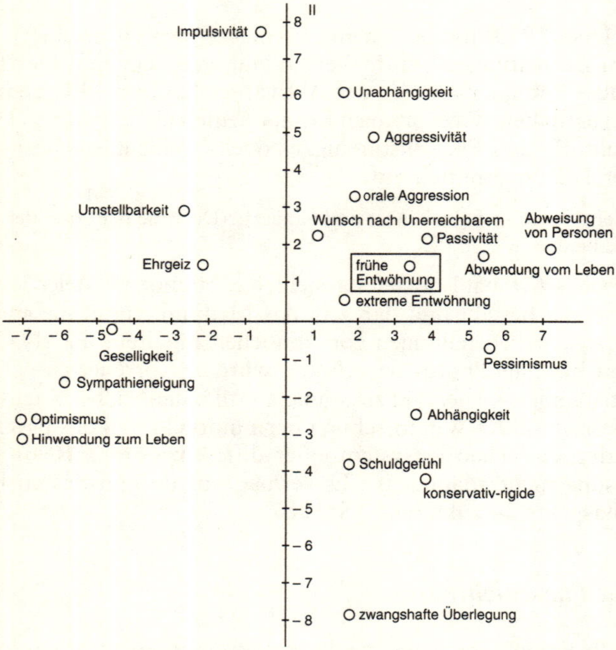

Abbildung 2.7 Faktorenanalyse analer und oraler Verhaltensweisen (nach Goldmann-Eisler 1951)

Ebenso hat sich so etwas wie ein anales Syndrom herausgestellt, das aus der Trias Ordentlichkeit, Sparsamkeit und Eigensinn besteht. Auch hier gibt es wieder eine Vielzahl von empirischen Untersuchungen, die die Korrelation dieser drei Merkmale und ähnlicher Variablen bestätigt haben. Allerdings haben Längsschnitt-Untersuchungen die phasenhafte Abfolge der erogenen Schwerpunkte nicht bestätigt (*De Waele* 1961).
Obwohl sich also die von der analytischen Charakterlehre beschriebenen Syndrome bestätigen ließen, hat sich die vermutete Ätiologie durch Konflikte und Fixierungen in bestimmten Phasen als weniger stichhaltig erwiesen. Untersuchungen hierzu stammen z.T. aus der vergleichenden Anthropologie (*Mead* 1965). Bei vielen Naturvölkern, bei denen die Kinder lange gestillt und behutsam entwöhnt wurden, zeigten sich Merkmale wie friedliches Verhalten, Optimismus, Verzichtfreudigkeit (so bei den Arapesch, Navaho und Yurok). Dagegen stellte man bei Stämmen mit kurzer Stilldauer oder harten Entwöhnungstechniken Mißtrauen und Aggressivität fest (so bei den Aloresen, Sioux und den Mundugumur). Allerdings sind bei diesen Felduntersuchungen eine Reihe von Variablen konfundiert, und es ist argumentiert worden, daß es weniger die Stillzeit und die orale Lust ist, die zum Optimismus führt, als vielmehr der Körper- und Augenkontakt mit der Mutter in den ersten Lebensjahren. Interessanterweise bevorzugten ja *Harlows* Affen in seinem bekannten Versuch mit verschiedenen Muttersurrogaten eine Drahtmutter mit Fell, und nicht eine Drahtmutter ohne Fell, die eine Flasche anbot. Ein weiterer relevanter Befund stammt von *Hartmann et al.* (1972). Er untersuchte 65 Kinder mit Lippen-, Kiefern- und Gaumenspalten, denen das Saugen aufgrund dieser Defekte unmöglich war. Nach psychoanalytischer Theorie müßten diese Kinder schwere orale Defizite aufweisen und entsprechende psychische Störungen durch diese Frustration erlitten haben. Das Ergebnis war, daß die untersuchten Kinder erstaunlich unauffällig und normal waren. Andere Autoren fanden ebenfalls keinen Zusammenhang zwischen Enährungspraktiken des Säuglings, z.B. Flaschen oder Brustfütterung, und späteren Anpassungsschwierigkeiten (*Sewell & Mussen* 1952, *Behrens* 1954, *Sears, Macoby & Levin* 1957). Wenig überzeugend sind auch die empirischen Befunde zum Zusammenhang von Reinlichkeitserzeihung und analem Charakter (*Hetherington & Brackbill* 1963).

Zusammenfassend kommt Kline (1972) zu dem Schluß: »Freud beobachtete mit Erfolg zwei Persönlichkeitstypen (oral, anal), aber seine ätiologischen Hypothesen, die sie erklären sollten, waren völlig falsch.«

Zum Ödipuskomplex

Einschränkungen ihrer Bedeutung mußten die phallische Phase und die daraus entstehenden Konflikte erleben. In dieser Phase kommt es zum Ödipus- und Kastrationskomplex, d.h. zur Unterdrückung der ersten Liebesbeziehung, die zu einem Elternteil aufgenommen wird; es entsteht Angst vor der Kastration als Strafe für den Wunsch nach dieser Beziehung. Während der zweite Teil der Behauptung heute als Fehlspekulation erscheint, hat der erste Teil der Behauptung eine gewisse Plausibilität. Es gibt vermutlich beim Menschen keine instinktiven Inzestschranken, die bei vielen Tierarten nachgewiesen sind, so bei Gänsearten, aber schon nicht mehr eindeutig bei Primaten (*Bischof* 1978). Zu den belegten Fällen des sog. dynastischen Inzests, der wahrscheinlich der Reinerhaltung des Königsgeschlechts diente, gehören die Inka im alten Peru und Pharaonen im alten Ägypten (Tut-Ench-Amun, der mit 19 verstarb, war vermutlich Sohn und Bruder, sicher aber Schwiegerson von Echnaton und heiratete seine Schwester, die zugleich seine Nichte war, *Bischof* 1985, S. 29). Auch in der Neuzeit sind solche Inzestbräuche bei Naturvölkern in Polynesien, Afrika und Hawaii nachgewiesen, die manchmal auch magischen Charakter tragen: Inzestrituale vor Kampf oder Jagd machen stark und unverwundbar. Trotz dieser rituellen und elitären Abweichungen kann man anthropologisch von einem universellen Inzesttabu ausgehen, dessen Aufhebung in der breiten Bevölkerung nur aus ganz wenigen Gesellschaften bekannt ist (Ägypten und Iran im ersten und zweiten Jahrhundert nach Christi). Damit nimmt das Inzesttabu eine Zwitterstellung zwischen Natur und Kultur an: es ist (fast) universell wie ein Instinkt und weist kulturelle Variationen auf wie eine gesellschaftliche Norm. Es gibt keinen überzeugenden biologischen Grund für die derart weit verbreitete Inzestscheu: denn die unzweifelhaften Einbußen an Vitalität bei den Nachkommen aus inzestuösen Schwangerschaften verschwinden nach wenigen Generationen konsequenter Inzucht. Sie resultieren aus dem plötzlichen Anstieg der Reinerbigkeit; die dadurch geförderten rezessiven Merkmale sind häufig zunächst nachteilig. Selektionsdruck führt bald aber wie bei dominanten Merkmalen zu Anpassung und Überlebenstüchtigkeit des Erbgutes. Die Funktion der Tabuisierung des Inzests muß eher soziale Gründe haben wie *Bischof* vermutet: etwa der Familienfriede, die Vergrößerung der Familie durch Heirat nach außen und die damit verbundene Vermehrung der Arbeitskraft, der Tauschcharakter der Ehestiftung usw. Freud selbst stellte sich einen kollektiven Vatermord durch die Söhne in der Urhorde vor, wodurch dessen patriachalische Monopol gebrochen und der Beginn einer arbeitsteiligen Gesellschaft möglich wurde. Als Sühneopfer für die Untat wird auf die sexuelle Beziehung zur Mutter (der Frau des Ermordeten) verzichtet (*Freud* 1912).

Ohne von der Natur errichtete Inzestschranken sind Freuds Thesen von traumatisch-inzestuöser Verführung im Kindesalter einerseits und sexueller Begierde, die auf die Eltern gerichtet ist und damit die Ödipustheorie andererseits durchaus nicht ganz abwegig. Hinzu kommt, daß die Mutter als Person, die im allgemeinen erste und nachhaltige Erfahrungen von Zärtlichkeit, Geborgenheit, Haut- und Lippenkontakt vermittelt, zumindest für die männlichen Nachkommen als erstes pubertäres Liebesobjekt naheliegt.

Weiter hergeholt erscheint da schon die damit verknüpfte Annahme des Kastrationskomplexes, der sich infolge der Kastrationsdrohung durch Eltern oder Erzieher ausbilde. Erstens fand der »Kleine Hans«, die Fallgeschichte, an der Freud den Ödipuskomplex entwickelte, den Anblick der penislosen Mutter nicht beunruhigend, ebensowenig wie der »Wolfsmann«, ein anderer berühmter Fall Freuds, durch die penislose Schwester irritiert war. Also kann vom »größten Trauma im Leben eines Jungen« nicht durchgängig die Rede sein. Zum anderen wäre eine tatsächlich auftretende Furcht vor Kastration aus den prüden Erziehungspraktiken des letzten Jahunderts wohl erklärbar; denn das Spielen mit dem Penis wurde kleinen Jungen häufig mit der Androhung des Abschneidens ausgetrieben – so auch dem kleinen Hans. Auch der für Freud zur Kastrationsangst komplementäre Penisneid der Frauen dürfte eher ein sexistisches Relikt seiner eigenen patriarchalischen Erziehung gewesen sein; Freud ging von einer Minderwertigkeit des Weibes aus und interpretierte Eitelkeit als deren Kompensation.

Trotz einschneidender Berichtigungen aufgrund der zahlreichen empirischen Ergebnisse aus der Entwicklungspsycholgie, der vergleichenden Anthropologie und Ethologie, bleibt ein Rest an Einsichten aus der analytischen Phasenlehre bestehen.

Zu den Abwehrmechanismen

Besonders zahlreich sind die Untersuchungen zu den Abwehrmechanismen. Viele Untersuchungen befassen sich mit dem Phänomen der Wahrnehmungsabwehr (perceptual defense). Hierbei geht es um den Tatbestand, daß tabuisierte (emotional getönte) Worte entweder verzögert oder aber mit einer höheren Wahrnehmungsschwelle wahrgenommen werden. Allerdings zeigte sich, daß der hier angesprochene Abwehrmechanismus der Verdrängung in verschiedene Komponenten zerlegt werden muß: etwa Wahrnehmungsabwehr, motiviertes Vergessen, Amnesie und Hemmung in der Berichterstattung. Voraussetzung für derartige Prozesse ist die inzwischen gut belegte Tatsache, daß es eine unterschwellige Wahrnehmung sowohl akustischer wie visueller Art gibt (*Dixon* 1981). Das bedeutet, daß der Mensch unterschwellig dargebotene Reize registriert, ohne sie bewußt wahrzunehemen, obwohl sie später in Träumen oder Zeichnungen auftauchen und sich auf Handlungen wie Essen oder aufs Arbeitsverhalten auswirken. Das selektive Bewußtwerden der wahrgenommen Reize könnte auf Abwehr zurückzuführen sein. In einer Untersuchung von *Emmrich & Heinemann* (1966) ergab sich bei der unterschwelligen Darbietung bei emotional getönten Worten eine erniedrigte Herzrate und eine erhöhte Alphatätigkeit im EEG – beides Zeichen einer Ruhestellung des Organismus. Diese Ruhigstellung trat lange vor dem Zeitpunkt ein, da die Probanden diese Worte auf der Projektionsfläche erkannten, oder besser lange bevor sie berichteten, daß sie die Worte erkannten. Bei den neutralen Worten verhielt es sich umgekehrt. Es sieht also so aus, als wenn die Signalisierung des Erkennens nicht identisch mit der Wahrnehmung ist, daß also Wahrnehmungsprozesse ablaufen, die physiologische und vermutlich psychische Reaktionen auslösen, die u.U. in einer verzögerten Berichterstattung resultieren – ohne daß dem Probanden dies klar ist. Der pauschale Verdrängungsbegriff erscheint hierfür als Vereinfachung, jedoch nicht ohne heuristischen Wert.

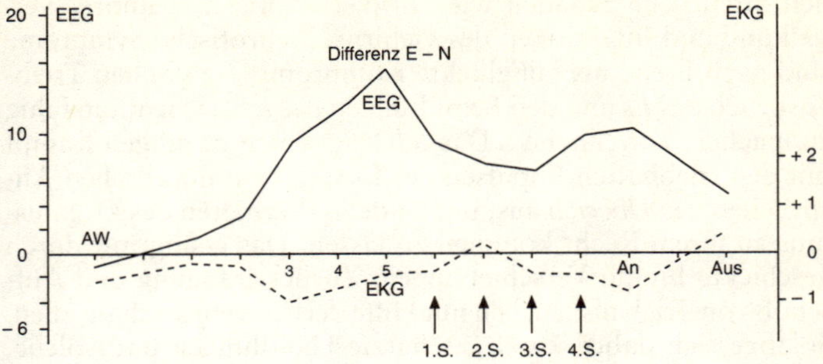

Abbildung 2.8: Experiment zur Wahrnehmungsabwehr. Differenz der physiologischen Reaktionen (EEG und EKG) für emotional getönte und neutrale Worte. Die Reaktionen im Sinne einer Ruhigstellung erfolgen bei unterschwelliger Darbietung, bevor die Versuchsperson das Erkennen des Reizes signalisiert (1.S. usw.), (nach Emmerich & Heinemann 1966)

Zur Abwehr im Traum gibt es gewisse Hinweise auf die Gültigkeit der von der Psychoanalyse angenommenen Symbolik. Z.B. haben Träumer häufig eine Erektion, wenn im Traum phallische Symbole wie Stöcke, Schläuche oder Schlangen vorkommen. Näheres siehe *Janovic* (1978).

Insgesamt hat die Freudsche Theorie heuristisch wertvolle Ideen zur Persönlichkeitspsychologie, Neurosenlehre und zur Psychotherapie geliefert. Die ätiologischen Erklärungen zu den Störungen und der Charakterbildung (die kindlich-psychosexuelle Entwicklung) erwiesen sich nicht als haltbar.

2.5 Psychopathologie

Abwehr und Symptome

Freud war, im Gegensatz zur landläufigen psychiatrischen Meinung seiner Zeit, der Auffassung, daß die meisten psychischen Leiden nicht durch organische Ursachen, sondern durch einen psychischen Konflikt bzw. ungünstige Umweltgegebenheiten bedingt sind. Davon ausgenommen sind natürlich offensichtlich organische Schäden wie Hirnverletzungen, Tumore, Verkalkung und Infektionen des Gehirns. Neurotische Symptome sind nach Freud als mißglückte Kompromisse zwischen Triebanspruch des *Es* und den Bemühungen des *Ich*, sie realitätsfähig zu machen, zu verstehen. Das *Ich* trägt einen ständigen Kampf mit den triebhaften Impulsen des Es und den moralischen Ansprüchen des *Überich* aus, um beide im Verhalten des Organismus zu ihrem Recht kommen zu lassen. Das gelingt oft durch geschickte Libido-Verschiebungen, Zurückdrängung und Aufschub von Triebansprüchen mit Hilfe der Abwehrmechanismen. Solange sich dabei sozial geschätzte Handlungen und solche, die keine Unlustgefühle erregen, ergeben, handelt es sich bei den Kompromißergebnissen meist nicht um neurotische Symptome. Dies ist bei vielen Sublimierungen und Reaktionsbildungen der Fall. Häufig jedoch leidet das Individuum oder seine Umwelt unter den Resultaten der psychischen Abwehr des Triebkonfliktes; dann liegt eine Neurose vor. Freud unterschied zwischen Aktualneurosen und Psychoneurosen. Eine dritte Form psychischer Abnormität stellen die Perversionen dar.

Sexuelle Perversionen

Alle krankhaften Störungen des Geschlechtslebens hält Freud für Entwicklungshemmungen. Er bezeichnet den Menschen als »polymorph-pervers« veranlagt; und auch der sexuell normal entwickelte Mensch hat perverse Tendenzen, die er jedoch in den normalen Geschlechtsakt integriert hat. Zur Perversion kommt es dann, wenn die sexuelle Befriedigung nicht durch die Vereinigung mit dem gegengeschlechtlichen Partner und dem beiderseitigen Orgasmus zustande kommt. Der Perverse ist auf einer früheren Stufe der sexuellen Befriedigung oder einem Teilaspekt der sexuellen Beziehung stehen geblieben.

Als Fixierung auf frühestem Niveau kann die narzißtische *Masturbation* angesehen werden. Allerdings ist die Masturbation nur dann als pathologisch einzuordnen, wenn sie das normale Geschlechtsleben völlig verdrängt hat. *Inzest* entspricht einer präödipalen Wahl des Objekts. Der Ödipuskonflikt und die Kastrationsangst sind nicht wirksam, und die Wahl des Sexualobjektes ist nicht nach außerhalb der Familie verlegt worden.

Homosexualität ist, wie oben beschrieben, eine ungünstige Lösung der Ödipussituation, verbunden mit einer Ablehnung der Geschlechtsrolle. Aufgrund seiner hormonell bedingt bisexuellen Anlage hat der Mensch grundsätzlich gleichgeschlechtliche und gegengeschlechtliche Affinitäten. Im Zuge der Sozialisation wird jedoch die Heterosexualität gefördert.
Der *Sadismus*, bei dem die sexuelle Befriedigung mit Unterwerfung und Mißhandlung des Partners verbunden ist, zeigt eine übermäßig aggressive Komponente des Sexualverhaltens. Der *Masochismus*, bei dem sexuelle Befriedigung erlangt wird, wenn das Individuum selbst Schmerzen erleidet, kann als Wendung dieser übermäßig aggressiven Komponente gegen die eigene Person aufgefaßt werden. Zugleich sieht Freud einen Zusammenhang mit einer lustvoll empfundenen Züchtigung des Kleinkindes auf das Gesäß. Da der Geschlechtsakt auch den Aspekt der Überwältigung durch den Mann hat, kann der Sadismus als übermäßig ausgeprägte Männlichkeit, der Masochismus als übermäßig ausgeprägte Weiblichkeit interpretiert werden.

Aktualneurosen

Sehr früh hat Freud zwei Formen der Neurose beschrieben, die Neurasthenie und die Angstneurose, die er als Aktualneurose zusammengefaßt hat. Strebt das Individuum eine Liebesbeziehung an, die aber vom Ich nicht geduldet werden kann, weil sie zu Konflikten führt, dann kommt es normalerweise zur Abwehr, und dies kann zu den sog. Psychoneurosen führen. Geht das Individuum aber keine Liebesbeziehung ein, sondern befriedigt den Sexualtrieb allein durch Masturbation, so meinte Freud, regelmäßig die Symptome von Schwäche, Reizbarkeit und Nervosität zu beobachten (*Neurasthenie*). Er hielt dies für eine somatische Beschwerde, die direkt mit der Masturbation zusammenhängt. Kommt es dagegen zu einer Liebesbeziehung, in der aber die sexuelle Aktivität gehindert wird, so führt dies zu *Angstneurosen*. Einmal kann das bei völliger Abstinenz von der sexuellen Aktivität in möglicherweise eingestandener Liebesbeziehung zu einer Person geschehen. Die aufgestaute sexuelle Energie droht »überzulaufen« und bewirkt Angst. Angst könne aber auch entstehen, wenn während des Geschlechtsverkehrs der Orgasmus als kontrazeptive Maßnahme unterbrochen wird

(Koitus interruptus). In allen drei Fällen der Aktualneurose besteht die Therapie in der Abstellung des Fehlverhaltens (Masturbation, Abstinenz und Koitus interruptus).

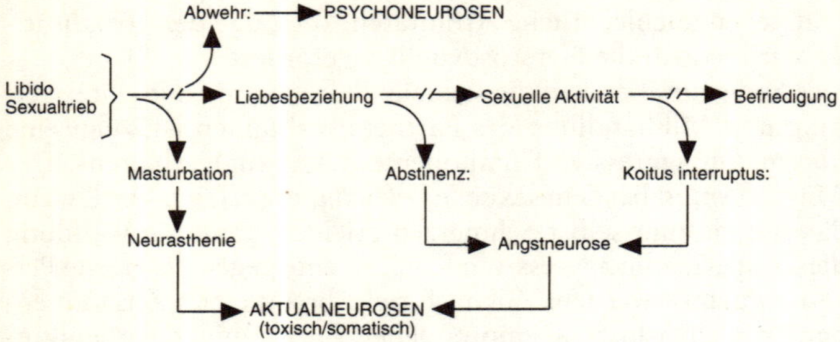

Abbildung 2.9: Freuds Vorstellung von den Aktualneurosen: Neurasthenie und Angstneurose

Psychoneurosen und Psychosen

Die einzelnen Formen der psychischen Störungen sind in der klassischen Psychoanalyse mit der Fixierung auf einzelne Stufen der psychosexuellen Entwicklung in Zusammenhang gebracht worden. Dabei entsteht das Symptom vermutlich durch eine Regression auf die entsprechende Stufe und die Abwehr des dadurch reaktivierten Triebkonfliktes.

Die *Schizophrenie* wird als Regression auf die frühe orale Phase angesehen; die Person geht keine Beziehungen zu anderen Personen ein, Vorstellung und Wirklichkeit werden nicht unterschieden, und es bestehen Zustände ungerichteter Angst, so, wie sie als Panik vom Kleinkind erlebt werden, wenn die versorgende Mutter ausbleibt. Der Schizophrene entschließt sich sozusagen, ohne die anderen Menschen auszukommen, reagiert auf sie automatenhaft in Bewegung und Sprache. Nicht ganz dazu paßt allerdings das Vorhandensein von Halluzinationen, die häufig auch in der psychoanalytischen Literatur als Stimme des *Überichs* interpretiert werden; das *Überich* wird zu einer späteren Phase ausgebildet. Im akuten Zustand des schizophrenen Schubes ist das *Ich* zu schwach, um klar zwichen Realität, Es- und *Überich*-Ansprüchen zu unterscheiden.

Depressionen entsprechen einer Fixierung auf der späten orale Phase. Damit sind insbesondere psychotische Depressionen gemeint (die reaktiven Depressionen können bei allen Menschen gelegentlich auftreten, wenn entsprechende Schicksalsschläge vorliegen). Der psychotisch Depressive verhält sich so, als wäre ihm ein Mensch abhanden gekommen, der ihn bedingungslos geliebt hat und ohne den er jetzt völlig allein im Leben dasteht. Das Leben ist sinnlos geworden, und der Suizid liegt deshalb nahe, weil das Liebesobjekt introjiziert wurde und daher die dagegen gerichtete Aggression die eigene Person trifft. Zugleich wird eine Tendenz vermutet, die lieblosen Mitmenschen zu bestrafen.

Paranoia wird von Analytikern als Regression auf die anale Phase aufgefaßt. Hier geht es um Konflikte der Macht. Zugrunde liegt zunächst eine Allmachtsphantasie, die dann aber nach außen projiziert wird. Die Wünsche, zu töten oder sexuell zu mißbrauchen oder zu verfolgen, werden als Gefahr für die eigene Person gesehen, die von unbekannten Mächten auf sie ausgeübt wird.

Auch in einem Zusammenhang mit Machtkonflikten werden *Stottern* und *Tics* gebracht. Der Stotterer kann durch seine verzögerte und unklare Sprache sein Gegenüber unter dem Mantel des Leidens sehr effektiv ärgern. Andererseits können die Sprachhemmungen als ein Kompromiß aus Angst und Aggression interpretiert werden. Die verkrampften Bewegungen bei Tics des Kopfes und der Schulter, insbesondere der Augen, können als Kompromiß interpretiert werden, in dem sich der aggressive Impuls, zuzuschlagen, und die Angst, dafür bestraft zu werden und der damit verbundene motorische Rückzug, überlagern.

Zwangsneurosen werden ebenfalls als Regression auf die anale Phase aufgefaßt. Hier geht es um Kontrolle in Form von Ordnung und Sauberkeit. Im Sinne einer Reaktionsbildung werden Bedürfnisse in zwanghafte Handlungen umgemünzt, wie ständiges Waschen oder Nachprüfen von vermuteten Unordentlichkeiten, um so den elterlichen Geboten der Reinlichkeitserziehung nachzukommen oder rituelle Wiedergutmachung die Angst vor elterlicher Bestrafung abzubauen. Ein Hinweis auf die anale Fixierung ist auch die bei Zwangsneurotikern nicht seltene Neigung zur Verstopfung. Der Wiederholungscharakter zwanghafter Handlungen gilt ferner als Hinweis auf die mögliche Symbolisierung von Geschlechtsverkehr oder Masturbation, so daß in der Zwangshandlung sexuelle Energie abgebaut und zugleich der Frevel wiedergutgemacht wird.

Unter *Hysterie* faßt Freud die Phobien (Angsthysterie) und die Konversionssymptome zusammen. Phobien treten vor geschlossenen Räumen, vor dem Alleinsein, vor Höhen, vor Abgründen, vor Schmutz usw. auf. Die analytische Interpretation sieht darin ein Vermeidungsverhalten, mit dem sexuelle Wünsche abgewehrt werden sollen. Der Klient fürchtet, auf freien Plätzen, in Menschenmengen oder in Fahrstühlen Verführung und Vergewaltigung, im Alleinsein die Gefahr der Masturbation. Die Phobie vor Schmutz und Bazillen wird in Analogie zu geschlechtlichen Infektionen oder der Schwängerung gesehen.
In der *Konversionshysterie* werden körperliche Symptome zum Ausdruck für Phantasien sexuellen Ursprungs. Etwa garantiert die hysterische Blindheit, daß man Sexualszenen zwischen den Eltern nicht gesehen hat. Hysterische Lähmung verhindert, daß man eine gehaßte Person pflegen muß und ähnliches mehr. Eine sexuelle Symbolik solcher Symptome ist nicht allgemeingültig und muß individuell erarbeitet werden. Dennoch glaubte Freud zuerst (1896) an eine Verführungstheorie hysterischer Symptome, die er später (1914) – wohl unter gesellschaftlichem Druck – durch die Theorie der Verführungs-Phantasie ersetzte.
Die psychosomatischen Erkrankungen, von Freud *Organ-Neurosen* genannt, sind Ausdruck eines qualitativen Sprungs vom Psychischen zum Somatischen bei Überforderung und Mangel an Zuwendung. Es handelt sich um vegetative Störungen, die je nach Organ, in dem die Symptome auftreten, anders interpretiert werden. Atemstörungen etwa werden als Ersatz für unterdrücktes Weinen und Schreien interpretiert, Magengeschwüre als Wunsch nach oraler Versorgung, Kreislaufbeschwerden als Anzeichen unterdrückten Ärgers und psychosomatische Hauterkrankungen als der unbewußte Wunsch nach beruhigender taktiler Stimulation oder Abgrenzung.
Impotenz und *Frigidität* sind zunächst Ausdruck der Verdrängung sexueller Impulse. Diese Störungen können von leichter Schüchternheit bis zu totaler Antipathie gegen sexuelle Aktivitäten gehen. Männliche Impotenz kann aber nicht nur Triebverdrängung sein. Z.B. wird verzögerter oder ausbleibender Samenerguß wird analytisch als Kastrationsangst interpretiert,

aber auch als anale Fixierung (nicht geben können, weil mir selbst nichts gegeben wurde). Weibliche Frigidität ist sogar noch unterschiedlicher in ihren Ursachen: Der Vergleich des Sexualpartners mit dem Vater läßt zunächst den Liebesentzug der Mutter befürchten (Ödipuskomplex). Es kann aber auch eine maskuline Identifikation vorliegen (Penisneid), wodurch die Rolle der Frau zurückgewiesen wird. Oder es liegt eine urethrale Fixierung vor, d.h. eine Tendenz, Lustgewinn aus dem Harnlassen zu gewinnen. Diese erzeugt dann die Angst, daß sich beim Orgasmus der Schließmuskel der Harnblase öffnen könnte. Oder es liegt eine phallische Fixierung vor in der Form, daß die in der Masturbation geübte Klitoriserotik nach wie vor im Vordergrund steht und nicht durch den vaginalen Orgasmus abgelöst worden ist – was Freud als reifere Form der Sexualität betrachtete. Schließlich können aggressive Impulse in der Frigidität zutage treten (etwa die Rache am Mann).

Soweit einige Beispiele. Eine ausführlichere Diskussion der psychoanalytischen Neurosenlehre findet sich bei *Fenichel* 1945, *Strotzka* 1978.
Neurotische Symptome stellen also Störungen der Abwehrarbeit des *Ichs* dar. Sie können folgendermaßen zustandekommen:

- das *Ich* wird zu schwach, so daß es zum momentanen Durchbruch von Es-Impulsen kommt, die dann nur noch in ungenügenden Kompromissen bearbeitet werden können und aus diesem Grunde große *Angst* auslösen;
- die Abwehrmechanismen sind überstark, und sämtlicher Lustgewinn wird unterbunden. Es kommt zur völligen Unterdrükkung von sexuellen und aggressiven Impulsen bzw. die Impulse werden derart verformt, daß sie eher unlustgetönt sind;
- das *Überich* wird so mächtig, daß das *Ich* durch seine Forderungen zermartert wird. Es kommt dann zu *Schuldgefühlen* und Selbstbestrafungstendenzen.

Geht die Desorganisation so weit, daß das Ich die Übersicht verliert und nicht mehr zwischen Trieb und Realität unterscheiden kann, so kommt es zu psychotischen Zuständen (Verfolgungswahn, Halluzinationen). In diesem Falle ist das Ich nicht mehr ansprechbar. Freud hielt Psychosen für nicht heilbar, weil das psychotische *Ich* sich auch von dem Teil der Realität löst, die der Therapeut darstellt. Bei Neurosen dagegen ist das *Ich*

zwar geschwächt, aber noch stark genug, daß es den Kontakt zum Therapeuten aufrechterhalten kann und mit seiner Hilfe die Beziehung zur Realität wieder stärkt.
Insgesamt stellen psychoneurotische Störungen keinen qualitativen, sondern nur einen graduellen Unterschied zur normalen Erlebensweise dar. Im normalen Lebensvollzug überwiegt der Lustgewinn. Im Traum oder in den Fehlleistungen des Alltags (Versprecher, Fehlbehandlungen) tritt kurzfristig eine quasipathologische Desorganisation ein, die der Mensch jedoch schnell wieder im Griff hat. Die häufig bei neurotischen Symptomen auftretende Angst wird sowohl als Schuld vor dem *Überich* wie auch als eine Befürchtung des durchbrechenden *Es*-Impulses gedeutet. In seiner frühen Angsttheorie hielt Freud Angst für transformierte Triebenergie. Später hat er ihr die biologische Funktion eines Signals zugeschrieben: Die Angst macht den Organismus darauf aufmerksam, daß etwas gegen eine äußere Gefahr (Realangst) oder eine innere psychische Gefahr (neurotische Angst) getan werden muß.

2.6 Psychoanalytische Therapie

Freie Assoziation

Freuds psychoanalytische Technik hatte zwei Vorläufer: Bei Charcot lernte er 1885 die hypnotische Suggestion anzuwenden. Damit sollten im wesentlichen neurotische Symptome unterdrückt und zu Demonstrationszwecken hervorgerufen werden. Später lernte er bei Breuer um 1890 das Verfahren der Katharsis kennen, in dem Symptome nicht etwa unterdrückt, sondern ausagiert bzw. als Erzählung vom Klienten in ihrer Entstehung rekonstriert werden (Redekur). Auch die Breuersche Katharsis fand wenigsten teilweise unter Hypnose statt, die allerdings bei dem bekanntesten Fall aus dieser Zeit, der Anna O., spontan auftrat. In einem Trancezustand erinnert sich der Klient an traumatische Situationen, die er affektbetont wiederbelebt. Freud hat die »Redekur« angewandt und war mit ihr zufriedener als mit der einfachen hypnotischen Suggestion. Als Mangel dieser Methode empfand er, daß oft Widerstände auf-

traten, daß zerrissene Inhalte ohne kausale Logik berichtet wurden und daß einige Klienten nicht hypnotisierbar sind.
Ein entscheidender Wandel in der psychoanalytischen Therapietechnik wird in Freuds Schrift über die Traumdeutung erkennbar (1900). Hier wird die unlogische Verkettung von Inhalten therapeutisch genutzt. Dazu bedient sich der Therapeut der freien Assoziationen des Klienten zum Traummaterial, die herangezogen werden, um Sinnlücken zu füllen und auf der Neurose zugrundeliegende Konflikte oder Traumata zu stoßen. Aus freien Assoziationen des Klienten knüpft der Therapeut in künstlerisch anmutender Weise ein quasi-kausales Gewebe, in dem sich auch widersprüchliche Trauminhalte logisch auflösen und in einen biografischen Zusammenhang gestellt werden. Dabei nimmt der Analytiker durch selektive Verfolgung bestimmter Fäden und suggestive Deutungen deutlichen Einfluß auf die Rekonstruktion (vgl. *Eschenröders* kritische Diskussion von Freuds Fallbericht des »Kleinen Hans«). Freud selbst schreibt bei seiner ersten Fallbeschreibung («Elisabeth von R.«), daß er sich unbehaglich dabei fühlte die neurologischen Methoden zu verlassen und mithilfe einiger einfacher psychologischer Formeln so etwas wie eine Kurzgeschichte zu kreieren. Aber er hält es für der Sache angemessen und für vollkommen objektiv (*Freud & Breuer* 1895). Die Methode der freien Assoziation wird auf Träume, Fehlleistungen des Alltags, auf Übertragungsreaktionen und auf Widerstände gegen Erinnerungen und Deutungen angewandt.
Der inhaltliche Schwerpunkt der psychoanalytischen Therapie hat ebenfalls bedeutsame Wandlungen durchgemacht. Von der ursprünglichen Verführungstheorie der Neurose (in den Hysterie-Studien, 1895), zum Ödipuskomplex (etwa beim »Kleinen Hans«, *Freud* 1909) und der Deutung der Träume (*Freud* 1900), bis zur Analyse der Übertragungs-Situation (*Freud* 1914) und des Widerstandes (*Freud* 1926). Von anderen Psychoanalytikern sind weitere Themen ergänzt worden: Charakterneurosen (*Abraham* 1924), Abwehrmechanismen (*Anna Freud* 1936), Analyse des Selbsterlebens (Ichpsychologie, *Hartmann* 1939), die dyadischen Psychologie der Objektbeziehungen (*Klein* 1948; *Balint* 1952; *Mahler, Pine & Bergmann* 1975), die Nutzung der Gegenübertragung (*Heimann* 1950) und die Betrachtung des gesunden (primären) Narzißmus als dritte Lebensenergie neben Libido und Aggression (*Kohut* 1979), um einige Schwerpunkte zu nennen.

Die Diagnose in der Psychoanalyse besteht ja in der Aufdekkung früher Traumata, kindlicher Konflikte und Fixierungen, die die derzeitigen Symptome bedingen. Da sich in der neurotischen Verformung die Triebansprüche immer in versteckter Form äußern, wird zunächst mit dem Klienten die psychoanalytische *Grundregel* verabredet: alles zu sagen, was ihm in den Sinn kommt, auch und gerade, wenn es ihm unangenehm ist, ihm unwichtig oder unsinnig erscheint. Durch diese Ausschaltung der Selbstkritik wird dem Analytiker Material an Gedankeneinfällen und Erinnerungen geliefert. Hieraus bildet er sich Hypothesen, die er an weiterem Material zu überprüfen versucht.

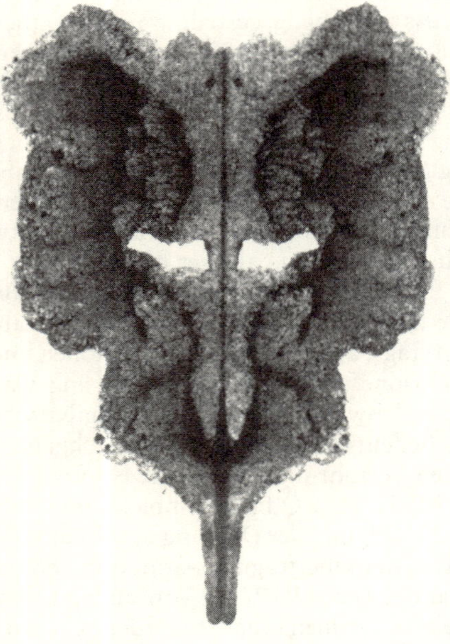

Abbildung 2.10: Zufällige Klecksfigur

Eine andere Möglichkeit, unbewußte Inhalte an den Tag zu fördern, sind mehrdeutige Vorlagen in der Art von Rorschachtafeln wie in Abbildung 2.10. Man kann darin ein Tierfell, zwei Gesichter, ein weibliches Geschlechtsorgan, einen Penis und noch

Abbildung 2.11: Wartegg-Zeichentest. Ausgefüllte Zeichnung. (Vorgaben in der Zeichnung sind dick markiert)

vieles andere mehr sehen. Die Unstrukturiertheit und Vieldeutigkeit des Bildes zwingt den Betrachter, selbst die Auswahl zu treffen. Dabei kann er unverblümt eine »gefährliche Deutung« geben (z.B. Geschlechtsorgan), ohne sich böse sein zu müssen, da der Inhalt ja objektiv auf der Vorlage nachweisbar ist. Der Betrachter projiziert damit einen konflikthaften Inhalt in die Vorlage, indem er eine der möglichen Deutungen auswählt. Er kann sich aber auch in verdeckter Form mit dem entsprechenden Teil des Bildes intensiv beschäftigen: wie mit dem unheimlichen Höhleneingang, was u.U. eine ähnliche Deutung haben würde (wobei man argwöhnen könnte, der Therapeut projiziere einen Inhalt in die Deutung des Klienten). Andere sog. projektive Tests sind Bilder mit mehrdeutigen Szenen (Thematischer Apperzeptions-Test, TAT) oder angefangene Sätze, die auf verschiedene Weise beendet werden können (Sentence Completion Test), oder es müssen Zeichnungen aus angefangenen Linien angefertigt werden (Wartegg-Zeichen-Test, Abbildung 2.11). Dies vom Klienten gelieferte Material kann zum Ausgangspunkt von Assoziationen und Deutungen genommen werden.

Traumdeutung

Ein weiterer Zugang zu den unbewußten Wurzeln des neurotischen Konflikts bildet die Traumdeutung. Der Traum ist ein ähnlicher Zustand wie die Psychose, insofern eine Ablösung von der Realität erfolgt – wenn auch nur vorübergehend. Im Schlaf greift das Gehirn auf eine archaische Verabeitungsweise zurück, die älter als unsere Denksprache, reich an Bildern und symbolischen Beziehungen ist. Die Logik der raum-zeitlichen Ordnung ist nicht verbindlich. Nach Auffassung *Winsons* (1986) werden in Träumen, die von schellen Augenbewegungen begleitet werden (Rapid-Eye-Movements, REM-Phasen, vgl. *Zimmer* 1986) Tageserlebnisse mit bisherigen Lebenserfahrungen abgeglichen. Dabei werde auf sehr frühe z.T. präverbale Erinnerungen zurückgegriffen; das würde die Dominanz der Bildersprache in den Träumen erklären. *Koukkou & Lehmann* (1980) sprechen im Hinblick auf die spezifischen EEG-Muster von unterschiedlichen funktionalen Zuständen des Gehirns in Wachzustand, Traum oder Trance, in denen jeweils eigene Gedächtnisspeicher selektiv zugänglich sind. Traumanlässe sind natürlich nicht nur unverarbeitete Tagesreste, sondern u.U. auch Außenreize (Wecker) oder physiologische Bedürfnisse (Harndrang). Wie entwicklungspsychologische Studien von *Foulkes* (1982) zeigen, entsprechen Traumthemen bis zum Erwachsenenalter der jeweiligen kognitiven und emotionalen Entwicklungsstufe. Überlagert werden die aktuellen Inhalte jedoch nach *Freud* (1916-17) von verdrängten Konflikten oder hervordrängenden Triebansprüchen. Der Tagesrest sei der Unternehmer, die Quelle des Traums. Aber der kindliche Wunsch sei der Kapitalist des Unternehmens, der Motor, der die nötige Energie bereitstellt. Während des Schlafes ist das *Ich* geschwächt. und die Triebansprüche des Es können sich besser als im Wachzustand durchsetzen. Die Funktion des *Ich* besteht jetzt nur noch in der Aufrechterhaltung des Schlafes. Dazu müssen die Triebansprüche des *Es* so verwandelt werden, daß sie den Schläfer nicht in zu große Angst versetzen und aufwecken. Diese These vom Traum als Hüter des Schlafes, scheint z.B. in Bezug auf wiederkehrende Alpträume heute als nicht mehr haltbar; es sei denn, man bezieht die Strafansprüche des *Überich* in die Wunscherfüllung mit ein (*Thomä & Kächele* 1989). In vielen Fällen werden im Traum kindliche Szenen aktualisiert, die Hinweise auf den neurotischen Konflikt geben. Im Traum versucht das *Es* dem *Ich* gegenüber eine Wunscherfüllung durchzusetzen, und das *Ich* versucht, diesen Wunsch so umzuformulieren, daß er nicht angsterregend ist. Die Wunscherfüllung selbst oder das Ausagieren eines verdrängten Konfliktes ist der *latente* Trauminhalt. Die *Traumarbeit* des *Ich* während des Schlafes, die der Analytiker rückgängig zu machen trachtet, besteht darin, den latenten Inhalt in den manifesten Trauminhalt umzuformen, so daß er für das *Ich* akzeptabel wird. Der latente, der eigentliche Trauminhalt, wird dazu mit Hilfe der Mechanismen der Verdichtung, Verschiebung und Bildersprache entstellt. Durch die Entstellung, die die Traumarbeit leistet, wird der Traum oft absurd und so für das *Ich* ungefährlicher. Es kommt bei nachträglicher Aufzeichnung oder Bericht des Traums – im wachen Zustand – oft eine *sekundäre Traumarbeit* hinzu, die das Ganze glättet und logisch akzeptabel macht.

(1) In der *Verdichtung* werden mehrere Figuren oder Ereignisse zusammengefaßt, entweder wenn sie Gemeinsamkeiten oder aber auch wenn sie Gegensätzlichkeiten enthalten.

So berichtet Kemper (1955) von einem Traum mit einem Riesen, der sowohl Züge des Vaters, des Dorfgendarmen wie auch des Feldwebels aus der Dienstzeit des Klienten trug. Es können auch Teile für das Ganze stehen, so berichtet derselbe Autor von einem Glockentraum, in dem der Klöppel Schuhform hatte und der der Schuh der Vaters war.

(2) Absurder im Ergebnis und schwerer zu rekonstruieren ist die Wirkung der *Verschiebung*. Dabei werden stark affektive Triebregungen auf scheinbar nebensächliche oder sinnlose Objekte bezogen (Deckerinnerungen). So berichtet Kemper von folgendem Traum:

Der Vater schneidet in ein und demselben Traum mit völliger Ungerührtheit sein Rind in Scheiben, so wie er es am Abend zuvor mit der Ananas getan hat, ist dann aber beim Anblick der grünen Farbe des Fensterladens eines ihm unbekannten Hauses zu Tränen gerührt.Im Laufe der Analyse stellt sich heraus, daß Grün die Farbe des Kleides seiner verstorbenen Lieblingsschwester gewesen ist, die ihm zugleich Mutterersatz war. Und die Mutter hatte früher im Streit mit dem Vater einmal geäußert, er brächte sie noch dahin, daß sie aus dem Fenster springe. So hat sich also in dem grünen Fenster der Affekt zur Mutter bzw. Ersatzmutter manifestiert.

(3) Die Umsetzung abstrakter Begriffe in *bildlich* Darstellbares nimmt oft die Form von Bilderrätseln an. Der genannte Autor erwähnt folgenden Traum:

Eine Frau, deren Mann auf längerer Auslandsreise ist, träumt, daß sie einen soeben von ihm erhaltenen Brief öffne. Er ist auf der Rückseite mit einer Briefmarke verschlossen, die das Symbol der fünf olympischen Ringe trägt, so daß sie beim Öffnen des Briefes diese Ringe zerreißt. Der einzige Briefinhalt ist ein in zwei Teile zerbrochenes E, aus Gold gehämmert. Hier wird der abstrakte Begriff der Ehe durch Briefmarke mit den Ringen, die beim Öffnen des Briefes zerstört werden, und ebenfalls noch einmal durch das goldgehämmerte E dargestellt, das schon zerbrochen ist. Der Inhalt des Traumes kann hier als die Furcht vor dem Verlassenwerden durch den Mann gedeutet werden.

Zur Verwendung des Traumes in der Therapie folgendes Beispiel von Stekel (1943). Eine Klientin hatte zwei Träume:

»Im Bett ihrer Mutter fand sie eine verrottete Pflaume und einen verrotteten Apfel« und der zweite Traum in derselben Nacht handelte von einem Hirschen mit Geweih.
Als Assoziationen fielen ihr zu Apfel »Paradies« und »Fallen« ein. Später hat sie noch folgende Assoziationen: sie erinnert sich, daß die Familie in eine neue Wohnung gezogen ist, als sie sieben Jahre alt war. Ihrem

Vater ist dort ein Kronleuchter auf den Kopf gefallen und hat ihn verletzt, so daß er blutete. Das hat die Klientin damals sehr erschreckt. Der Therapeut bringt nun die heruntergefallene Lampe mit dem Geweih des Hirsches in Verbindung und mit der Folge, daß der Vater dadurch verletzt wurde. Die Assoziation des Apfels und des Paradieses sowie die des Fallens (gefallene Mädchen) wird so gedeutet: die Mutter hat ihren Mann betrogen; sie hat ihm Hörner aufgesetzt und ihm damit wehgetan. Der Therapeut deutet hier also, daß die Klientin unbewußt mit einem möglichen Ehebruch der Mutter beschäftigt ist (kindliches Trauma).

Wie man an diesem kurzem Beispiel sieht, sind neben Assoziationen des Klienten viel Intuition von seiten des Therapeuten nötig, um das Traumgewebe aufzuklären. Freud empfahl für die Traumdeutung, entweder mit Einfällen zu dem prägnantesten Element zu beginnen oder zunächst nach dem Alltagshintergrund des Traumes zu fragen und dazu Einfälle zu sammeln. *French & Fromm* (1964) empfehlen, den Traum wie ein Puzzlespiel zu analysieren; d.h. eine konsistente kognitive Struktur darin zu suchen, die zur emotinalen Situation des Träumers passen muß, um dann ein aktuelles Problem sowie ein gleichartiges historisches Problem in dem Traum wiedergespiegelt zu finden.
Neben der Wunscherfüllung bzw. Wiederholung kindlicher Konflikte werden dem Traum heute die Funktionen der Problemlösung und Selbstdarstellung zugestanden (*French & Fromm* 1964). Das läßt sich am besten an Freuds Deutung seines eigenen Traumes von »Irma's Injektion« zeigen. Dieser Traum, der den Grundstein zu Freuds Traumdeutung legte (*Freud* 1900), handelt von seiner Klientin Irma, bei der er eine »Schwellung unter dem Leibchen« feststellt und dieses Symptom auf die Injektion mit einer verschmutzten Spritze zurückführt, die ihr ein ungeliebter Kollege verabreicht hat. In dem Traum kann die Wunscherfüllung darin gesehen werden, daß er den Kollegen disqualifiziert, die Problemlösung darin, daß er den tatsächlich schlechten Gesundheitszustand seiner Klientin auf ein organisches Leiden zurückführt – also eine äußere Ursache dafür findet. Schließlich kann der Traum als Selbstdarstellung betrachtet werden, da Freud im Traum sein Befund durch einen anderen Kollegen bestätigt wird, so daß er als Psychotherapeut entlastet und rehabilitiert ist. Da wir uns nur an einen Bruchteil der Träume aus den fünf bis sechs etwa 20-minütigen Traum-

phasen jeder Nacht erinnern, können auch nur Aussagen über diese Spitze des Traumbergs gemacht werden, die in der Untersuchung oder Behandlung berichtet wird. Eben diese Kommunikation des Traumes ist wohl eine weitere Funktion der Träume. Nicht zu Unrecht erhebt sich nämlich die Frage, warum freudianische Klienten freudianisch und z.B jungianische Klienten vorzugsweise jungianisch träumen (*Fischer* 1981) .

Übertragung und Gegenübertragung

Zum Hauptvehikel der Therapie wird in der Psychoanalyse die *Übertragung.* Nach analytischer Ansicht hat ein Mensch, der aus der Kindheit unerfüllte Bedürfnisse zurückbehalten hat, stets die Erwartung, daß diese Wünsche in neuen Begegnungen erfüllt werden. Die Übertragung kann darin bestehen, im Anderen ein Leben lang den Vater oder die Mutter zu suchen, mit denen eine enge, aber zu früh oder unglücklich gelöste Beziehung bestand. Grundsätzlich kommen als Übertragungsvorbilder auch Großeltern, Geschwister oder andere für die individuelle Biografie bedeutsame Personen in Frage. Die Übertragung des Elternbildes auf Personen der Gegenwart ist gerade wegen der Häufigkeit von Konflikten mit Vater oder Mutter besonders naheliegend und für die Analyse wichtig. Elternfiguren können mehr archetypisch im Sinne einer stets fürsorglichen Mutter oder eines starken Vaters oder in individuell-biografischer Ausprägung gesucht werden. Die Wiederbelebung vergangener familiärer Beziehungen kann zu stark libidinösem, vereinnahmendem oder aggressivem Verhalten gegenüber dem Therapeuten führen.

Übertragung ist kein auf die analytische Therapie beschränktes Phänomen. Sie findet in allen sozialen Beziehungen statt, nur versucht der Therapeut durch eine neutrale Haltung und den Verzicht auf eine eigene aktive Selbstdarstellung, es dem Klienten zu erleichtern, seine früheren Konflikte auf die Person des Therapeuten zu übertragen (Übertragungsneurose). Der Klient erlebt dadurch mit großer Deutlichkeit verdrängte Erfahrungen aus der Kindheit noch einmal neu. Das gibt dem Therapeuten Gelegenheit, die erwartete Reaktion wie Liebesentzug, Strafe, Überfürsorglichkeit usw. ausbleiben zu lassen und durch Deutung das Selbstverständnis des Klienten zu ändern.

Genau genommen sind in der Therapeut-Klient-Beziehung mehrere Komponenten zu unterscheiden. Da ist zunächst die »unanstößige« Übertragung im Sinne einer wohlmeinenden Autorität. Dieser Übertragungsanteil kann nach Beendigung der Therapie durchaus bestehen bleiben. Daneben tritt die libidinöse Übertragung mit Wünschen nach Nähe oder Bestrafung, Aggressionen, Entäuschungen usw., die in der therapeutischen Beziehung frustriert, gedeutet und schließlich überwunden werden. Beide Formen der Übertragung fördern die Regression des Klienten. Wichtig aber ist auch eine dritte Komponente der Beziehung, nämlich das Arbeitsbündnis zwischen dem gesunden Ich-Anteil und dem Therapeuten, eine Art Kooperationsvertrag oder Pakt zur Bekämpfung der Krankheit.
Durch die Übertragung werden die kindlichen Konflikte wiederbelebt. Dadurch werden in Assoziationen und in Träumen relevante unbewußte Materialien zutage gefördert. Der Therapeut versucht nun in vier Prozessen, die fließend ineinander übergehen und nicht klar abzutrennen sind, dem Klienten seine Konflikte bewußt zu machen: (1) Konfrontation mit den *Übertragungsreaktionen* des Klienten, (2) Klärung der *Übertragungs-Inhalte*, (3) Deutung von unbewußten Absichten und Wünsche sowie der *biografischen Zusammenhänge.* Dadurch kommt es nach psychoanalytischer Theorie zu einer Umlagerung der dynamischen Verhältnisse, der Energieverausgabung und zu strukturellen Änderungen der Abwehr. Im vierten Schritt, nämlich der *Durcharbeitung* der Inhalte, wird die Umsetzung auf Verhaltens- und Einstellungsänderungen angestrebt (4).
In der klassischen Auffassung der analytischen Therapie tritt der Therapeut als Persönlichkeit nicht in Erscheinung, so als würde er nichts zur Übertragungssituation beisteuern. Von der Zwei-Personen-Interaktion der Therapie wurde nur der Übertragungsanteil zur Kenntnis genommen, auf innerpsychische Konflikte des Klienten zurückgeführt und in die Vergangenheit verlagert. In der Schule der sog. Objektbeziehungstheorie (*Klein* 1948) dagegen, wird davon ausgegangen, daß sich jede psychische Disposition in Interaktionen äußert. Der Therapeut kann sich als Beziehungs-Objekt des Klienten betrachten und die Interaktion bezüglich der Abwehr des Klienten mit ihm in der Gegenwart analysieren.
Die unbewußte Reaktion des Therapeuten auf die Übertragung des Klienten nennt man *Gegenübertragung*, die wie ein verun-

reinigter Spiegel die objektive Reflektion dessen beeinträchtigt, was der Klient an Übertragungsreaktionen produziert. Derartige blinde Flecken im Analytiker müssen durch Eigentherapie getilgt werden, bevor der Therapeut als wissenschaftlich einwandfreier Mechanismus («wie ein gefühlskalter Chirurg«) operieren kann. *Fenichel* (1941, zit. nach *Thomä & Kächele* 1989) bemängelte, daß die Angst vor der Gegenübertragung die Natürlichkeit und Warmherzigkeit des Therapeuten beeinträchtigt. Bezeichnenderweise war es eine Frau, die befand, daß die gefühlsmäßige Reaktion des Analytikers auf den Klienten z.T. dessen Kreation sei und daher etwas besonders Wertvolles für die therapeutische Arbeit darstellt (*Heimann* 1950). Die vormals als blinder Fleck abqualifizierten spontanen Regungen im Therapeuten können nämlich als komplementär oder symmetrisch zu Wünschen und Phantasien des Klienten gesehen werden. Zur bewußten Analyse durch den Therapeuten kommt hier die Nutzung der Tatsache, daß auch das Unbewußte des Therapeuten einen wesentlichen Beitrag zum Verständnis des Klienten leisten kann, indem es ihn auf einer vielleicht bedeutsameren Ebene versteht. Nach dieser Auffassung darf der Therapeut nicht nur in den Klienten hineinhören, sondern auch in sich, um zu überprüfen, ob er richtig verstanden hat. Im Unterschied zum Klienten soll der Therapeut natürlich seine Gefühle nicht ausagieren, sondern sie zur Klärung des Klientenproblems nutzen: Er identifiziert sich zunächst mit ihm und projiziert dann seine Empfindungen auf den Klienten zurück, womit der Begriff der Gegenübertragung in die Nähe der Empathie wie in die der Gesprächstherapie gerückt wird (vgl. Kap.9, Bd. III). Diese Resonanz setzt sich nach Auffassung der sog. Balint-Gruppen in der Supervision fort, in denen in Abwesenheit des Klienten der behandelnde Therapeut über den Fall berichtet. Ob allerdings die vielfältigen Verkürzungen, erst durch die Linse des Berichterstatters und dann durch die der Zuhörer dem Problem des Klienten noch gerecht werden, darf bezweifelt werden (s. *Thomä & Kächele* 1989).

Widerstand

Die Psychoanalyse geht davon aus, daß der Klient nicht unmittelbar bereit oder in der Lage ist, seine neurotischen Tendenzen

gemeinsam mit dem Therapeuten aufzudecken. Damit käme er in die Lage einer rationalen Evaluation, die ihn zur Aufgabe seiner Symptome zwingen würde. Zwar ist dies das eigentliche Ziel der Therapie, jedoch besteht nach Meinung der Psychoanalytiker dagegen zunächst ein *Widerstand.* Dieses eigentlich paradoxe Phänomen läßt sich damit erklären, daß der Klient auch eine noch so schlechte Strategie zur Lebensbewältigung nicht einfach über Bord werfen möchte, bevor er nicht etwas Besseres in der Hand hat. Dies ist ein unbewußter Prozeß. Man kann diese Art des Widerstandes auch einfach als Trägheit des Systems »Mensch« in seiner Verwobenheit in soziale und andere Kontexte verstehen. Komplexe Systeme verharren in ihrem Aktionsmodus, auch wenn die Folgen im ganzen negativ sind, wie es das Beispiel von Völkern im Krieg oder Gruppen in Panik zeigt. Man kann dies als Widerstand gegen den Verlust des Krankheitsgewinns betrachten: das Symptom als Ausdrucksform für verdrängte Wünsche (primärer Krankheitsgewinn) zu verlieren kann ebenso beunruhigend sein, wie die soziale Zuwendung und Unterstützung zu vermissen, die ein kranker Mensch von seiner Umgebung erhält (sekundärer Krankheitsgewinn).
Da die psychoanalytische Therapie auf der Nutzung der Übertragung basiert, wird deren Aufdeckung zu einem Schritt in der Anfangsphase der Analyse. Dagegen kann sich beim Klienten ein Widerstand entwickeln, weil es sein Überich nicht zuläßt, daß kindlich-egoistische Wünsche die Beziehung zum Therapeuten bestimmen. Davon zu unterscheiden sind zwei Formen des Übertragungswiderstandes, von denen angenommen wird, daß sie vom Es ausgehen: die negative Übertragung im Sinne von Ablehnung und die erotisierte positive Übertragung. Beides lenkt nach Freud von der Bearbeitung des Problems des Klienten ab. Eine andere Form ist der sog. Verdrängungswiderstand, der darin zum Ausdruck kommt, daß dem Klienten im Zusammenhang mit seinen Träumen oder der Übertragungssituation keine Erinnerungen an kindliche Erfahrungen kommen.
Da alle Arten des Widerstandes im Verständnis der Psychoanalyse mit der Abwehr von Angst zu tun haben, ist dessen Bearbeitung für die Therapie bedeutsam – das Auftauchen von Widerstand muß vom Analytiker begrüßt werden: Neben den Träumen und der freien Assoziation ist der Widerstand des Klienten ein Hinweis auf einen Konflikt. Der Widerstand ist ein Zeichen, daß Abwehr am Werke ist und dient daher als Hinweis auf ei-

nen bedeutungsvollen Inhalt. Ablehnung kann allerdings auch durch den Therapeuten provoziert werden, etwa durch ungeschicktes Verhalten wie verfrühte Interpretation oder für den Klienten nicht erträgliche Frustration.

Zur Therapiemethode

Die Haltung des Therapeuten ist durch freischwebende Aufmerksamkeit gekennzeichnet. Zwischen Therapeut und Klient besteht die analytische Grundregel, daß alle Inhalte in der freien Assoziation zugelassen werden. Der Therapeut enthält sich so weit es geht sozialer Kontakte außerhalb der Therapie (Abstinenz) und bleibt als Erscheinung undifferenziert, um eine gute Projektionsfläche zu bieten (Inkognito). Als Maßnahmen bietet er im wesentlichen die Konfrontation des Klienten mit seinen Übertragungsreaktionen (Spiegelanalogie) und Interpretationen des gelieferten Materials (im Sinne der gefühlskalten Chirurgie) an. Hinzu kommen neuerdings die Analyse der aktuellen Interaktion mit dem Therapeuten als exemplarische Beziehungsmuster (*Klein* 1948), die Nutzung der Gegenübertragung als empathische Resonanz (*Heimann* 1950) und sogar stützende Maßnahmen während der Therapie, die eine rein abstinente Therapeutenhaltung nicht unbedingt erfordern (*Ammon* 1973, *Kohut* 1979).

Die klassische Analyse dauert ca. 1 bis 3 Jahre mit 4 bis 5 Sitzungen pro Woche (300 bis 600 Sitzungen a 50 min). Es gibt auch eine psychoanalytisch orientierte Kurztherapie, die sich auf hilfreiche Gespräche insbesondere für praktische Ärzte beschränkt. *Alexander* (1965) hat eine Reihe von Verkürzungsexperimenten durchgeführt. Neuerdings beschränkt man die Stundenzahl auf ein bis zwei Male pro Woche. Alexander läßt die Therapiesitzungen vom Klienten alleine festsetzen. Später wurde als verkürzte Form die genannte Fokaltherapie (*Balint* 1972) entwickelt, in der die Aufmerksamkeit selektiv nur auf bestimmte zentrale Konflikte gelenkt wird.

Modus: Früher wurde Analyse nur in Einzeltherapie durchgeführt. Heute sind analytische Gruppen gängig (vgl. *Ammon* 1976, *Richter* 1972, *Heigl-Evers* & *Streeck* 1978). Dabei sind einmal anonyme Gruppen aus Klienten, die sich gegenseitig nicht kennen, behandelt worden, zum anderen aber auch vorgegebene

Gruppen (wie Familien) und Supervisionsgruppen von Ärzten und Psychologen, die über ihre Fälle berichten (Balint-Gruppen).
Freud beschränkte die Methode auf erwachsene Psychoneurotiker mit vorwiegend Symptomneurosen. *Anna Freud* (1927) und M. Klein (1932) ebenso wie *Erikson* (1950) und *Spitz* (1965) haben die Psychoanalyse bei Kindern angewendet. Auf Psychotiker wurde diese Therapieform von *Abraham* (1924), *Federn* (1943), *Fromm-Reichmann* (1950) und *Rosen* (1953) ausgeweitet. Während Freud vornehmlich umgrenzte (Symptom-)Neurosen behandelte, wurden später auch Charakterneurosen, d.h. übergreifende Verformungen des menschlichen Verhaltens in Angriff genommen (*Reich* 1933).

Fallbeispiel:

Um den konkreten Hergang einer analytischen Therapie zu erläutern, sei hier folgendes Fallbeispiel aus Dührssen (1972) kurz berichtet. Es handelt sich um einen etwa 30jährigen, unverheirateten Mann (Briefträger). Als Symptome stellen sich während der Therapie Depressionen mit Suizidgefährdung, Angstzustände, Erröten, Pollutionen, Unfähigkeit in Gegenwart anderer zu urinieren und perverse Onaniefantasien heraus. Die Therapie dauert 200 Stunden (2 Jahre), und der Therapeut stellt eine günstige strukturelle Entwicklung und Fortfall der Symptome am Ende der Therapie fest. Nach 2,5 und 8 Jahren ist kein Rückfall zu verzeichnen.
Der Vater des Klienten war Maurer, vermutlich Trinker, die Mutter eine abgearbeitete Frau. Die Ehe muß von vielen Streitigkeiten belastet gewesen sein. Der Klient hatte eine vier Jahre jüngere Schwester. Zum Zeitpunkt der Geburt dieser Schwester verließ der Vater die Familie und fuhr zur See. Die Mutter mußte beide Kinder allein durchbringen, bis der Vater 6 Jahre später nach Hause zurückkehrte.
Deutlich fällt am Klienten der Rückzug von Menschen, Unterwerfungstendenzen und Masochismus auf und die Tendenz, alle beschämenden und belastenden Erlebnisse kognitiv einzuordnen und damit zu lösen. Anlaß zur Therapie war möglicherweise das Überschreiten des 30. Lebensjahres. Im Laufe der Therapie stellen sich die anfänglich genannten anderen Symptome heraus. Die Beziehung zur Mutter wird als konflikthaft erlebt, indem der Klient oft den Vater ersetzte. Die Beziehung zum brutalen Vater war ebenfalls problematisch. Ein weiteres Problem ist die gescheiterte Berufsentwicklung und die Isoliertheit des Klienten, der nie eine Beziehung zu einer Frau und auch keine Freunde hatte. Er hatte sich sogar zu dem Plan durchgerungen, sich kastrieren zu lassen, um von sexuellen Beschwerden frei zu sein. Bezüglich der vier Jahre jüngeren Schwester werden später Inzestphantasien aufgedeckt.

Auf die Therapiesituation reagiert er mit gefügiger Unterwerfung und vielen Träumen. Anfänglich kommt es gegenüber der weiblichen Therapeutin zu einer masochistisch-unterwürfigen Mutterübertragung (mit Träumen, wo die Elefantenmutter ihr Junges erdrückt). Später kommt dann eine Schwesternübertragung mit abgewehrten Inzestimpulsen dazu. Die Tendenz, keine Bindung einzugehen, stammt wohl von der unglücklichen Elternbeziehung her: Die Mutter war zu anspruchsvoll. Der Vater war zu brutal. Diese Haltung drückt sich später in der Isoliertheit und der Teilnahme am Briefschachbund aus. Der Beruf als Briefträger ähnelt in gewissem Sinne dem des Seefahrers des Vaters, zeigt aber auch zugleich den Wunsch nach unverbindlichen kurzen Beziehungen. Zu Beginn der Behandlung gab es 3 Wochenstunden, später 2 Wochenstunden, am Ende 1 Wochenstunde. Dem Klienten gelingt es, das Chemiestudium wieder aufzunehmen und erfolgreich abzuschließen. Er hat später eine feste Freundin, die er nach einigen anderen Beziehungen heiratet.

Bis die volle Symptomatik des Klienten sich aufrollt, vergehen etwa 70 Behandlungsstunden. Dabei stellt sich vor allem heraus, daß die Scheu vor Frauen durch die Vermutung genährt wird, daß diese unersättliche Wünsche an ihn herantragen. Der Abbruch des Studiums dagegen hängt vermutlich mit der angedrohten väterlichen Mißbilligung zusammen. Die wandernde Briefträgertätigkeit dagegen ist eine Art Identifikation mit dem Vater. Dies sind die Themen des ersten Therapieabschnitts. Im zweiten Therapieabschnitt geht es um die Pollutionen, die Onaniefantasien und die Kastrationspläne. Es rückt dann die Übertragungsproblematik ins Zentrum. Dazu hat der Klient einen Traum (80. Stunde), in dem er der Anführer eines Panzergeschwaders ist. Daneben wird eine Schweineherde vorangetrieben, die für die Verpflegung der Soldaten bestimmt ist. Alle Schweine sehen aus wie Frauen, das Anführerschwein trägt eine Brille wie die Therapeutin. Anschließend werden von einem Soldaten alle Schweine abgestochen, was das Anführerschwein jedoch ganz unbeteiligt laßt, obwohl es dabei tot umfällt. In diesem Traum verdeutlicht sich der Wandel im Verhalten des Klienten zu Frauen von einem anfänglich masochistischen Unterwerfen zu einer sadistisch aggressiven Haltung.

Während in der ersten Therapiephase masochistische Tendenzen überwogen, kehren sich jetzt aggressive Tendenzen heraus, die zugleich eine Überwindung der ursprünglichen Beschränkungen bedeuten. In der letzten Therapiephase kommt es zu regressiven, oft rauschhaft erlebten Bewußtseinszuständen, die eine Art Befreiung und positive Umwertung bedeuten. Danach wird es dem Klienten viel leichter, über die Ängste gegenüber dem Vater und der Mutter sowie den Inzestwünschen gegenüber der Schwester zu reden. Allmählich verschwinden sämtliche Symptome, und die eingangs geschilderte positive Entwicklung des Klienten nimmt ihren Lauf.

2.7 Diskussion

Effektivität

In der Psychoanalyse wurde der Klinische Fallbericht bevorzugt, der für die empirische Auswertung mehrere Hindernisse mit sich bringt. Vielfach sind die Ausgangsdaten nicht im Protokoll erhoben, sondern nach der Sitzung rekonstruiert worden. Die vielfach komplexe Definition der psychoanalytischen Begriffe ist ebenso eine Schwierigkeit für die empirische Überprüfung der Hypothesen wie deren hohes Abstraktionsniveau, durch das eine große Distanz zwischen Hypothese und beobachtbarem Verhalten entsteht.

Neben Fallstudien mit intuitiver Beurteilung des Therapieerfolgs gibt es quantitative Studien. Das umfangreichste, ältere Projekt ist das der Menninger Foundation (*Kernberg et al.* 1972). Der Therapieerfolg der analytischen Behandlung ist pauschal über alle Untersuchungen gerechnet etwa 66%.

	N	a) Eysenck: mit Dropout sehr gebessert	b) Alternativen: mit Dropout etwas gebessert	c) ohne Dropout sehr gebessert	d) Bergin: ohne Dropout etwas gebessert
1. Fenichel (1930)	(484)	39%	59%	59%	91%
2. Kessel & Hyman (1933/36)	(55)	62%	-*	89%	64%
3. Jones 1936)	(56)	47%	-*	47%	68%
4. Alexander (1937)	(55)	50%	49%	69%	69%
5. Knight (1941)	(41)	67%	68%	76%	76%
zusammen	753	44%	60%	62%	83%

* Dropouts wurden nicht erwähnt

Abbildung 2.12: Erfolgsquoten der psychoanalytischen Behandlung aus verschiedenen Untersuchungen bei unterschiedlich scharfem Erfolgskriterium und mit und ohne Einfluß der drop-outs

Bergin & Lambert (1978) kommen in ihrem Überblick über zusammenfassende Untersuchungen zur Wirksamkeit der analytischen Psychotherapie zu einem ähnlichen Ergebnis. Für die 750 untersuchten Fälle aus verschiedenen Instituten ergab sich folgendes: Setzt man Heilung mit »sehr gebessert« gleich (scharfes Kriterium) und zählt die drop-outs als Mißerfolge, so ist die Erfolgsquote 44%. Setzt man Heilung mit »etwas gebessert« gleich und zählt die drop-outs als Therapieerfolge, so ist die Erfolgsquote 83%. Irgendwo in der Mitte also bei etwa 60% dürfte die richtige Schätzung liegen (Abbildung 2.12).
Während zur zeitlich unbegrenzten Psychoanalyse bisher keine Kontrollgruppen-Untersuchnugen vorliegen, gibt es nach einer Zusammenfassung von *Meyer et al.* (1991) 27 derartige Studien zur Psychoanalytischen Kurztherapie (Fokaltherapie, bis 30 Stunden) und 12 zur psychoanalytisch orientierten Therapie mittlerer Dauer (30-100 Stunden). Dabei kommen die Autoren zu folgender Bewertung für beide Formen der Psychoanalyse: für Neurosen und Persönlichkeitsstörungen ergibt sich im Vorher-Nachher- wie auch im Kontrollgruppenvergleich eine wirksame Reduktion der Hauptsymptomatik und der Befindlichkeit – in den sozialen Beziehungen erst bei einer Behandlungsdauer von mehr als einem Jahr. In der pauschalen Bewertung mithilfe der Effektstärke fanden *Smith, Glass & Miller* 1981 für psychodynamische Therapien eine ES=0.69; das entspricht dem 75 Perzentil der Kontrollgruppen-Verteilung. Unter der (nicht ganz korrekten) Annahme von Normalverteilungen mit gleicher Streuung für Behandlungs- und Kontrollgruppe bedeutet das, daß sich 75% der behandelten Klienten über dem Mittelwert der unbehandelten Klienten befanden – natürlich in unterschiedlichem Ausmaß.
Ein Problem der Effektivitätskontrolle bei psychoanalytischer Therapie ist einmal in der Selektion der Klienten, zum anderen in deren drop-out-Rate und der enormen Länge der Therapie (nicht selten 4 bis 5 Jahre) zu sehen. Wie Rachman (1971) bemerkt, erheben die psychoanalytische Autoren erstaunlicherweise gar nicht immer den Anspruch auf einen großen therapeutischen Nutzen der analytischen Behandlung. Tatsächlich vermuten nur 45% der Analytiker einen Therapieerfolg, und zwar vorzüglich bei einem optimalen Klienten (jung, psychoneurotisch und intelligent, Yavis-Klient). Wenn aber, wie *Eschenröder* (1986) moniert, der Gewinn der Analyse in der Hermeneu-

tik, dem Sinnverständnis liegt, dann müßte die Deutung verläßlich sein. Die Übereinstimmung in den psychoanalytischer Interpretationen ist jedoch fragwürdig, wie das sog. Konsensusprojekt (*Seitz* 1966) gezeigt hat.
Nachdenklich mag einen auch der autobiografische Bericht des »Wolfsmann« stimmen, Freuds wohl berühmtester Fall (*Gardiner*, 1982), der letztendlich Freuds Hauptthese widerlegte: daß nämlich die Aufdeckung eines (angeblichen) Kindheits-Traumas erstens überzeugend aus Träumen abgeleitet werden könne und zweitens die Neurose beseitige. Der Wolfsmann, Sohn eines russischen Großgrundbesitzers, wurde ab seinem 23. Lebensjahr immer wieder, praktisch bis zu seinem 90. Lebensjahr analytisch behandelt, ohne daß dadurch verhindert wurde, daß sich seine Ängste und Zwänge zu Depression und Wahn ausweiteten. Er ging durch die Hände von mehreren Analytikern und dokumentiert die Fragwürdigkeit des analytischen Vorgehens als effektive Therapie. Er sagt darüber später:

»Die orthodoxen Analytiker glauben, daß man alles mit ein paar Vorstellungen loswerden kann. Aber die Zusammenhänge sind doch viel komplizierter. In Wirklichkeit schaut die ganze Sache wie eine Katastrophe aus. Ich bin in dem gleichen Zustand wie damals, bevor ich zum Freud gekommen bin, und der Freud ist nicht mehr da.«
»Glauben Sie denn, daß der Freud Ihnen heute helfen könnte?«
»Nein, das glaube ich nicht« (*Obholzer* 1980, S.32).

An seinem Lebensende zeigt er sich endgültig enttäuscht von den analytischen Behandlungen, die er in seinem Leben genossen hat. Einerseits kann es keiner so gut wie Freud, zum anderen aber glaubt er, auch dieser hätte ihm jetzt nicht helfen können.

Zusammenfassung

Das Freudsche Persönlichkeitsmodell hat vier herausragende Charakteristika:

- die Handlungen des Individuums sind durch Triebe energetisch begründet und inhaltlich determiniert,
- das psychische Geschehen spielt sich zwischen verschiedenen psychischen Instanzen ab (*Es, Ich, Überich*),
- die Entwicklung der psychischen Motive verläuft in Phasen (oral, anal, phallisch, genital) und

- die psychopathologischen Entwicklungen ergeben sich aus Konflikten zwischen den verschiedenen Instanzen der Psyche und sind durch Fixierung auf kindliche Entwicklungsphasen gekennzeichnet.

Der wichtigste Konflikt resultiert aus inzestuösen und aggressiven Es-Anspruch gegenüber den leiblichen Eltern (Ödipuskomplex).
Die Triebe können in bezug auf ihre Objekte wie auch in bezug auf ihre Ziele verschoben werden, falls sich keine unmittelbare Befriedigung ergibt.
Die Quelle aller Lebensimpulse ist das *Es*, das zunächst die alleinige Instanz der Psyche ist. Allmählich gliedert sich eine zweite Instanz aus, die als *Ich* bezeichnet wird: sie besteht aus den Funktionen der Wahrnehmung, der Lenkung der Motorik, des Gedächtnisses und der Abwehr, Transformation oder Umsetzung und Vermittlung der *Es*-Impulse in der Umwelt. Wenn das *Ich* mit dem *Es* nicht mehr fertig wird, und die Durchsetzung der *Es*-Impulse Gefahr von außen hervorzurufen drohen, mobilisiert das *Ich* die Angst als Signal an einer drohenden Katastrophe.
Als letzte Instanz gliedert sich aus dem *Ich* dann eine weitere »Zensurbehörde« aus, nämlich das *Überich*. Es entsteht während der phallischen Phase im Zuge mit der Auseinandersetzung in der Ödipussituation. Das *Überich* repräsentiert im wesentlichen die strafenden und zurechtweisenden Instanzen, nämlich die Eltern und die gesellschaftliche Moral. Diese Triebbeschränkungen werden in Form von Identifizierung hier mit dem Triebfeind in die Psyche verlagert und deswegen in vorwegnehmender Weise dem *Es* entgegengestellt.
Um die *Es*-Impulse abzuwehren, bedient sich das *Ich* verschiedener Abwehrmechanismen, in der Hauptsache *Verdrängung, Konversion, Reaktionsbildung und der Projektion.*
Von generellerer Bedeutung auch für den nicht-neurotischen Lebensvollzug sind folgende drei Abwehrmechanismen:

Regression (Rückfall in frühere Zustände, die zugleich aber auch andere und damit kreativere Denkmodi bedeuten kann);
Identifizierung (mit dem Triebobjekt);
Sublimierung (Verschiebung des Triebziels auf eine sozial akzeptierte Tätigkeit).

Die psychosexuelle Entwicklung läuft in Phasen ab (narzißtisch – oral – anal – phallisch – genital). Dabei kommt es zu polaren Fixierungen:

Narzißtisch: (grandios/bewundernd)
Oral: (rezeptiv/versorgend, Pessimist/Optimist)
Anal: (Kontrolle/Autonomie, Produktivität, Dominanz/Unterordnung, Ordnung/Unordentlichkeit)
Phallisch: (ehrgeizig/minderwertig, Ödipuskomplex).

Die Ödipussituation wird von den Geschlechtern unterschiedlich gelöst.
Beim Mann: Hier wird zunächst der Mutter gegenüber, die ohnehin das erste Liebesobjekt, da sie Versorgungsinstanz ist, eine Zuneigung entgegengebracht, die in phallischer Form nicht mehr akzeptabel ist. Diese Besetzung wird zurückgewiesen, zugleich wird der Vater als Konkurrent in der Beziehung wie auch strafende Instanz (Kastrationsangst) verstanden. Daher entsteht die Doppelsituation der Zuneigung zur Mutter und dem Wunsch nach der Beseitigung des Vaters.
Bei der Frau: Hier liegt zuerst auch eine Zuneigung zur Mutter vor (als Versorgungsinstanz). In der phallischen Phase jedoch wird die Zuneigung zum Vater gefaßt. Dadurch erscheint die Mutter als Konkurrent, und außerdem ist sie verhaßt, weil sie das Mädchen mit einer Minderausstattung geboren hat (Penisneid).

Kritik

Die Freudsche Theorie ist von Anbeginn an heftig kritisiert worden. Zunächst stieß sein Pansexualismus auf weitläufige Kritik, auch bei seinen engeren Mitarbeitern wie Adler und Jung. Freuds Annahme, Reizung bedeute Unlust und Lust entstehe durch Reizbeseitigung, impliziert das *Homöostaseprinzip* für den psychischen Apparat (Freud nannte dies auch Nirwanaprinzip). Hiergegen ist vorgebracht worden, daß der Organismus ein ausgesprochenes Bedürfnis nach Reizung hat, daß man in vielen Fällen exploratives Verhalten beobachten kann, daß man bei Kindern beispielsweise so etwas wie Funktionslust feststellt und daß der Organismus alles andere als einen ständigen Schlaf anstrebt (*Nuttin* 1956 in *Sarason*).
Ein anderer Einwand bezieht sich auf die vorherrschende Bedeutung des *Es* und des Unbewußten und die Vernachlässigung

des *Ichs* und seiner bewußten Aktivitäten. Viele Nachfolger und Gegner Freuds haben sich besonders mit der Psychologie des *Ichs*, insbesondere mit dessen konfliktfreien Erscheinungen beschäftigt, nämlich mit den Interessen, Idealen und Antrieben, die jeder hat.

Schwere Kritik hat sich gegen die wissenschaftstheoretische Position der Psychoanalyse gerichtet. Die Freudsche Theorie wird schlichtweg als »schlechte Theorie« bezeichnet, weil sie sich in ihren Thesen einer empirischen Überprüfung entzieht. Sie läßt keine eindeutigen Vorhersagen für beobachtbares Verhalten zu, da stets mehrere gegensätzliche psychische Mechanismen im Spiel sind, die sich wiedersprechende Ergebnisse liefern können (Triebentladung und Reaktionsbildung, Bewußtsein und Verdrängung u.a.). Weiter hat Freud sich auch nicht um die Definition und Abgrenzung dessen bemüht, was man als Folge psychischer Aktivitäten beobachten kann, d.h., er hat keine Anstrengungen zur Operationalisierung seiner Konzepte unternommen und sich weitgehend einer unscharfen, der Umgangssprache entlehnten Terminologie bedient. Derartige Einwände sind besonders von *Skinner* (1954 in *Sarason*) gemacht worden.

Weiterere Einwände beziehen sich auf die psychoanalytische Methode. Freuds Vorgehen war weitgehend introspektiv. Niemand wird behaupten, daß man auf introspektive Daten verzichten sollte. Jedoch hat Freud es nie unternommen, seine durch Introspektion gewonnenen Hypothesen an zusätzlichen Daten extern zu validieren oder Vorhersagen aus ihnen zu machen und zu überprüfen. Die Hauptkritik an der Psychoanalyse ist nicht ein Mangel an Effektivität, die ja nachgewiesen wurde. Sie kann jedoch nicht an bestimmten Techniken festgemacht werden und ist möglicherweise auch durch unspezifische Faktoren erklärbar (s. Kapitel 1). Vielmehr irritiert die Willkür der Interpretationen und Indokrination der Patienten, im Sinne der analytischen Sichtweise, verbunden mit der Umdeutung von deren Ablehnung als Widerstand, wie Freud selbst z.B. in seinen Fallbeschreibungen von Katharina, dem kleinen Hans, Dora oder dem Wolfsmann dem Leser es immer wieder vor Augen führt. Ebenfalls dogmatisch ist vielfach die psychoanalytische Ausbildung, in der sich für den Kandidaten die Aussicht auf eine berufliche Karriere eröffnet, wenn er in einer Lehranalyse alle Widerstände gegen die Methode zu überwinden lernt.

Krambeck & Lorenzer (1971) kommen bezüglich des wissenschaftlichen Gewinns der Psychoanalyse zu folgendem positiven Resumee: Es würden Aussagen auf drei Ebenen gemacht:

- es werden die Beziehungen zwischen Analysand und Analytiker geklärt, was zu einem subjektiven Erkenntnisgewinn der beteiligten Interaktionspartner führt;
- es werden im Bereich der klinischen Pathologie Erkenntnisse gesammelt, die verallgemeinerungsfähig sind;
- es werden metapsychologische Aussagen gemacht, die sich auf die Befindlichkeit des Individuums in der Gesellschaft und eine Kritik der gesellschaftlichen Ordnung beziehen.

In humorvoll-polemischer Weise hat dagegen *Salter* (1952), einer der schärfsten Kritiker der Psychoanalyse, die Freudsche Theorie wie folgt charakterisiert. Sie ließe sich aus drei Postulaten ableiten:

1. Wie es immer aussieht – das ist es nicht.
2. Wenn man es messen kann – dann ist es etwas anderes.
3. Was es auch ist – es ist bestimmt nichts Nettes.

Jastrow (zit. nach *Salter*, S.8) hat lakonisch über Bedeutung der Psychoanalyse gesagt: »Der zukünftige Historiker der Psychologie wird die große Masse der heutigen psychoanalytischen Literatur als eine der befremdendsten Anomalien und fantastischsten Ausschweifungen des frühen 20. Jahrhunderts betrachten.« So gehen die Meinungen über Freud auseinander: die einen halten die Psychoanalyse für eine gigantische Leistung – die anderen für einen monströsen Unsinn.
Freud selbst hatte in seinen späten Jahren eine eher pessimistische Meinung von der psychoanalytischen Therapie und hoffte darauf, daß die Sichtweise der Psychoanalyse so weit verbreitet sein werde, daß das Wissen über die Mechanismen der psychischen Abwehr und Neurosenentstehung die Menschen daran hindere, neurotisch zu werden (zit. nach *Hofstätter* 1992).

Literatur

Appignanesi, R., & Zarate, O.: Freud für Anfänger, Reinbek, rororo Sachbuch Nr. 7535, 1980

Brenner, Ch.: Grundzüge der Psychoanalyse, Frankfurt/Main,Fischer TB Nr. 6309, 1978

Bischof, N.: Das Rätsel Ödipus. München, Piper, 1985

Eschenröder, C.T.: Hier irrte Freud. Psychologie. München, Verlags Union, 1986

Fenichel, O.: The Psychoanalytic Theory of Neurosis. New York, Norton, 1945

Freud, A.: Das Ich und die Abwehrmechanismen. Geist und Psyche Nr. 2001, München, Kindler, 1964

Freud, S.: Abriß der Psychoanalyse. In: Gesammelte Werke. Frankfurt/ Main, Fischer oder Fischer TB Nr. 47

Freud, S.: Vorlesung zur Einführung in die Psychoanalyse. Frankfurt/ Main, Fischer TB Nr. 6348

Kemper, W.: Der Traum und seine Bedeutung. Reinbek, Rowohlt TB Nr. 4, 1955

Kiener, F.: Empirische Kontrolle psychoanalytischer Thesen. In: Pongratz, L.J. (Hrsg.), Handbuch der Psychologie, Bd. 8, Klinische Psychologie. Göttingen, Hogrefe, 1978

Kohut, H.: Die Heilung des Selbst. Frankfurt/Main, Suhrkamp, 1979

Luborsky, L., & Spence, D.P.: Quantitative Research on Psychoanalytic Theory. In: Garfield, S.L., & Bergin, A.E., Handbook of Psychotherapy and Behavior Change. New York, Wiley, 1978

Mertens, W.: Psychoanalyse. Ein Handbuch in Schlüsselbegriffen. München, Urban und Schwarzenberg, 1983

Mertens, W.: Psychoanalyse. Stuttgart, Kohlhammer Urban Taschenbuch, 4. Aufl. 1992

Mertens, W.: Einführung in die psychoanalytsiche Therapie, Bd. 1–3, Stuttgart, Kohlhammer Urban Taschenbuch, jeweils 2. Aufl., 1992/ 1993

Obholzer, K.: Gespräche mit dem Wolfsmann – Eine Psychoanalyse und die Folgen. Hamburg, Rowohlt, 1980

Salter, A.: The Case against Psychoanalysis. New York, Harper, 1952

Sarason, I.G. (Ed.): Science and Theory in Psychoanalysis. Van Nostrand, New York, Insight Book, 1965

Thomä, H. & Kächele H.: Lehrbuch der psychoanalytischen Therapie. Bd.1: Grundlagen. Bd.2: Praxis. Heidelberg, Springer, beide 1989

3. Die Komplexe Psychologie: Das transpersonale Unbewußte

3.1 Die polare Persönlichkeit

Extraversion und Introversion

Carl Gustav *Jung* (1873 bis 1961) war einer der ersten Schüler Freuds und trennte sich von ihm schon 1913. Ein Jahr später trat er aus der psychoanalytischen Gesellschaft aus. Der Hauptgrund für diese Distanzierung war, daß Jung den Pansexualismus Freuds nicht akzeptabel fand. Er hat eine eigene psychoanalytische Richtung gegründet, die sich *Analytische Psychologie* oder auch *Komplexe Psychologie* nennt. Neben der kausalen Bedingtheit des Verhaltens hebt Jung die teleologische Betrachtungsweise hervor. Danach ist das Handeln des Menschen nicht nur durch Instinkte bedingt, sondern wird durch seine Hoffnungen, Ideen, Vorstellungen und Interessen geleitet.

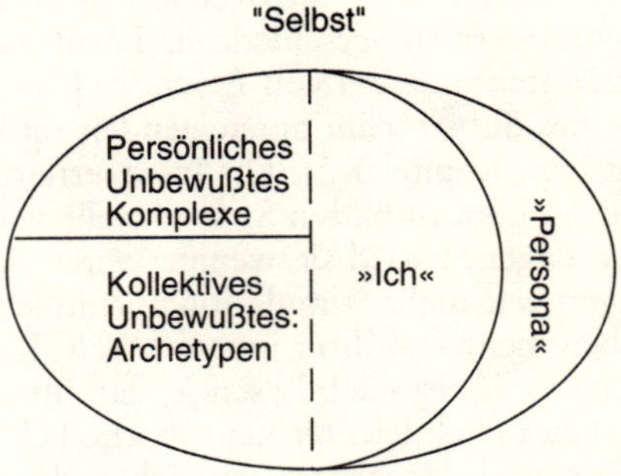

Abbildung 3.1: Jungs Vorstellung von der Psyche, die sich in bewußte Persona, bewußtes Ich, persönliches und kollektives Unbewußtes unterteilt

Auch Jung unterscheidet zwischen Bewußtem und Unbewußtem. Der bewußte Teil der Seele heißt bei Jung das *Ich*. Damit ist das gemeint, als was sich ein Individuum begreift. Ein Teil dieses *Ichs* stellt die Rolle dar, die wir in der Gesellschaft spielen möchten; das ist der Teil unserer Seele, den wir nach außen preisgeben. Ihn nennt Jung die *Persona*. Das *Selbst* ist die Gesamtpsyche, die neben diesen bewußten Teilen auch Unbewußtes umfaßt.

Jung verwendet den Ausdruck Libido in einem viel weiteren Sinn als Freud – nämlich als allgemeine psychische Energie. Durch die von ihm thematisierte Dimension *Extraversion-Introversion* (vgl. Abbildung 1.3) bezeichnet Jung die Art, wie eine Person ihre Energie investiert, und zwar extravertiert, d.h. auf die äußere Welt, auf objektive Gegenstände gerichtet oder introvertiert, d.h. nach innen auf die subjektive Welt und die Vorstellungen. Die Extraversion entspricht in etwa Freuds Objektliebe, Introversion entspricht in etwa dem Freudschen Begriff des Narzißmus. Zwischen beiden Formen der Libidoverausgabung kann der Mensch nach Jung hin- und herpendeln: Einmal überwiegt die eine, einmal die andere Form. Diese nicht starre Typisierung des Individuums entspricht der Freudschen Vorstellung einer amöbenhaften Libido, die ihre Protoplasma-Arme unregelmäßig nach allen Seiten ausstrecken (Objektliebe) oder auch wieder zurückziehen kann (Narzißmus). Diese Dimension der Extraversion- Introversion ist von vielen Persönlichkeitstheoretikern in verschiedener Form wieder aufgegriffen worden, unter anderem von *Eysenck* (1970), der dafür ein physiologisches Substrat im aufsteigenden retikulären System gesucht hat (vgl. Kapitel 1.2). Für Introvertierte wird die Sinnesinformation im retikulären System mehr verstärkt. Bei Extravertierten dagegen wird sie weniger verstärkt. Daher brauchen Extravertierte mehr Stimulation von außen. Introvertierte dagegen leben mehr von ihrer inneren Welt. Eine Konsequenz dieses Unterschiedes ist nach Eysenck, daß Introvertierte leichter lernen, daher auch leichter neurotische Fehlreaktionen lernen. Extravertierte dagegen lassen sich nicht so leicht durch Außenreize beeinträchtigen und können unter größeren externen Streßbedingungen besser lernen.

Wahrnehmungs- und Urteilsfunktion

Das Jungsche Persönlichkeitssystem beinhaltet noch zwei weitere Dimensionen: Die *Urteils- und Wahrnehmungsfunktionen*.

Wahrnehmen kann man nach Jung durch sinnliches *Empfinden* oder durch *Intuition.* Urteilen dagegen kann man mehr anhand von *Gefühlen* (affektiv) oder durch das *Denken* (rational). Das Interessante an der Jungschen Persönlichkeitstheorie ist, daß zwar jeweils eine Ausprägung jeder der genannten Dimensionen vorliegt, der Mensch dadurch aber nicht endgültig festgelegt ist. Vielmehr kann er im Laufe seiner persönlichen Entwicklung den Gegenpol zur Geltung bringen. Wahrnehmung und Urteil sind unabhängig voneinander. Es herrscht jeweils ein bestimmter Wahrnehmungstyp oder ein bestimmter Urteilstyp vor (siehe Abbildung 3.2).

Dieser vorherrschende Typ heißt *Hauptfunktion* oder Primärfunktion und stellt eine einseitige Entwicklung des Individums dar. Die entgegengesetzte Seite der Persönlichkeit heißt die *minderwertige Funktion.* Sie ist unbewußt vorhanden und kommt nur auf Umwegen zum Ausdruck: in Fehlleistungen, in Träumen, in abrupten Verhaltensäußerungen, die »eigentlich gar nicht zu diesem Menschen passen«. Die minderwertige Funktion wird nicht kultiviert, weil sie wenig verwendet wird, und ist daher auch nicht differenziert. Sie äußert sich oft auf destruktive oder infantile Weise. So kann ein gefühlsbetonter Mensch plötzlich ein starrsinniger Vernunftsapostel sein oder ein sonst völlig rationaler Mensch wird bei banalen Filmszenen zu Tränen gerührt. Ähnlich verhält es sich mit einem vorherrschenden Wahrnehmungstyp. Der Empfindende orientiert sich am äußerlichen Detail und erinnert diese am besten, kann aber gelegentlich in wilde Spekulationen verfallen. Der Intuitive dagegen sieht über die Äußerlichkeiten hinweg und vertieft sich in dahinterstehende Zusammenhänge (spekulativ), kann aber gelegentlich durch ein äußeres Detail ungewöhnlich irritiert werden. Die minderwertige Funktion ist gewissermaßen der schwache Punkt jedes Menschen – es sind die Eigenschaften, in denen er ungeübt ist und die unvermittelt und wenig angepaßt hervortreten können.

Neben der Hauptfunktion und der minderwertigen Funktion gibt es bei Jung noch die *Hilfefunktionen*, die sich aus der anderen Dimension rekrutierend neben den Hauptfunktionen auftreten. In Abbildung 3.2 ist das für zwei Dimensionen dargestellt. Die dritte Dimension (Extraversion-Introversion) muß man sich dazudenken, so daß die Darstellung kugelförmig wird. Ist die Hauptfunktion das Denken, so bleibt das Fühlen weitgehend unbewußt und undifferenziert. Von den Wahrnehmungsfunktionen (Empfindung und Intuition) kann eine im Unbewußten untergetaucht sein während die andere zutage tritt. Das ganze System ist wie ein Kompaß drehbar und verändert sich im Laufe der Entwicklung. Außerdem läßt sich der »Wasserspiegel« des Unbewußten senken, so daß mehr Anteile der Persönlichkeit im bewußten Leben zur Geltung kommen.

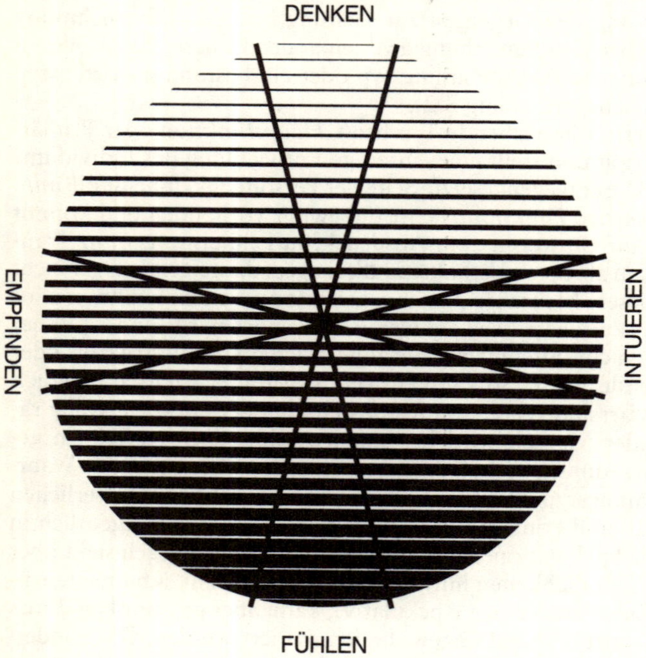

Abbildung 3.2: Urteils- und Wahrnehmungsfunktionen als Kompaß, der zum Teil im Unbewußten ruht (nach Jacobi 1975)

3.2 Kollektives und persönliches Unbewußtes

Persönliche Komplexe

Im Unbewußten unterscheidet Jung die zwei Bereiche des persönlichen und des kollektiven Unbewußten. Das persönliche Unbewußte enthält sog. *Komplexe.* Das sind mehr oder weniger integrierte Teilpsychen, die vom *Ich* u.U. nicht akzeptiert werden können. Jung verwendet den Begriff des Komplexes viel weiter als das, was Freud beispielsweise als Ödipus- oder Kastrationskomplex beschrieb. Es sind Knotenpunkte der Motivation und des Affekts, die in großer Zahl und mit mehr oder weniger großer energetischer Aufladung die Psyche strukturieren. Wenn diese Motive, Haltungen oder Themen dem Ich nicht akzeptabel erscheinen, werden sie verdrängt und führen ein abgespaltenes Dasein. Und wenn diese Komplexe eine hohe energetische Ladung aufweisen, dann suchen sie verkleidete Ausdrucksformen. Dies kann im morbiden Fall durch Identifikation (z.B. als Größenwahn) oder durch Projektion (z.B. als Phobie oder Verfolgungswahn) oder durch eigenständig handelnde Teilpersönlichkeiten (z.B. als Zwang) bzw. auch durch Verdrängung in Form von sog. «Split-personality« geschehen.
Die Ursache für einen verdrängten Komplex kann ein traumatisches Erlebnis sein oder ein moralischer Konflikt. Die Komplexe, die im Unbewußten residieren, hinterlassen auch im Bewußten eine komplementäre Spur – ähnlich wie komplexe Zahlen einen irrationalen und einen rationalen Anteil haben. Wenn etwa eine Person an einem verdrängten Größenwahn leidet, werden im Bewußtsein für Außenstehende häufig nicht nachvollziebare Selbstwertzweifel auftreten. Die gesunde Form der Wirkung eines Komplexes ist die bewußte Konfrontation mit den entsprechenden Erlebnissen, Bedürfnissen oder Haltungen. Komplexe sind bipolar in ihrer Ausdruckmöglichkeit, da sie entweder als neurotische Störung in Erscheinung treten oder als Anstoß zu weiterer Entwicklung der Persönlichkeit. Daß die Lidido in derartige Polaritäten investiert ist und die Komplementarität von bewußten und unbewußten Anteilen ist für Jungs Auffassung von der menschlichen Psyche charakteristisch.

Kollektives Unbewußtes

Neben dem persönlichen Unbewußten gibt es nach Jung ein *kollektives Unbewußtes*, das viele Motive und Themen enthält, die für den Menschen im Laufe seiner phylogenetischen Entwicklung wichtig geworden sind. Es handelt sich um archaische, unbewußte Erlebnismuster und Vorbilder im Menschen, die sein aktuelles Handeln beeinflussen und von Jung *Archetypen* genannt werden. Zu dieser Vorstellung eines gemeinsamen überindividuellen, ja transkulturellen Erfahrungsschatzes kam Jung durch den Vergleich von Wahnideen psychotischer Patienten verschiedener Völker, die Motive und Bilder enthielten, die sich auch in Märchen, religiösen Texten und Kunstwerken unterschiedlicher Kulturen finden. Die Archetypen tauchen in Träumen auf und verkörpern dort Dinge, die für den Menschen zu dem Zeitpunkt ihres Erscheinens eine besondere Bedeutung für seine Entwicklung haben. So etwa gibt es den Archetyp der *Anima*, der weibliche Anteil im Mann, und *Animus*, der männliche Anteil in der Frau, sind ebensolche Erfahrungen, mit denen sich jeder im Laufe seines Lebens auseinanderzusetzen hat, wie mit der *großen Mutter* als Inbegriff des Schutzes und der Versorgung, wie sie in irgendeiner Form jeder erfahren hat und die *Weisheit*. Andere Archetypen sind *Macht, Magie, Tod* und *Wiedergeburt, des Spirituellen* und schließlich das *Selbst*; aber auch das *Unbewußte* selbst und *Persona* und der *Schatten*. Der Schatten symbolisiert den Teil der menschlichen Psyche, der im täglichen Leben nicht zur Geltung kommt – die Gegenperson. Diese kollektiven Bilder enthalten auch individuelle Anteile, wie am Schatten deutlich wird, sind also von Komplexen überformt. Für Jung macht das *Ich* und das Bewußtsein nur einen kleinen Teil unseres Seelenlebens aus, größer ist schon das persönliche Unbewußte, und noch viel mehr Raum nimmt das kollektive Unbewußte ein. Als Teil davon könnte man ein familiäres Unbewußtes und ein gesellschaftliches Unbewußtes ausgliedern (*Kast* 1990, S.122). Die Bilder des Kollektiven tauchen uns in Momenten anstehender Veränderung auf. Die verschiedenen Zonen der Seele lassen sich in ihrer Relation zueinander durch einen Kegel darstellen wie in Abbildung 3.3. Nach Jung ist das Unbewußte »kein dämonisches Ungeheuer, sondern ein moralisch, ästhetisch und intellektuell indifferentes Naturwesen«, das für Ausgleich in unserem Lebens sorgt: »Die Seele als selbstregulierendes System ist balanciert wie das Leben des Körpers. Für alle exzessiven Vorgänge treten sofort und zwangsläufig Kompensationen ein, ohne sie gäbe es weder einen normalen Stoffwechsel noch eine normale Psyche.« (*Jung* 1990, S. 161 ff).

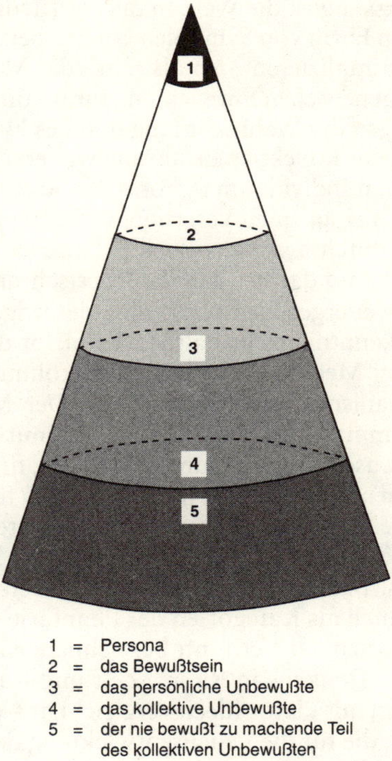

Abbildung 3.3: Verhältnis verschiedener Zonen des Unbewußten und Bewußten zueinander (nach Jacobi 1975)

3.3 Archetypen

Allgemeines

Nach Jungs Auffassung ist die Welt, in die der Mensch hineingeboren wird, ihm in Form von Symbolen vorgegeben, die zugleich Verhaltensmuster implizieren – so als hätte die Menschheit im Laufe ihrer phylogenetischen Entwicklung für bestimmte Lebenssituationen Vorlagen der Wahrnehmung und des Handelns dazu entwickelt und sie als kollektive Erfahrung weitergegeben. Diese Vorlagen treten dem Individuum in Form des Archetypen entgegen. Jung glaubte hier an einen Vererbungsvorgang à la *Lamarck* (1744 bis 1829), durch den individuell Erfahrenes vererbt werden kann. Auch Freud dachte, daß die Inzestschranke (als Ödipuskomplex) so weitergegeben wird. Eine derartige Theorie ist nach heutiger Erkenntnis nicht haltbar. Es bleibt daher unklar, wie Archetypen im Menschen entstehen. Sie könnten angeborenen Auslösemechanismen vergleichbar sein. Der Mensch setzt sich – durch bestimmte Situationen ausgelöst – mit den archetypischen Themen auseinander, träumt von ihnen, findet entsprechende Leitfiguren anziehend oder interessiert sich für bestimmte Bücher oder Filme. Archetypen aktivieren angelegte Verhaltensmuster, so wie der rituelle Tanz der Bienen, das Spreizen des Pfauenschwanzes, Balz und Kampfrituale bei den Tieren usw. Man könnte sie auch als Kategorien der Phantasie, ähnlich den Kantschen Kategorien der Vernunft bezeichnen. Kants Kategorien waren die des Denkens in Raum, Zeit und Kausalität. Archetypen sind auch mit Platos Ideen vergleichbar – also als Themen zu verstehen, die für die Lebensentwicklung des Menschen von Bedeutung sind und die ihm a priori vorgegeben sind.
In ihrer Zahl sind sie nicht begrenzt, sondern eher wie Äste oder Wurzelwerk gegliedert: aus wenigen fundamentalen Konzepten lassen sich weitere Archetypen aufgliedern. Ein fundamentaler Archetyp ist das Selbst, das die menschliche Tendenz zur Vervollständigung beinhaltet und als Mandala (östliches Meditations-Muster) oder als vierfach geteilte Darstellung (vier Himmelsrichtungen, vier Evangelisten, vier Elemente usw.) in Erscheinung tritt. Dieses Selbst besteht aus Teilen wie dem Unbewußten (als Wasser symbolisiert) und dem Bewußten, das die

Persona (als Kleidungsstück oder Prestige-Gegenstand, z.B. Auto symbolisiert), während das Unbewußte z.B. das Spirituelle enthalten kann (als göttliches Kind) und den Schatten (als unangenehme Person). Dieser Schatten wiederum enthält triebhafte Bedürfnisse (vielleicht als Tiergestalten), das Gegengeschlecht (als Frauen- oder Männergestalt) u.a. Das Gegengeschlecht beim Mann kann als junge Frau (Anima) oder große Mutter in Erscheinung treten, also verschiedene Aspekte der Weiblichkeit beeinhalten; ebenso der männliche Pol als Animus oder weiser alter Mann usw. Archetypen haben eine biologische und beim Menschen eine symbolische Seite. Die transkulturelle Allgemeingültigkeit der Archetypen versuchte Jung durch das Studium der Mythologie verschiedener Völker nachzuweisen (vgl. *Jung* 1968).

Anima und Animus

Archetypen, auch Imagos genannt, stellen so etwas wie eine unbewußte Weisheit und Lebensführung dar. Der Mensch versucht sie im Laufe seines Lebens in seiner konkreten Umwelt zu realisieren. Ignoriert er sie, so kann es zu Konflikten oder Abspaltungen kommen, wie bei Komplexen des persönlichen Unbewußten. Beispielsweise setzt sich im Anschluß an die Adoleszenz, in der das Erlernen der Geschlechtsrolle im Vordergrund steht, im Alter zwischen 25 und 30 Jahren der Mann mit der Frau in sich und die Frau mit dem Mann in sich auseinander (Anima und Animus). Die Grundlage dazu ist die morphologische und hormonelle Bisexualität des Menschen (durch die unterentwickelten Teile der gegengeschlechtlichen Organe und die Tatsache, daß jeder Mensch beide Geschlechtshormone hat, dokumentiert). Auf psychischer Ebene findet man ebenfalls maskuline und feminine Züge in beiden Geschlechtern (Androgynität). Homosexualität ist möglicherweise eine Ausdrucksform dieser Konstitution. Neben den biologischen kommen aber auch kulturelle Geschlechtsunterschiede hinzu, die sich durch die Rollenerwartungen ausgebildet haben. In der westlichen Kultur wird beim Mann z.B. eher die Rationalität und bei der Frau die gefühlsmäßige Bewertung gefördert. Wie dieser Archetyp im Traum erscheint, zeigt das folgende Beispiel »Jenny frißt mir die Arme ab« aus *Nell* (1976):

Ein Kameramann, der in seiner Freizeit für seine Frau gerade ein Malstudio ausgebaut und vorher ähnliche Projekte für sie durchgeführt hatte, träumt, seine Frau fresse ihm die Arme ab. Tatsächlich war er beim Bau des Malstudios gestürzt und hatte sich den Arm gebrochen. Soweit die vordergründige Bedeutung. Die hintergründige, subjektive Bedeutung könnte lauten: Jenny, seine Frau, ist zugleich die Verkörperung der in ihm vernachlässigten Seite, sich gefühlsmäßig und kreativ auszuleben. Er selbst hat seinen Beruf immer mit starkem Leistungsbewußtsein betrieben. Das, was seine Frau tut, möchte er eigentlich selbst tun, gönnt es sich nur nicht. Im Traum meldet sich seine Anima und zeigt ihm zugleich, daß dabei seine Berufsausübung, zu der er seine Arme braucht, gefährdet werden könnte.

Das Gegengeschlecht, das der Mensch in sich trägt, hat als individuelle Züge z.B. Merkmale der eigenen Eltern. Eine weitere Form der Realisierung von Anima und Animus ist eine entsprechende Partnerwahl. Der Partner wird u.U. als Ergänzung der eigenen Person gewählt. Sieht man nun in ihm nur dieses Ideal des Animus/Anima, so kann es zu Konflikten kommen, denn die in den anderen projizierten Eigenschaften entsprechen wahrscheinlich nicht seinen wahren Merkmalen oder zumindest nicht in dem Ausmaß der Projektion. Diese Art der Partnerwahl führt zu enttäuschten Erwartungen. Statt dessen soll sich der Mensch im Zuge seiner Reifung während der zweiten Lebenshälfte mit seiner vernachlässigten Gegenseite auseinandersetzen und sie an sich selbst realisieren, statt sie im Partner zu suchen. Das heißt, daß der Mann beispielsweise mehr Gefühl und Sinnlichkeit zuläßt, die Frau aber auch mehr Vernunft und Spekulation.
Animus und Anima treten auch im gleichen Geschlecht auf, wenn sich das Individuum bewußt stark mit seinem Gegengeschlecht beschäftigt. So träumte eine verheiratete Frau, die selbst eine Handwerkslehre machte und im bewußten Leben mit ihrer Emanzipation stark beschäftigt war, daß sie im Traum zusah, wie zwei Frauen sich um ihren Mann kümmerten. Dabei zog die eine als leichtes Mädchen mit ihrem Mann davon, während die andere, eher biedere, neben ihr stand und sie tröstete. Wie man sieht, tritt ein Archetyp oft in mehreren Facetten aufgespalten auf.

Der Schatten

Ein anderer Archetyp, der die im bewußten Leben vernachlässigte Gegenseite des Menschen widerspiegelt, ist der Schatten. Er umfaßt die minderwertige Funktion, die entsprechend primitiv auftritt. Häufig kommen im Schatten – das sind meist gleichgeschlechtliche Figuren – aber auch Züge zum Ausdruck, die das Individuum an sich ungern sieht, wie die Abhängigkeit im folgenden Beispiel »Verfolgung« (*Nell* 1976):

Dieser Traum zeigt, wie die Schattenseite unseres Selbst sich als Archetyp, nämlich als Person gleichen Geschlechts im Traum zeigt. Ein respektierter Lehrer, der aber den Drang hat, sich seinen Schülerinnen sexuell zu nähern, träumt folgendes:
»Ich war in einer dunklen Straße. Eine düstere Figur verfolgte mich. Ich bekam große Angst und rannte in eine Nebenstraße. Es war eine Sackgasse. Der Mann, der mich verfolgte, schlug mich nieder. Ich wurde bewußtlos. Mein letzter Gedanke war: der Mann ist besoffen!«
Hier zeigt sich die verdrängte Schattenseite dieses Menschen, die er selber treffend als Sucht charakterisiert. Sie macht ihn darauf aufmerksam, daß er diese Seite an sich nicht mehr länger übersehen kann.

Der Schatten muß nicht unbedingt gesellschaftlich verwerfliche Züge tragen, sondern beinhaltet den persönlich vernachlässigten Teil (insofern ist Anima/Animus ein Teil des Schattens). So träumte ein 70jähriger Arzt in der Nacht vor einer Fortbildungsveranstaltung von einer dunklen Gestalt, die ihm auf den Zehen stand und am Weitergehen hinderte. Bei genauerm Hinsehen entdeckte (rekonstruierte) der Träumer, daß die Gestalt seinen Mantel trug und eine Mappe unterm Arm hatte, die von einer Fortbildungstagung vor zehn Jahren stammte. Es wurde bald deutlich, daß diese Figur seinen Wissenstand vor zehn Jahren symbolisierte, der ihm unbewußt hinreichend erschien und der ihn an weiteren Fortbildungen hindern wollte. Oder ein 45jähriger Mann, der seiner Frau moralische Vorwürfe wegen Untreue machte, träumte, daß er sich mit mehreren Kurtisanen auf einem Landgut vergnügt. Als plötzlich seine Frau vorfuhr, gesellte er sich unschuldig zu dem kleinen Empfangskommittee.

Persona und Triebe

Ein anderer Archetyp ist die Persona. Dieser Teil der Psyche stellt die Repräsentation des Individuums nach außen dar. Die Persona wird im Traum häufig durch Kleidungsstücke, insbesondere Mäntel symbolisiert, wie im folgenden Traumbeispiel:

Eine 35jährige Frau träumte von einem Bekannten, zu dem sie nähere Beziehungen in Erwägung zog: « Ich komme in seine Wohnung und hänge meinen triefend nassen Mantel in seinen Kleiderschrank. Nach einer Weile habe ich das Gefühl, daß es anfängt zu muffeln. «
Sie hängt, wie das Eheleute tun, ihr Kleidungsstück in einen gemeinsamen Schrank – und findet bei näherer Betrachtung heraus, daß sie bei der Beziehung an eine formelle Bindung gedacht hatte, und der Traum weist sie daraufhin, daß diese gesellschaftlich akzeptable Form vielleicht ein bißchen »muffig« für sie werden könnte.

Die vitalen Triebe des Menschen bilden sich symbolisch oft als Tiere ab, z.B. als Katze oder Hund für sexuelle Bedürfnisse.

Ein 19jähriger junger Mann träumte, daß er in seinem Auto durch einen Wald fuhr und sich der Weg gabelte. Er entschied sich für den leicht ansteigenden Weg, blieb dabei aber mit seinem Auto im Sand stecken und sah plötzlich ein wild schnaubendes Pferd auf sich zukommen, das sein Auto beschädigte, indem es in den Kühler biß. Das Auto stellte für diesen Jungen die Geborgenheit, den Schutz und seine eigene Welt dar, in die er sich zurückziehen und mit dem er sich sozial repräsentierte. Insofern symbolsiert das Auto hier auch die Persona. Das Pferd könnte als aufkommender Sexualtrieb gedeutet werden. Es zerstört die Geborgenheit und zwingt den Träumer, etwas Neues zu tun, das ihm Angst einflößt.

Reptilien stehen für vegetative Funktionstüchtigkeit und Lebenskraft. Jung berichtet von einem Traum eines karrierebewußten Akademikers. Er wurde von einem Krebs in die Ecke gedrängt, der ihn in seine Scheren nehmen wollte. Im nächsten Traum sieht er einen Zug abfahren, der sich wie eine Schlange unter die Strecke windet und dabei zu schnell in die Kurve fährt, so daß der hintere Teil des Zuges entgleist. Jungs Deutung ist hier, daß der Mann in seinem Karrierestreben sein Vegetativum (Reptil) überfordert, so daß es entgleist. Der Mann starb wenig später an einem Herzinfarkt.

Das Unbewußte

Der Archetyp des Unbewußten wird häufig als Wasser symbolisiert. Wasser bedeutet in unserer Erfahrungswelt etwas, was nicht abschätzbare Tiefen enthält, in dem viel Leben ist, aus dem sogar alles Leben kommt, in das man eintauchen und verschwinden, aber von dem man auch getragen werden kann. Es enthält also viel Verborgenes, kann gewaltige Kräfte entwickeln und stellt den Urgrund des Lebens dar – das alles trifft aufs Unbewußte zu. Das Unbewußte enthält natürlich auch die animalischen Triebe, und es kann einen davonschwemmen.

Eine 32-jährige Frau, die sich mit der Möglichkeit einer Außenbeziehung auseinandersetzte, träumte, sie sei in einem großen, mehrstökkigen Gebäude und würde in einem der oberen Stockwerke eine Tür nach draußen öffnen. Da schlägt ihr mit großen Wellen der Ozean entgegen. Beängstigt macht sie die Tür wieder zu und geht ein paar Stockwerke tiefer. Dort findet sie ein Hallenbad, in dem ihr Mann und ihre beiden Kinder schwimmen; sie entschließt sich, sich zu ihnen zu gesellen.
Es ist, als wollte ihr der Traum sagen, daß wenn sie sich nach außen öffnen würde, dem Ansturm der Gefühle nicht gewachsen wäre und sich wohler fühlt, wenn sie in den begrenzten Wellen des Familienbades schwimmt.

Individuation

Ein übergeordneter Archetyp ist der der Individuation. Darunter wird das Streben des Menschen nach einer Einheit und Vervollkommnung seiner Person, d.h. der Einbeziehung seiner unbewußten Anteile versinnbildlicht. Diese Einheit wird nie vollkommen erreicht, bis seine Eigenschaften ebenso wie seine Interessen und Werte harmonisieren. Dazu muß der Mensch seine unbewußten Komplexe und Inhalte akzeptieren lernen, er muß archetypische Weisheiten, nämlich die kollektiven Archetypen in sich erkennen und nutzen.
Das Symbol für die Individuation ist häufig eine symmetrische kreisförmige oder vierteilige Figur, ein *Mandala*. Zum anderen aber auch goldene Schalen, Edelsteine und strahlende Erscheinungen (wie der Gral in der Sage).

Beispielsweise träumte ein 35jähriger Mann, er säße in seinem Turmzimmer und stiege dann aus dem Fenster, um zur Erde, eine grüne Wiese, zu schweben; dann gehe er durch einen Fluß und komme auf eine Insel. Auf dieser Insel findet er in einer Höhle mehrere Personen um einen Tisch sitzen. Diese Personen sind Bekannte von ihm und seiner Frau; sie verhandeln über eine goldene Schale. Die Auseinandersetzung mit dem Lebensziel führt nach Jung oft in eine verborgene Höhle, wo sich ein Schatz befindet (Krypta). Dies erinnert daran, daß viele Sakramente in frühen kirchlichen Zeremonien ebenfalls in der Krypta verabreicht wurden. Der genannte Träumer muß dazu von seiner hohen intellektuellen Warte sich herablassen und durch das Wasser gehen – was sein Unbewußtes symbolisiert. Am Ende findet er, daß bedeutsame Personen seiner Umgebung über sein Lebensziel (die Schale) beraten und er gewissermaßen unbeteiligt daneben steht. Der Traum gibt dem Träumer den Hinweis darauf, sich aktiver an den für sein Leben wichtigen Entscheidungen zu beteiligen.

Weitere Archetypen sind die allgemein-menschlichen Auseinandersetzungen mit dem Tod, mit der Weisheit und mit der Wiedergeburt. Archetypen tauchen nach Jung in den Träumen auf, aber auch in Kunstwerken sowie in Mythen und Religionen. Sie alle sind Signale aus dem Unbewußten, die den Menschen auffordern, für ihn wichtige Teile seiner Person und des Lebens, die er zu wenig berücksichtigt hat, mehr zu beachten.

3.3 Traumdeutung

Die kompensatorische Funktion des Traums

Wie kein anderer hat Jung den Traum als Zugang zum Unbewußten und zum therapeutischen Prozeß genutzt. Träume haben für Jung im Prinzip zunächst einen realen Bezug, sie enthalten oft Tagesreste. So kann man von einem übersehenen Defekt in der Alltagsumgebung – wie einem lockeren Balkongeländer – träumen. Nicht allzu häufig sind sie auch aus direktem Anlaß einer physikalischen oder physiologischen Stimulation entstanden (Harndrang oder aus dem Bettfallen). Bekannt ist z.B. Maurys Traum, mit dem fälschlicherweise die objektive Kürze der Träume belegt wurde. Dem Täumer fiel während des Schlafes ein Besenstiel auf den Hals, und er träumte von einem langen

Revolutionstribunal, an dessen Ende er zur Guillotine geführt wurde.
Soweit Widerspiegelungen der Realität vorliegen, enthalten sie jedoch starke Verzerrungen, die bei genauerem Hinsehen und einiger Deutungsbemühung meistens einen tieferen Sinn ergeben, der sich aus dem Lebenszusammenhang des Träumers erklärt. Für Jung hat der Traum eine psychohygienische Bedeutung. »So wie die Natur auf körperliche Infektionen reagiert, obgleich das Bewußtsein nichts davon weiß, daß die Infektion stattgefunden hat, so reagiert auch das Unbewußte in einer sicheren Steuerung unserer Persönlichkeit auf psychische Gefährdung hin. Der Traum ist somit ein Informations- und Kontrollorgan und darum das wirksamste Heilmittel zum Aufbau der Persönlichkeit«. Im Traum kommt die Seite unserer Person zum Ausdruck, die wir im realen Leben zu wenig beachten. Es spricht das mißhandelte Gefühl und mahnt zu einer Haltung, die häufig unvollkommen erscheinen mag, aber menschlich ist. Im Gegensatz zu Freud, der Träume retrospektiv – also als Verarbeitung kindlicher Konflikte und traumatischer Erlebnisse – interpretierte, deutet Jung die Träume prospektiv. Für ihn enthalten sie Hinweise aus dem Unbewußten, die, wenn sie beachtet werden, dem Menschen helfen können, sein Leben in Zukunft erfolgreicher und abgerundeter zu gestalten. Wir träumen ständig (bis zu einer Stunde pro Nacht, vgl. Kap.2.6), ohne daß wir die Träume erinnern, so wie im Körper auch sehr viele physiologische Reaktionen unbewußt ablaufen. Wenn es aber um eine Korrektur geht, dann werden die Träume ins Bewußtsein gehoben und für den Träumer selbst verwendbar: Ein sehr zielstrebiger und intelligenter junger Mann träumte wiederholt, daß seine Mutter in einen Kerker eingesperrt sei. Die Mutter kann hier seine Anima repräsentieren, die gerade beginnt, sich bemerkbar zu machen, jedoch von seiner Ratio ausgesperrt wird. In prospektiver Deutung ist dies ein Hinweis darauf, die weibliche Seite der eigenen Person zu beachten. Die Freudsche Deutung würde wahrscheinlich in dem Traum eine durch das häusliche Gefängnis gezügelte ödipale Beziehung sehen.

Aeppli (1943) unterscheidet vier Haupttypen deutungswürdiger Träume. In *Situationsträumen* wird dem Träumer seine derzeitige Situation vor Augen geführt. Dazu gehören die Initialträume in Therapiesituationen. Häufig beispielsweise besteigt der Klient einen Zug, der entweder zu schnell oder zu langsam fährt, von dem er das Ziel nicht kennt, oder für den er keine Fahrkarte hat usw. Oder ein junger Mann, der sich in eine für ihn nicht passende, aber sehr eindrucksvolle Frau aussichtslos verliebt hat, träumt, daß ein Arzt auf ihn zutrete und ihm wohlmeinend mitteile, daß diese Herzoperation am besten gleich vorgenommen werden solle. Natürlich gehört zur Situation eines Menschen die gesamte Lebenslage – also auch seine Individuation, seine Schattenseite, seine Anima/Animus-Projektion usw. Mit Situationsträumen sind jedoch solche Träume gemeint, in denen ganz vordergründig die momentane Lebenssituation in ihren äußeren Bezügen von einer anderen Seite dargestellt wird.

Reduktionsträume

In einer weiteren Klasse von Träumen werden falsche Ansprüche und Einschränkungen richtiggestellt. Diese Träume nennt man Reduktionsträume. So etwa träumte Jung, daß eine Klientin, die er nicht besonders gut behandelt hatte, auf einem sehr hohen Stuhl über ihm schwebte. Ein Zeichen dafür, daß hier das Unbewußte die falsche Einschätzung der Klientin zurücknahm und zu korrigieren versuchte. Eine dritte Klasse von Träumen sind die sog. *kompensatorischen* Träume, deren Spezialfall die Reduktionsträume sind. Hier werden zum realen Leben gegenteilige Gesichtspunkte herausgearbeitet, auf die der Träumer aufmerksam gemacht werden soll. So träumte z.B. ein im Alltagsleben introvertierter Mann, der häufig die Tendenz hat, sich zurückzuziehen, immer wieder von großen Menschenmassen, durch die er sich durchkämpfen muß. Oder eine im allgemeinen sehr kontaktfreudige und sozial aufgeschlossene Person träumte davon, daß sie in einer leeren Straßenbahn fahre oder in einem großen Haus ganz allein sei, sich nicht zurechtfinde und alle Fenster schließen möchte. So träumen Introvertierte von extravertierten Begebenheiten und Extravertierte von introvertierten, inneren Begebenheiten. Bei den genannten Beispielen war es so, daß die Extraversion des ersten Träumers sich offenbar nur schwer gegen seine Rückzugstendenz durchsetzen konnte. Die Introversion des zweiten Träumers war gewissermaßen entleert. Hier gab es nichts und der Traum macht darauf aufmerksam, daß es innerlich mehr Leben geben könnte. Zu den Kompensationsträumen gehören auch die Begegnung mit dem Schatten und der Anima und dem Animus, die ja zur öffentlichen Person gegensätzliche Seiten des Träumers offenbaren.

Großträume

Eine vierte Klasse von Träumen nennt *Aeppli* Großträume. Das sind Träume, die mit so großer Deutlichkeit und Klarheit erscheinen und einen so lange beschäftigen, daß man das starke Bedürfnis spürt, sie zu erzählen oder aufzuschreiben. Bei ihnen ist dem Träumer ganz klar, daß sie eine Bedeutung für ihn haben. In diesen Träumen kommen immer Archetypen zum Ausdruck, häufig solche der Individuation. Solche Träume wirken auch auf den Träumer selbst manchmal fremdartig. Eine 34jährige Frau träumte, daß sie mit einem Schiff voller Nachbarn, Verwandter und Bekannter auf einem See sei. Es herrschte ein bedrohliches Unwetter mit Blitzen, Sturm und hohen Wellen. In der Ferne ein Vulkanausbruch. Auf den Kämmen der Wogen leuchteten kleine Feuer, und das Boot war kurz vor dem Zerbersten, so daß alle untergehen würden. Aus den Wolken rief eine mahnende Stimme, sie solle das neunte Augen achten. Die apokalyptische Vision enthält sowohl persönliche Symbole (die 9 und das Auge), wie auch sehr allgemein archetypische Symbole wie Wasser, Sturm, Feuer, Vulkan.

3.4 Technik der Traumdeutung

Objekt- und Subjektstufe

Man unterscheidet zwischen der Traumdeutung auf der Objektstufe und auf der Subjektstufe. Bei jungen Menschen und bei starker Anlehnung des Trauminhalts an das Alltagsgeschehen ist es zweckmäßig, die dort vorkommenden Personen zunächst als reale Personen hinzunehmen. Dabei sind allerdings die Verzerrungen, die sich in der Kleidung, den Größenverhältnissen und in den Äußerungen niederschlagen, von Bedeutung. Wichtig an dem Trauminhalt ist nämlich nicht die Person selbst, sondern die Beziehung des Träumers zu dieser Person, die hier zur Darstellung kommt. Sind die vorkommenden Personen dem Träumer aber nicht bekannt oder handelt es sich um mythische Gestalten oder Tiere, so ist eine Deutung auf der Subjektstufe sinnvoller – insbesondere bei Menschen in der zweiten Lebenshälfte. Auf der Subjektstufe sind alle im Traum vorkommenden Gegenstände, Gestalten und Tiere Teile des Träumers selbst. Teilpsychen, die den Träumer in seinen Eigenschaften widerspiegeln: »Das bist Du«. Ebenso wie bei der Partnerwahl spielt im Traum der Mechanismus der Projektion eine große Rolle. Dabei sind die Lebensenergien und Triebe des Menschen häufig durch Tiere dargestellt, die Persona tritt als Kleidungsstück oder Prestigesymbol auf. Der Schatten als gleichgeschlechtliches häufig anrüchiges und primitives Wesen. Hinzukommen Animus und Anima. Ein Haus bedeutet oft der eigene Körper, das Wasser das Unbewußte und die Individuation wird durch symmetrische Figuren (Mandalas) oder wertvolle Gegenstände charakterisiert.

Reduktion und Amplifikation

In der Traumdeutung geht Jung anders als Freud vor. Freud versucht, durch freie Assoziation und immer weiterreichende Einfälle zu immer weiter zurückliegenden Erlebnissen zu kommen, um schließlich zum entscheidenden kindlichen Trauma oder Konflikt zu gelangen (*Reduktion*).

Jung dagegen versucht, zunächst den Kontext des Traumes aufzuhellen, indem er jeden Bestandteil des Traumes herausnimmt und dazu vom Träumer Einfälle produzieren läßt. Diese Einfälle grenzen oft aneinander, und es ergeben sich Zusammenhänge, so daß insgesamt ein vielseitig verstricktes und immer klarer werdendes Bild des Traumgewebes entsteht. Diese Methode nennt Jung *Amplifikation*. Dabei steuert der Therapeut mit seiner Kenntnis der Archetypen aus Märchen und Mythen viel bei. Doch warnt Jung davor, Traumsymbole nicht in erster Linie semiotisch, also mit fester Sinnzuordnungen zu deuten, sondern auch Archetypen »als Ausdruck eines im Bewußtsein noch nicht erkannten und begrifflich formulierten Inhaltes und zudem als

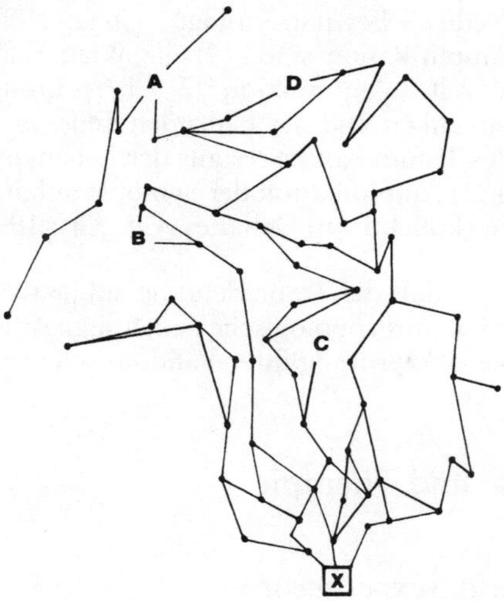

a)

b)

Abbildung 3.4a und b : Unterschiedliche Arten der Traumdeutung: a) bei Freud Reduktion (S. 102) und b) Jung Amplifikation (S. 138) nach Jacobi (1975) relativ zur jeweiligen Bewußtseinslage« (*Jung*, 1990, S. 165). Schritte der Amplifikation sind (1) die Wiederbelebung der Traumbilder durch Rekapitualtion, (2) Überprüfung der emotionalen Befindlichkeit und der fehlenden Teile im Traum, (3) Exploration des Traum-Kontextes aus der Lebenssituation des Träumers und (4) Amplifikation der Symbole anhand ihres allgemeingültigen (kollektiven) Gehaltes (vgl. *Kast* 1990, S.130)

Es wird deutlich, daß die Traumdeutung subjektiv bleibt und als hermeneutisch-anthropologische , auch suggestive Methode eine empirische Überprüfung ihrer Validität schwer macht.

3.5 Neurose und Therapie

Das Assoziationsexperiment

Es gibt nach Jungs Auffassung zwei prinzipielle Gründe für neurotische Störungen. Der eine ist die ins Bewußtsein drängende minderwertige Funktion, die den einseitig ausgerichteten Menschen in seinem Lebensvollzug stört. Der andere Grund sind abgesprengte Teilpsychen, sog. *Komplexe*. Hier handelt es sich um affektgeladene Inhalte, die mit dem Bewußtsein nicht vereinbar sind und meist auf ein traumatisches Erlebnis oder einen Konflikt zurückgehen. Diese Erlebnisse werden in der Folge nicht mehr zugelassen und verdrängt, führen aber ein Eigenleben und brechen in kritischen Zeiten ins Bewußtsein ein. Jung hat die Methode des Assoziationsversuches zur Aufdeckung von Komplexen systematisch ausgebaut (1904). Es wird eine Liste von 100 Standardreizworten dem Probanden sukzessive präsentiert, und er wird gebeten, ihm das erste dazu einfallende Wort auszusprechen. Dabei wird die Reaktionszeit gemessen. Die Länge der Reaktionszeit wie auch die fehlerhafte Reproduktion der freien Assoziation zu einem Reizwort sind dann Indikator für einen unbewußten Komplex. Jung hat gezeigt, daß dies Verfahren mit großer Präzision diagnostische Hinweise auf problematische Inhalte geben kann. Es ist sogar als Lügendetektor eingesetzt worden, wogegen sich allerdings eine erhebliche Kritik erhoben hat. Denn auch für das Opfer eines Verbrechens sind bestimmte Situationsmerkmale und Handlungsabläufe dramatisch und angsterregend und daher komplexhaft. Interessanterweise hat Jung mit dieser Methode in Familien ganz ähnliche Komplexe entdeckt, so daß zu vermuten ist, daß sie schon in der Familienstruktur angelegt bzw. tradiert werden (Abbildung 3.5).

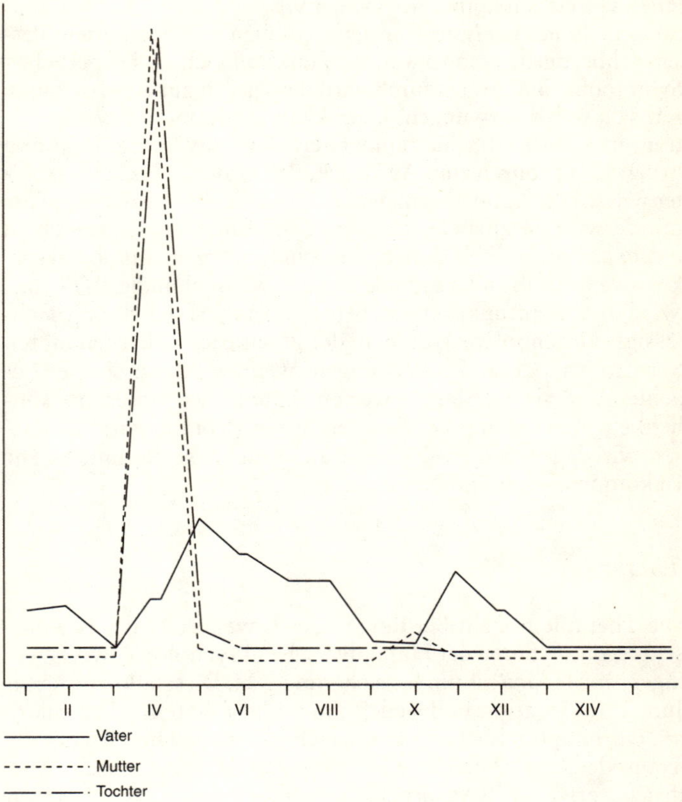

Abbildung 3.5: Assoziationsexperiment von C. G. Jung. Mutter und Tochter der Familie haben bei ähnlichen Assoziationen fast gleich lange Reaktionszeiten, der Vater dagegen hat ein anderes Reaktionszeitprofil. Die ungewöhnlich verlängerte Reaktionszeit bei der Klasse IV bezieht sich auf bewertende Assoziationen (nach Jung 1975)

Generelle neurotische Klassen sieht Jung durch extreme Einseitigkeit und Vernachlässigung bestimmter minderwertiger Funktionen entstehen. Aus den sechs typologischen Hauptmerkmalen der Libidoorientierung (Extraversion-Introversion), Wahrnehmung (Empfindung-Intuition) und Urteil (Fühlen-Denken) ergeben sich Extremtypen neurotischer Konfiguration im Sinne einer Vernachlässigung des Gegentyps.
So sieht Jung im *Hysteriker* den extremen Extravertierten, dessen ichbezogene minderwertige Funktion sich in körperlichen Symptomen äußert. Dadurch wird der Patient zur Beschäftigung mit sich selbst gezwungen. Umgekehrt ist der *Schizophrene* extrem introvertiert. Seine minderwertige extravertierte Funktion bringt sich dadurch zum Ausdruck, daß er durch bizarre Verhaltensweisen die Aufmerksamkeit der Öffentlichkeit provoziert. Eine minderwertige zurückgedrängte Denkfunktion kann sich in *zwanghaftem* Grübeln äußern, die minderwertige Intuition in spekulativem *Wahn* und die minderwertige Wahrnehmung als *Phobie*. Wird die Hauptfunktion überbetont, so äußert sich der vernachlässigte Gegenpol im Traum, in der Phantasie, in den genannten Symptomen oder in Fehlleistungen. Wenn wir diese Zeichen beachten und sie als Signale werten, können wir unsere Persönlichkeit in vorteilhafter Weise ergänzen (Kompensation). Lassen wir dagegen diese Zeichen außer acht, so kommt es zur Dekompensation und Neurose.

Therapie

Die Therapie besteht bei Jung in der Erweiterung des Bewußtseins ganz im Sinne der Humanistischen Psychologie, wo es weniger um Heilung als um Bereicherung geht. Diesen Prozeß nennt Jung Individuation und siedelt ihn in der zweiten Lebenshälfte an. Die hauptsächliche Therapietechnik ist auch hier wieder die Traumdeutung. Daneben wurde von ihm der künstlerische Ausdruck verwendet (Ausdruckstherapie). Jungs Klienten waren zum großen Teil Menschen um die Lebensmitte oder älter. Das folgende Beispiel zeigt die Verwendung der Traumdeutung zur Behebung einer Lebenskrise. Der zunächst banal erscheinende Traum zeigt, wie für den Träumer alltägliche Gestalten als Archetyp gedeutet werden können und eine Mitteilung des Unbewußten zur Lebensgestaltung des Träumers enthalten.

Eine tüchtige, etwa vierzigjährige Frau ist Chefärztin und Internistin an einem Krankenhaus, in dem viele Kriegsversehrte sich befinden. Die Rehabilitation dieser Menschen ist ihr besonderes Interessengebiet. Sie träumt: »Da war eine Anzahl verkrüppelter Männer, zumeist im Rollstuhl. Ich sollte mich ihrer annehmen, aber ich wollte nicht. Der Gedanke daran war mir zuwider.«

Vordergründig (Objektstufe) handelt es sich um einen Inhalt aus ihrem Berufsalltag; allerdings ist die Aversion gegen ihre Patienten unverständlich. Am Tage davor hatte die Träumerin einen Brief geschrieben, aber nicht abgesandt. Dieser Brief enthielt eine wichtige Entscheidung. Sie hatte das Angebot, im Ausland eine attraktive Stellung anzunehmen, abgelehnt. Wo ist die Verbindung mit dem Traum? – Die verkrüppelten Männer könnten auf der Subjektstufe als ihr eigener Animus gedeutet werden: ihre Tatkraft, ihre Vernunft und Entscheidungsfreudigkeit. Diese Eigenschaften sind nämlich bei der Träumerin zur Zeit zurückgedrängt (behindert). Ihre jetzige Stellung sieht zwar nach außen hin gut aus, sie selbst betrachtet sie jedoch als eine Art Versteck, in dem sie keine großen Entfaltungsmöglichkeiten mehr hat. Der Anlaß des Traumes war ihre Entscheidung, den Animus in seinem verkrüppelten Dasein zu belassen, nämlich der Brief mit der Absage. Das Traummaterial ist ihrem Alltag entnommen, auf den der Traum ja auch Bezug hat. Der Wink des Traumes für ihre Lebensgestaltung kann darin gesehen werden, daß sie einmal ihr teilweise verkrüppeltes Ich stärkt, zum andern den Mut hat, die Arbeit mit den Kriegsversehrten zugunsten einer Tätigkeit aufzugeben, in der sie sich selbst mehr entwickeln kann (aus *Nell* 1976).

3.6 Diskussion

Zusammenfasssung

Jung entwarf wohl neben Freud das umfassendste psychodynamische Persönlichkeitsbild. Er postuliert transkulturell gemeinsame unbewußte Motive und Weisheiten (Archetypen), die er in einem kollektiven Unbewußten ansiedelt. Die Persönlichkeitsentwicklung erstreckt sich bei ihm bis in das Erwachsenenalter hin-

ein und besteht in einer Integration aller bewußten Inhalte (Selbstverständnis = *Ich* und soziale Rolle = *Persona*) mit den aufgearbeiteten Komplexen des persönlichen Unbewußten und den Archetypen des kollektiven Unbewußten. Die Persönlichkeit ist somit nicht festgelegt auf den im Vordergrund stehenden Charaktertyp, sondern sie kann sich ins Gegenteil verändern und im Endzustand der Individuation viele Seinsformen umfassen (*Homo totus*). In diesem Idealzustand lebt der Mensch zwar nach wie vor seine Hauptfunktion, hat aber die Gegenpole seiner Grundeigenschaften assimiliert. Dies kann in Form kompensatorischer Tätigkeiten geschehen: der Extravertierte in Meditationsübungen, der Gefühlsbetonte im Schachspiel, der Denkerische im gefühlsbetonten Musikerleben. Der Gegentyp, aber auch die als Archetypen auftretenden Lebensprobleme können in der künstlerischen Gestaltung wie auch in den Träumen auftauchen. Ihre Deutung wird zur Hilfestellung für den Individuationsprozeß. Jungs Begriff vom Unbewußten ist im Gegensatz zum Unbewußten bei Freud nicht destruktiv. Das kommt u.a. darin zum Ausdruck, daß die Träume Hinweisfunktion haben und dem bewußten Erleben in vielfacher Weise kompensatorisch gegenüber stehen. Die Traumdeutung ist prospektiv aufs Zukünftige, auf eine Erweiterung an Lebensmöglichkeiten gerichtet, während sie bei Freud retrospektiv auf die Aufklärung kindlicher Konflikte zielt.
Wie Freud kann auch Jung auf eine lange Denktradition zurückgreifen, insbesondere auf Goethe, aber auch auf Platon (vgl. *Hofstätter* 1960). Ähnlich wie Freud entwirft auch Jung ein Bild von der Entwicklung bzw. Entwicklungsfähigkeit des Menschen. Die wesentlichen Schritte finden nach Jung jedoch nicht in der frühen Kindheit, sondern in der zweiten Lebenshälfte statt.

Kritik

Vieles an der Jungschen Psychologie und Kulturanthropologie bleibt unklar und überschreitet den Bereich des empirisch Belegbaren. *Bloch* (1959) hat bemängelt, daß die Archetypenlehre erzkonservativ sei, da sie den Menschen auf unveränderliche archaische Muster reduziere. Dagegen ist zu sagen, daß Jung das genaue Gegenteil intendiert, da er im Unbewußten die Resourcen sucht, die dem Menschen zur Selbstentfaltung und mehr Kreativität verhelfen. Jung selbst war sich des spekulativen Charakters seiner Überlegungen bewußt. So hält er die Traumdeutung z.B. in ihrem Wert für nicht beweisbar. Auch die Archetypen sind Interpretationen und in ihrer Bedeutung kaum empirisch beweisbar. Vielmehr läßt sich ihr Sinn nur hermeneutisch-verstehend erfassen. Bisher existieren auch keine emprischen Untrsuchungen zur Erfolgskontrolle der Jungschen Therapie (*Meyer et. al.* 1990). Trotzdem ist die Psychologie C. G. Jungs ebenso wie die von Freuds auch für viele nüchterne Wissenschaftler attraktiv. Vielleicht reizen den rational objektiven Menschen derartige Denksysteme mit ihren umfassenden, intuitiv-spekulativen Entwürfen gerade deswegen, weil hier ihre minderwertige Funktion zur Geltung kommt. Entscheidend bleibt an Jungs Psychologie jedoch seine in die Zukunft gerichtete Interpretation psychischer Phänomene und die Polarität der Persönlichkeit, der Rechnung getragen werden muß, wenn es zu einer gesunden Entwicklung kommen soll.

Durch das vielfältige Zusammenwirken von Hauptfunktion, minderwertiger Funktionen und den Hilfsfunktionen läßt sich eine Vielzahl von Persönlichkeitstypen und neurotischen Verhaltensweisen erklären. Durch diese Flexibilität verliert das System Jungs ähnlich dem Freuds zugleich an Überzeugungskraft. Hinzu kommt, daß Jungs Individuations-Philosophie wenig Bezug auf die Auseinandersetzung mit den sozialen Bezügen des Individuums nimmt und eine Entwicklung aus dem Inneren für wesentlicher hält. Danit hat seine Psychologie auch wenig politische Relevanz (*Kast* 1990). Auf der anderen Seite liegt gerade in der Wandelbarkeit der Persönlichkeit und der Vereinigung der Gegensätze eine sehr optimistische Sicht vom Menschen, die ihm große Reifungsmöglichkeiten und die Kraft zur Überwindung seiner Unzulänglichkeiten attestiert.

Literatur

Aeppli, I.: Der Traum und seine Deutung. Erlenbach-Zürich, Rentsch, 1980

Dieckmann H.: Umgang mit Träumen. Stuttgart, Kreuz, 1986

Hall, C. S. & Lindsey, A.: Theories of Personality. New York, Wiley, 1969

Hall, JA.: Arbeit mit Träumen in Klinik und Praxis. Paderborn, Junfermann, 1982

Jacobi, J.: Die Psychologie von C. G. Jung. Frankfurt/Main, Fischer TB Nr. 6365, 1975

Jung, C. G. et al.: Der Mensch und seine Symbole. Olten, Walter, 1968
Jung, C. G.: Über die Grundlagen der analytischen Psychologie. Frankfurt/Main, Fischer TB Nr. 6302, 1969
Jung, C.G.: Traum und Traumdeutung. München, Dtv, 1990
Nell, R.: Traumdeutung in der Paartherapie. München, Kindler (Geist und Psyche), 1976
Zimmer D. E.: Schlafen und Träumen. Die Nachtseite unseres Lebens. Frankfurt/Main, Berlin, Ullstein, 1986

4. Bioenergetik und Primärtherapie: Das körperliche Unbewußte

4.1 Materialistische Grundlagen der Psychoanalyse

Sexualität und Gesellschaft

Freuds ursprüngliche Positionen waren sozialrevolutionär. Die Verführungstheorie der Hysterie war ebenso schockierend für seine Zeitgenossen wie die Idee des Ödipuskomplexes und die Hypothese, daß kulturelle Leistungen durch Unterdrückung und Sublimation unsozialer Impulse zustandekommen. Der Sexualität eine solche Durchdringung von Alltag, Pathologie und Kultur zuzugestehen, erschien vielen als Gefährdung der Grundlagen unserer Zivilisation. Gäbe es kein »schlechtes Gewissen«, hatte *Alexander* (1950) geäußert, dann wäre die soziale Ordnung nur dadurch aufrecht zu erhalten, daß man jedem Bürger einen Polizisten an die Seite stellte. In der Analyse des »Kleinen Hans« beklagt Freud die Mängel der zeitgenössischen Sexualerziehung und hält zugleich noch tiefgreifendere Reformen vonnöten; es sei unklug, einem zerlumpten Rock einen einzigen Seidenflicken aufzunähen, ohne die Grundlagen des Systems zu ändern. Der gesellschaftskritische Tenor der psychoanalytischen Bewegung scheint aber mit deren Etablierung abgenommen zu haben. Die Verführungstheorie wurde aufgegeben, die Unterdrückung der Sexualität wurde nicht mehr als unbedingt neurosenträchtig eingeschätzt (die sog. Aktualneurosen verloren an Bedeutung), und Abwehr abzubauen, war nicht mehr unbedingtes Ziel der Therapie, die sich manchmal darauf beschränkte, die Widerstandskraft der Hemmungen zu erhöhen.

Wilhelm Reich (1897-1957) war Freuds radikalster Schüler, der die Bedeutung, die Freud der Sexualität gegeben hatte, in einem Grade ernst nahm, wie es den Anhängern Freuds später nicht mehr vertretbar erschien, so daß er 1934 aus der Psychoanalytischen Gesellschaft ausgeschlossen wurde. Reich stammte aus

Galizien, wuchs in der Bukowina auf und verlor seine Eltern in der Jugend auf tragische Weise; seine Mutter verübte 1911 Selbstmord, nachdem ihre Affäre mit dem Hauslehrer entdeckt wurde, und der Vater starb drei Jahre darauf an Tuberkulose. Zum Studium kam Reich nach Wien, praktizierte bereits 1919 Psychoanalyse und hat seitdem intensiv in der Psychoanalytischen Gesellschaft mitgewirkt.
Eine der Hauptursachen der Neurosen sah Reich in der gehemmten Sexualität und vertrat die Auffassung, daß gestaute sexuelle Erregung sich in Angst und körperliche Störungen, etwa des Kreislaufs (z.B. Herzbeschwerden) oder der Haut (z.B. Urticaria) transformiert. Während die Psychoanalyse sich mit den prägenitalen Fixierungen und dem Ödipus/Elektrakomplex als Quellen einer gestörten Sexualität beschäftigte, wies Reich lange vor der neueren Sexualforschung (*Kinsey, Pomroy & Martin* 1953, *Masters & Johnson* 1970) auf die vielfältigen Formen der gestörten genitalen Sexualität hin («Die Funktion des Orgasmus«, 1927). Er betonte die orgastische Potenz als eigentliches Kriterium seelischer Gesundheit und stellte eine detaillierte Beschreibung orgastischer Potenz bei gesunder Sexualität und der Symptome orgastischer Impotenz in den einzelnen Phasen des Erregungs-Ablaufs dar (Vorspiel, Penetration, willkürliche und unwillkürliche Reaktionen sowie Entspannungs-Stadium). Reich befürwortete eine sexuelle Befreiung und trat damit der psychoanalytischen Auffassung entgegen, daß die kulturellen Leistungen durch Triebverzicht ermöglicht würden (*Freuds* »Unbehagen in der Kultur«, 1931). Allerdings ist das, was später unter sexueller Revolution verstanden wurde, nicht identisch mit dem, was Reich meinte. Die im Zuge der Enttabuisierung der Sexualität zunehmende Verbreitung von Pornografie und die Brutalisierung von Sexualität sind seiner Meinung nach genau so krank wie die Zwangsmoral der viktorianischen Zeit oder der faschistischen Systeme. Beides sind nur zwei Seiten derselben Münze: die Abwehr und die durch die Abwehr geborenen Verzerrungen.

Gesundheitsprophylaxe und Politik

Reich war wie Adler (s.u., Kapitel 5) an der politischen Umsetzung psychologischer Erkenntnis interessiert und war aktiver

Kommunist. Er hielt Neurosenprophylaxe für eine Frage der Erziehung und die sexualfeindliche Gesellschaft für reformbedürftig. Neben der frühen Kindheit hob er die sexuelle Unterdrückung in der Jugend wie auch die Zwangsehe als pathogene Situationen hervor. Folgerichtig gründet er in Wien 1929 Sexualberatungstellen, in denen die repressive Sexualmoral durch Aufklärung und progressive Thesen bekämpft wurde. 1931 wird Reich zum Initiator der »Sexpol«-Bewegung (Deutscher Reichsverband proletarischer Sexualpolitik), in deren Programm Forderungen vertreten wurden wie: Epfängnisverhütung für Jugendliche, kostenlose Schwangerschafts-Unterbrechung, Abschaffung rechtlicher Unterschiede von Verheirateten und Ledigen, Schutz Minderjähriger vor Mißbrauch, Therapie für Sexualdelikte u.a. Im Sinne des Marxismus von Engels verstand er die Familie als Unterdrückungsinstrument des Patriarchats und damit als Ausgangspunkt einer Klassen-Gesellschaft. Die materialistische Grundlage der Psychopathologie sah Reich vor allem in der Sexualität, den körperlichen Konversions-Symptomen und dem muskulären Charakterpanzer (s.u.). Er glaubte, daß letztendlich alle psychologischen Erscheinungen auf physiologische Phänomene reduziert werden können. Das hatte Freud ursprünglich auch geglaubt; nur daß seine Theorie immer mehr philosophisch-spekulativen Charakter annahm – bis zur Postulierung eines Todestriebes, um die Widerständigkeit mancher Patienten und ihrer Symptome (und natürlich solcher Phänome wie Krieg und Verbrechen) zu erklären.
In dem aufkommenden Nationalsozialismus, den Reich während seiner Tätigkeit in Berlin von 1930-33 miterlebte, erkannte er die Verkörperung der repressiven Sexualmoral. Sexualfeindlichkeit, Einheitsfamilie und Rassenideologie sollten die Unterordnung des Individuums unter ein autoritäres System erleichtern und die Macht des (kommenden) Staates stärken. Die Entscheidung der Massen in Zeiten der wirtschaftlichen Not gegen die Freiheit und für den Faschismus stellte eine Niederlage der Emanzipation dar und ließ sich am besten mit der These eines anderen marxistischen Psychoanalytikers erklären, der zur gleichen Zeit in Berlin lebte, nämlich Erich Fromm. In Anlehnung an Klages und andere Kulturpessimisten glaubt *Fromm* (1900-1980), der Mensch habe sich mit der evolutionären Entwicklung über das Animalische hinaus den Verlust der Naturverbundenheit und des unproblematischen Lebensvollzuges einge-

handelt. Mit der gleichzeitig gewonnenen Freiheit und Wahl zwischen den verschiedensten Arten der Lebensgestaltung fühlt er sich jedoch allein und unsicher und so möchte er diese Freiheit wieder loswerden (»Escape from freedom«, 1941). Als Ersatz für die Instinktleitung sucht er gesellschaftliche Einbindung z.B. ins bürgerliche Leben, als Angestellter, beim Militär oder in Parteien und Vereinen oder anderen Gruppierungen, die Loyalität erfordern. Insbesondere hat Fromm die Unterordnung unter totalitäre Systeme auf diese Weise zu erklären versucht (z.B. im Dritten Reich). Trotz dieser zunächst pessimistischen Sicht glaubt Fromm, daß es möglich ist, eine Gesellschaftsform zu finden, die die Verwirklichung von fünf Grundbedürfnissen des Menschen erlaubt (»The sane Society«, 1955):

Beziehung (relatedness)
Transzendenz (transcendence)
Verwurzelung (rootedness)
Identität (identity)
Orientierung (orientation).

Diese Gesellschafts-Utopie – eigentlich das, wovon Hippies und Idealkommunisten träumen –, nennt Fromm »humanistischer, kommunitärer Sozialismus«, und glaubt, daß in ihm seelische Gesundheit möglich sei: als produktiver Charakter, dem entsexualisierten Gegenstück zu Freuds genitalem Charakter und Reichs orgastischer Potenz. Auch *Lorenzer* (geb. 1922) hat eine marxistische Interpretation psychischer Konflikte gegeben, indem er die Gegensätze zwischen Es und Ich als Abbild des Klassenkampfes betrachtet (vgl. *Treppenhauer* 1976).

4.2 Muskelpanzer und Charakteranalyse

Drei Schichten

Reich wollte sich mit den Widerständen in der Therapie als unabänderliches Resultat einer angeblich angeborenen Leidenstendenz nicht zufrieden geben. Die in Fällen von Therapieresistenz zu beobachtenden Anzeichen von übergroßer Freundlichkeit, Konventionalität, Emotionslosigkeit und Unechtheit des

Ausdrucks empfand er als Verfestigung libidinöser Energie; ein Schutzschild gegen die Angst, die entstehen würde, wenn die unterdrückten Triebimpulse durch die Therapie freigesetzt werden. Im Anschluß an Freuds analen Zwangscharakter und Abrahams oral-depessiven Charakter (vgl. Kapitel 2.3) formulierte *Reich* (1933) eine umfassendere Theorie der Charakterbildung. Darin gibt er eine Beschreibung der häufigsten Typen und strebt eine Analyse der damit verbundenen Funktion der zurückgedrängten Emotionalität, ihrer Ätiologie und des Therapieziels an. Der Charakterpanzer stellt die erstarrte Lebensgeschichte des Individuums dar und bindet die konflikthaften Emotionen der unbewältigten Ausgangssituation.
Reich geht von einem dreischichtigen Charakteraufbau aus: an der Oberfläche findet sich die *tertiäre* Schicht, das nach außen präsentierte Gesicht der Konventionalität, des Anstandes, der Zurückhaltung, des Leidens usw. Darunter findet sich die *sekundäre* Schicht der durch Zurückdrängung pathologisierten Impulse, die sich pervers oder destruktiv ausnehmen. Im Gegensatz zu Freud, der in seinem Kulturpessimismus annahm, daß dies das wahre menschliche Gesicht sei, postuliert Reich, daß es sich um eine Deformation ursprünglicher Impulse handelt, die durch den Prozeß der Unterdrückung zustande kommt – so wie ein getretener Hund bissig wird. Erst wenn es gelingt, auch diese stark mit negativen Affekten und Ängsten besetzte Schicht zu durchdringen, tritt die *primäre* Schicht der gesunden, sozial gutartigen und spontanen Emotionalität zu Tage, die Liebesfähigkeit und Produktivität ermöglicht. Reichs Charakteranalyse zielt auf die Durcharbeitung dieser negativen Emotionalität, deren kathartische Entladung vom Therapeuten eine aktiv-konfrontative und stützende Haltung erfordert, wie sie mit der emotionalen Abstinenz des traditionellen Psychoanalytikers nicht vereinbar erscheint.

Charaktertypologie

Reich unterscheidet sechs Haupttypen des Charakters.
Welcher Typ im Einzelfall entsteht, hängt von den Umständen der ursprünglichen Impulsfrustration ab: ob sie zu einem frühen oder späten Zeitpunkt und mit welcher Intensität sie erlit-

Charaktertypen nach Reich

1) Der *phallisch-narzißtische* Charakter.
Wirkt selbstsicher, elastisch, arrogant.
Genese: Frühe Zurückweisung des Sohnes durch eine maskuline Mutter erzeugt Rachegefühle, Imponierbedürfnis und geringschätziges Verhalten gegenüber Frauen.
2) Der *männlich-aggressive* Charakter.
Wirkt tüchtig, spröde und klar.
Genese: Wenn die Annäherung zum gegengeschlechtlichen Elternteil von diesem durch eine strenge und prüde Haltung verhindert wird, führt dies bei der Frau zur Verleugnung ihrer weiblichen Geschlechtsrolle.
3) Der *passiv-feminine* Charakter.
Wirkt kooperativ, schleichend, überfreundlich.
Genese: Übermäßige Strenge von seiten des Vaters führt beim Mann zur Aufgabe der Geschlechtsrolle.
4) Der *masochistische* Charakter.
Wirkt leidend, ungeschickt, hilflos, neigt zum Klagen.
Genese: Die Lustfähigkeit ist soweit gestört, daß bei jeder Erregung sich starke Angst entwickelt; durch erlittenen Schmerz wird die Spannung abgeführt, ohne daß dabei enstehende Lust zu vermehrter Angst führt.
5) Der *zwanghafte* Charakter.
Wirkt gehemmt, korrekt, depressiv.
Genese: Das sexuelle Interesse wird soweit durch Impulskontrolle (übertriebene Reinlichkeits-Erziehung) unterdrückt, daß es zu einer Transformation in sadistische Impulse kommt.
6) Der *hysterische* Charakter.
Wirkt nervös, agil, ängstlich-sprunghaft.
Genese: Wenn das Interesse am gegengeschlechtlichen Elternteil vom gleichgeschlechtlichen Elternteil moralisierend zurückgewiesen wird, entsteht ein Appetenz-Aversions-Konflikt, der zunächst Annäherung an das Gegengeschlecht entstehen läßt (Koketterie), die mit zunehmender Nähe Angst erzeugt und zurückgenommen wird.

ten wurde; von der Art des frustrierten Impulses (narzißtisch, oral, anal, phallisch), von der Konsequenz der Frustration, vom Geschlecht und dem Verhältnis von Gewährung und Versagung. Jeder Charaktertyp dient als Schutz nach außen und als Bindung von Energie bzw. als sichere Form der Entladung von Restenergie. Damit geht eine Funktionseinschränkung eines Teils der Körpermuskulatur einher, um die Beweglichkeit, die Atmung und Affektintensität herab zu setzten. Dadurch wird der freie Fluß der verschiedenen Formen der Bioenergie (elektrische, chemische, kinetische) blockiert. Die charakterliche Panzerung findet ihren äußeren Ausdruck in Bewegungs- und Haltungsanomalien sowie Mimik, Sprache, Stimme, usw. Solche Muskelpanzer sind in allen Körpersegmenten zu beobachten.

Beispiele für Muskelpanzer

Angehobene Augenbrauen, gerunzelte Stirn,
versteifter Nacken

Zugeschnürter Hals, gepreßte Stimme,
geringes Stimmvolumen

Eingezogener Hals, verkürzte Schultern

Beschränkung der Atmung auf Brustatmung,
Unbeweglichkeit des Zwerchfells,
verschobenes Verhältnis von Ein- und Ausatmen

Steifheit des Beckens

Unbeweglichkeit oder holprige Bewegungen der Extremitäten

All diese Verspannungen erzeugen bei Chronifizierung muskuläre Hyper- oder Hypotrophien. Es werden mit diesen Mechanismen Emotionen wie Wut, Panik, Weinen, Mißtrauen und affektive Verhaltensweisen wie lautes Schreien, heulen, brüllen, koitale Bewegung, Schlagen und Treten gehemmt. Reich meint, dadurch würde auch die Blutzirkulation behindert, erkennbar an äußerlich sichtbaren Zeichen von Blutstau, geröteten Hautpartien usw. Der »ungepanzerte« Charakter dagegen verfüge über eine freie Zirkulation und Beweglichkeit aller Skeletteile, über ungehemmte vegetative Abläufe in den Drüsen und der glatten Muskulatur, sowie über Schwellfähigkeit verschiedener

Gewebepartien. Dadurch komme es subjektiv zu einem Gefühl des Strömens. Reich versuchte dieses Gefühl auf elektrische Spannungsverschiebungen (psycho-galvanischer Reflex) und Diffusionsvorgänge von Körperflüssigkeiten sowie Ionenströme (Kalium und anderen Ionen) zurückzuführen, und nannte es den freien Fluß von Bioenergie. Am vollkommensten würde dieser im Orgasmus realisiert werden, den er durch die vier Phasen kennzeichnete: Anschwellen (Flüssigkeitsbewegung), bioelekrische Aufladung (erhöhter PGR), Entladung durch klonisch-unwillkürliche Muskelbewegungen und schließlich Erschlaffung und Entspannung. Dieser Form der natürlichen Pulsation, dem sog. »Orgasmus-Reflex«, mißt Reich allgemeine Bedeutung als Muster für gesundes und lustvolles Erleben bei.

4.3 Vegetotherapie und neue Energieformen

Der körperliche Eingriff

Die von Reich entwickelte Form der Therapie ging weit über die klassische Psychoanalyse hinaus. Aus der genauen Beobachtung der der äußeren Erscheinung (Bewegung, Atmung, Haltung, muskuläre Panzerung) des Individuums liest der Reichianische Therapeut die charakterlich chronifizierten Energie-Blokkaden ab. Um sie aufzulösen, läßt der Therapeut den Klienten tiefer als gewöhnlich durchatmen, um die Blockade Atmung aufzuheben, fordert ihn auf, die Kinnlade hängen zu lassen, um die Verbissenheit zu unterbrechen, übt manuellen Druck auf überspannte Muskelpartien aus, um die Verspannung zu lösen. Durch den solcherart momentan aufgeweichten Schutzwall wird die sekundäre Charakterschicht freigelegt und es kommt zu kathartischen Entladungen, ängstlicher, wütender oder trauriger Natur. Wenn diese zugelassen werden, wird zugleich ein großes Quantum an Energie verfügbar, das vorher für die Blokkade aufgewendet wurde, und das Individuum kann wieder ungehindert über seinen Bewegungsaparat verfügen und sich lebenswichtigen, vegetativen Vorgängen (Pulasationen) hingeben.

Lowen (1979) beschreibt seine Erfahrungen in der Therapie bei Reich: wie er durch die Atem-Übung erst laut schreien mußte, starkes Kribbeln in den Händen und Zucken in den Beinen spürte und schließlich in der Phantasie seinen Vater vor sich sah und den Impuls verspürte auf die Unterlage zu schlagen; auf diese Weise reagierte er seine Wut für eine als ungerecht empfundene Tracht Prügel ab, die er als Kind erhalten hatte. Bei anderer Gelegenheit wurde so eine Erinnerung aus dem ersten Lebensjahr aktiviert, als die Mutter über sein Geschrei ärgerlich reagiert hatte. Schließlich wird weitere Erleichterung spürbar, als er sich negative und positive Übertragungsgefühle für den Therapeuten eingestehen kann. Bei Abschluß der Therapie nach 3 Jahren empfindet der Klient seine Hingabefähigkeit an den Körper gesteigert und betrachtet die Therape als erfolgreich, auch wenn viele seiner Probleme (Überanständigkeit, Erfolgszwang, Angst zu versagen u.a.) nicht gelöst sind.

Reichs wesentlicher Beitrag zu Psychotherapie waren mehrere Thesen:

- *Orgasmus-Reflex:* Die Urform des natürlichen Lebens ist die Pulsation: Ladung/Spannung (oder Schwellung und Expansion des Gewebes) und anschließend Entladung/Entspannung. Reich hat diese beiden Phasen mit der Einwirkung des Sympaticus und des Vagus-Nerven in Zusammenhang gebracht. Phänomenologisch haben viele organismische Vorgänge diese Form (der Saugreflex des Säugling, die Persitaltik des Darmes, die Pumpbewegung des Herzens, der Orgasmus usw.). Hemmung der natürlichen Pulsation führt zu Blockade, Verspannung, Einschränkung der Vitalität und Schrumpfung. Psychische Gesundheit ist mit dem ungehemmten Ablauf vegetativer (unwillkürlicher) Vorgänge gleichzusetzen, der am deutlichsten im Orgasmus zum Ausdruck kommt, dessen Hemmung zu Angst oder psychosomatischen Krankheiten führe. Sehr weitgehend hat Reich in diesem Sinne Krebs als psychosomatische Reaktion erklärt: der Kranke sei emotional soweit geschrumpft, daß der Organismus in einer Art somatischer Panikreaktion als letzten Ausweg auf der Zellebene zu expandieren versucht.

- *Muskelpanzer:* Psychische Gesundheit ist Gesundheit des Körpers, und die seelischen Blockaden spiegeln sich in chronifizierten muskulären und vegetativen Reaktionen sowie eingeschränkter Atmung wieder. Die charakterliche Panzerung ist daher am Körper als Muskelpanzer ablesbar (Stirn, Kinnbacken, Nacken, Kehle, Rücken, Brust, Becken, Gliedmaßen).

– *Vegetotherapie:* Der Muskelpanzer kann mit Hilfe von antagonistischer Innervation, Massage und veränderter Atmung durchbrochen werden; dadurch werden u.U. verdrängte traumatische Erlebnisse reaktiviert und kathartisch ausagiert, was die Blockade aufhebt und einen freieren Energiefluß (Zirkulation, pulsatorische Bewegungen) ermöglicht.

Organismische und kosmische Energien

Darüber hinaus hat Reich einige sehr umstrittene Behauptungen aufgestellt:

– *Bione:* Durch sterile Aufgüsse von Erde und anderen Materialien in Wasser können als Übergangsformen von physikochemischen zu organismischen Prozessen Einzeller-ähnliche Strukturen entstehen.
– *T-Zellen:* Eine bestimmte Form dieser Bione seien Krebserreger
– *Orgon:* Im Äther (also unabhängig von der stofflichen Atmosphäre) gäbe es eine nutzbare, bisher unbekannte Energieform, die sog. Orgon-Energie, die in Metallschachteln gesammelt und zu Heilzwecken eingesetzt werden könne (Orgon-Akkumulatoren). Reich hat sich sogar mit anderen auf dem Orgon-Phänomen basierenden Apparaten als Regenmacher betätigt und behauptet Wirbelstürme umgelenkt und die radioaktive Hintergrundstrahlung der Atmosphäre regional erhöht zu haben.

Mit diesen Behauptungen in seinen späteren Lebensjahren in den USA hat sich Reich zunehmend Kritik und Ablehnung von anderen Wisenschaftlern zugezogen. Schließlich ist er aufgrund des Vertriebs der Orgon-Akkumulatoren zu Heilzwecken wegen Kurpfuscherei zu Haft- und Geldstrafen verurteilt worden, und es wurden seine Schriften verbrannt. Er starb während einer Haftstrafe im Gefängnis.

4.4 Bioenergetik

Das Gegründetsein

Während Reich deutlich gemacht hatte, daß sich psychische Vorgänge körperlich ausdrücken und charakterliche Verfestigungen als Muskelpanzer in Erscheinung treten, betrachtet *Alexander Lowen* (geb. 1910) auch die andere Seite des Prozesses: nämlich, daß alle Erfahrung durch den Körper als Instrument der Wahrnehmung, Beurteilung, des Ausdrucks und Handelns vermittelt wird. Seelische Gesundheit bedeutet daher Übereinstimmung mit dem eigenen Körper als Lebensorgan und setzt voraus, daß das Individuum zu seinen körperlichen Regungen Kontakt aufnehmen kann. Dann ist es »gegründet« (grounding). Diese Verbundenheit läßt sich auf den Untergrund ausdehen, auf dem der Körper mit seinen Beinen steht und auf den Kontakt, den die Sinnesorgane mit der Umgebung aufnehmen. Psychische Veränderungen, d.h. Krankheit und Therapie bedeuten daher immer auch körperliche Erfahrung. Wenn seelische Krankheit im wesentlichen eine Entfremdung von der Umwelt und Natur ist, dann ist sie auch Entfremdung vom eigenen Körper. Die Seele wurzelt im Körper und hört auf zu wachsen, wenn sie zu ihm den Kontakt verliert. Einmal bedeutet das, von den körperlichen Empfindungen und Gefühlen abgeschnitten sein; zum anderen, daß die biologische Energie, die den Körper versorgt und mobil macht, nicht frei beweglich ist. Denn sie wird, wie von Reich beschrieben, durch muskuläre Verspannungen blockiert, die Empfindungen unterdrücken und spontane Reaktionen verhindern. Eben das ist die Funktion des Charakterpanzers: daß bestimmte Reaktionen chronisch blockiert werden, die aufgrund früherer Erlebnisse für das Individuum angsterregend sind. Lowen bezeichnet das als unsere zweite, von den biografischen Härten und kulturellen Zwängen überformte Natur. Eine persönliche Krise tritt ein, wenn ein gespannter oder erstarrter Teil der Persönlichkeit zu stark belastet wird.

Therapie ist die Bemühung, unsere erste Natur wieder freizulegen, die frei von Einengungen und Verhärtungen und nach der Auffassung von Reich und Lowen voller Anmut und Gutartigkeit ist. Allerdings wird dieser Zustand nicht dauerhaft erreicht, sondern man muß darauf immer wieder hin arbeiten, wie Lowen an seiner eigenen Biografie zeigt. Denn das Individuum wird im Alltag ständig wieder in seine zweite Natur gedrängt. Man kann dies Konditionierung oder gesellschaftlichen Zwang nennen. Aber der Mensch kann lernen, auf die Verformungen und Verspannungen zu achten und die Fähigkeit erwerben, sie zu bemerken und abzubauen. Dem Geist fällt die Aufgabe zu, auf den Körper zu achten und dessen Regungen für die psychosomatische Gesundheit zu nutzen, anstatt sie zu übergehen.

Das Herz als Zentrum

Unabhängig von der chronologischen Schichtung der primären Natur und deren überformter Erscheinung gibt es in diesem psychologischen Ansatz eine topologische Schichtung, die verschiedene Ebenen beschreibt, auf denen sich psychische Vorgänge äußern. Solche Mehrebenenmodelle sind auch von anderen Autoren formuliert worden (vgl. *Revenstorf* 1992); Lowen unterscheidet darin das *Ich* (Bewußtsein, Denken), den *Körper* (Muskeln, vegetative Funktionen), die *Emotionen* und als Kern das *Herz*. Das Herz ist im metaphorischen wie im konkreten Sinne das energetische Zentrum des Körpers. Vom Herzen aus wird Energie z.B. mit Hilfe des Blutkreislaufs den einzelnen Köperregionen zugeführt. Die genaue Form dieser Energie wird nicht definiert; es kann u.a. Wärme, Sauerstoff, Flüssigkeitsstrom (Blut, Lymphe), Ionenfluß an verschiedenen Körpermembranen und elektrische Energie sein.
Der oberen Körperhälfte werden mehr aufnehmende Funktionen zugewiesen: Augen, Ohren, Mund, Arme. Der unteren Körperhälfte inklusive der Geschlechtsorgane (Befruchtung, Geburt) und der Beine (Weg-Bewegung) dagegen mehr ausscheidende Funktionen. Die Energiezufuhr nach oben und unten kann an mehreren Engpässen muskulär blockiert werden, etwa in der Zwerchfellgegend nach unten und am Hals nach oben. Dabei spielt auch die Einschnürung der Kehle eine Rolle, wodurch die Stimme als Organ der Kontaktaufnahme behindert wird. Während in der freien Bewegung sich die Muskeln abwechselnd kontrahieren und ausdehnen, wird der Muskelapparat durch die Blockaden des Muskelpanzers zur Verhinderung von Bewegung mißbraucht. Dabei kommt es zu Ladung ohne Entladung, d.h. zu chronischer Spannung, die dem angenommenen Lebensprin-

zip des *Pulsierens*, dem Wechsel von Kontraktion und Expansion, Spannung und Entspannung, Ladung und Entladung widerspricht. Dieser ungesund aufgestauten Energie will die Bioenergetik wieder zum Fließen verhelfen. Wenn dieser Energiefluß nach langer Zeit wieder möglich wird, kommt es häufig zu dammbruchartigen Entladungen (Katharsis), und die Gefühlsäußerungen sind infantil, wenn ihre Unterdrückung schon früh begonnen wurde.
In der Bioenergetik ist eine gewitterartige Endladung keine notwendige Voraussetzung für Veränderung. Sie kann zwar reinigend sein, aber auch Schmerzen verursachen. Dagegen kann die Sensibilisierung für die zurückgehaltenen Energien und Ausdrucksmöglichkeiten auch sanft beginnen und kontinuierlich weitergehen, so wie ein Organismus wieder zu wachsen beginnt, wenn ihm Nährstoffe zugeführt werden.
Außer der muskulären Behinderung des Energieflusses kann die Verfügbarkeit von Energie durch die Atmung eingeschränkt oder gefördert werden. Die Bioenergetik will durch direkte Bearbeitung der muskulären Verspannungen und der Veränderung der Atmung die Blockaden ins Bewußtsein heben und körperliche Wege nutzen, um den Energiefluß zu befreien – nicht um eine kognitiv-bewußte Problemlösung auszulassen, sondern weil dem Körper das Primat der Erfahrung zugestanden wird. Daß der gedanklichen Problemlösung eine körperliche Neuorientierung folgt, wird für weniger aussichtsreich gehalten als der umgekehrte Weg. Eine ähnliche Position nimmt die Verhaltenstherapie (Band II) bezüglich autonomer (Erregungs-/Entspannungs-) Reaktionen und der Willkürmotorik (»Verhalten«) ein. Verhalten ändere Einsicht leichter als umgekehrt. Allerdings steht in der Verhaltenstherapie die aktive Einübung und bei der Bionergetik körperliche Erfahrung im Vordergrund, die durchaus passiv ausgelöst werden kann (z.B. durch Massage).

Bioenergetische Übungen

Bioenergetik strebt freie Beweglichkeit des Körpers und Spontanität des Ausdrucks als Grundlage seelischer Gesundheit an. Dieses Ziel kann man mit sehr unterschiedlichen Maßnahmen fördern:

Durch *Massage* der verspannten Muskelpartien (z.B. Nacken, Schultern, Kaumuskulatur) können die Kontrakturen momentan gelöst und die dadurch freiwerdenede Energie für das Individuum vorübergehend spürbar gemacht werden. *Boadella* (1977) unterscheidet die sanfte Massage, die im wesentlichen das Kontakterleben vermittelt, von der Tiefenmassage, die die Kontraktion mit Krafteinwirkung löst, aber u.U. den Organismus überfordert. *Boyesen* (1987) beschreibt noch eine dritte Form der Masssage, die empathische Qualität hat und dazu führt, daß der Behandler die Befindlichkeit des Klienten am eigenen Leibe spürt (was Reich vegetative Identifikation nannte). Durch *Bewegung* können ebenfalls motorische Hemmungen überwunden werden, z.B. in der Psychomotorischen Therapie (*Cobb* 1977) oder Bewegungstherapie (*Petzold & Berger* 1977).

Entspannung kontrahierter Muskelpartien ist eine dritte Möglichkeit, den Muskelpanzer momentan zu lösen und dadurch eine veränderte Vitaltät spürbar zu machen. Dazu ist das Autogene Training (*Schultz* 1932) und die progressive Muskelrelaxation (*Jacobson* 1938) entwickelt worden (s. Band III).

Streßpositionen: Neben der Massage, Bewegung und Entspannung werden Körperhaltungen verwendet, die bestimmte Muskelpartien in Spannung versetzen, die nur herstellbar ist, wenn sie nicht durch Verspannungen behindert wird. Abbildung 4.1a zeigt eine solche »Integrations«- Übung, die eine aktionsbereit gespannte und balancierte Haltung sowie festen Stand auf der Erde (grounding) ermöglichen soll (s. *Lowen* 1979, S. 59). Die Übung kann nicht nur das Gefühl einer harmonischen Haltung und Verbindung zur Unterlage vermitteln, sondern auch die muskulären Verspannungen z.B. in der Hüfte, am Nacken oder in den Beinen zu diagnostizieren helfen, die diese Haltung und das damit verbundene Gefühl behindern.

In *Fallübungen* (z.B. *Lowen* 1979, S. 178) wird auf einer weichen Unterlage eine Stellung auf einem Bein eingenommen, die nur kurze Zeit aufrecht erhalten werden kann, bis der Übende hinfällt. Im Gegensatz zum bewußten Hinfallen, werden hierbei jedoch die unwillkürlichen Mechanismen des Abfangens wirksam, da die willentliche Bemühung auf das Nichtfallen fokussiert ist. Auf diese Weise erlebt der Übende die Wirksamkeit der unwillkürlichen Reflexe.

Atemübungen sollen einmal die eingeschränkte Atmung überwinden und die dadurch zurückgehaltenen affektiven Reaktionen sprürbar machen helfen. Zum anderen kann im tiefen und zugleich leichten Atmen im Liegen (ohne Zwang, s. Abbildung 4.1b) die pulsierende Bewegung des gesamten Körpers in Erfahrung gebracht werden (»Bogen«-Übung, *Lowen* 1979, S. 219). Aufgrund der grundsätzlichen Bedeutung des Atmens für die körperliche Befindlichkeit und die Emotionalität sind eigene Formen der Atemtherapie entwickelt worden (*Mildendorf* 1977).

Bei den Streßpositionen, verlängerten Atemübungen und nach Auflösung muskulärer Blockaden treten manchmal Vibrationen der betroffenen Körperpartien oder der Extremitäten auf, die vermutlich mit physischer Erschöpfung oder Alkalose des Blutes zusammenhängen, aber zugleich unwillkürliche Reaktionen darstellen und geeiegnet sein können, die wiederhergestellte Durchlässigkeit des Muskelpanzers deutlich zu machen.

Abbildung 4.1

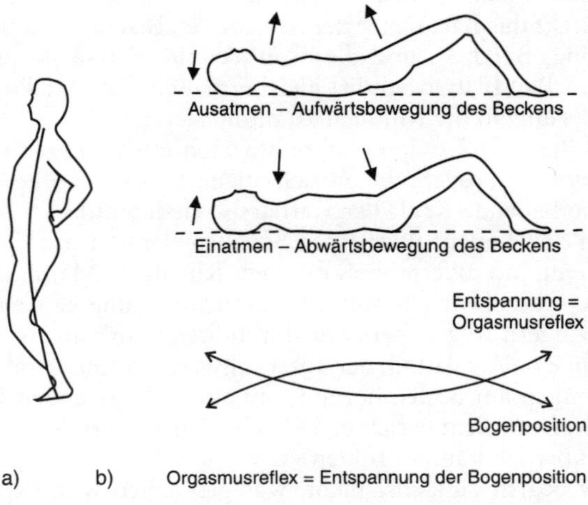

Abbildung 4.1 : Bioenergetische Übungen. a) »Integrationsübung« zur Herstellung einer stabilen aktivierten Haltung. b) »Bogenübung« zur Herstellung einer mit dem Atmen gekoppelten Gesamtbewegung des Körpers (nach Lowen, 1979)

4.5 Die Renaissance des Affekts

Katharsis

Schamanen, Exorzisten und Hypnotiseure haben vermutlich zu allen Zeiten das angestrebt, was einen Teil kathartischer Therapie ausmacht: den Organismus in eine psycho-physiologische Krise führen, in der er anfallsartig abreagiert, was ihn beunruhigt, unbewußt drängt und behindert, um sich derart Erleichterung zu verschaffen. *Freud & Breuer* (1895) sahen den Sinn der kathartischen Therapie in der Aufhebung einer Spaltung zwischen Erinnerung und Affekt. Freud selbst hat später vom kathartischen Verfahren und der Hypnose, die für ihn und Breuer eine Möglichkeit der Abreaktion darstellte, Abstand genommen. Reich dagegen hat die Katharsis als wünschenswerten Schritt zur Durchbrechung des Charakterpanzers betrachtet.
In neuerer Zeit erlebt der Affekt als wirksames therapeutisches Element eine Renaissance: die Gestalttherapie (Band III) bemüht sich, den Klienten die Bedeutung seiner Störung und Gesundheit emotional erleben zu lassen, die Gesprächstherapie sieht im Affekt das Barometer der subjektiven Bedeutsamkeit (Experiencing, Band 3), und die Transaktionsanalyse (Kapitel 5 in diesem Band) ist bestrebt, gleichermaßen den Affekt und die Erinnerung an die Kindheit zu mobilisieren.
Janov hat 1967, wie er schreibt, nach etwa siebzehnjähriger, traditioneller, psychodynamisch orientierter Psychotherapiepraxis die heilende Kraft der Katharsis wiederentdeckt: Angeregt durch den Bericht über einen Schauspieler, der auf der Bühne als Kleinkind agierte, ließ er einen Klienten »Mama, Papa...« rufen. Obwohl der Klient dieser Aufforderung erst nach einigem Zögern folgte, geriet er durch Steigerung und Wiederholung in eine Art Anfall, der unter schwerem Atmen und Körperzuckungen am Boden liegend, mit einem befreienden Urschrei endete. Der Klient berichtete: »Ich hab's geschafft. Ich weiß nicht was, aber ich kann es fühlen.«
Janov begriff zunächst nicht, was geschehen war, experimentierte mit dem Urschrei jedoch weiter und entwickelte daraus die Primärtherapie. Seine Bücher werden inzwischen zu Millionen aufgelegt. Er hat in Los Angeles und New York Institute für Primärtherapie gegründet, und seine Schüler sind über ganz

Westeuropa tätig. Die Publikumswirksamkeit der Urschrei-Therapie ist einmal auf Janovs fast reißerischen Schreibstil zurückzuführen, zum anderen auf die Tatsache, daß er mit dem Urschrei einen sensiblen Punkt unserer Kultur berührt. Ähnlich wie Freud mit den sexuellen Tabus der viktorianischen Zeit brach und versuchte, diesen Schritt wissenschaftlich zu legitimieren, brechen Janov und seine Schüler wie vormals Reich und Lowen mit dem Gebot des gut kontrollierten und wohldosierten Gefühls, dem die Urgewalt menschlicher Affekte zugunsten der Anpassung an eine zweckrational orientierte Gesellschaft zum Opfer gefallen ist.

Das unvollständige Gefühl

Die Primärtherapie (*Janov* 1970) und verwandte Therapieformen (»Feeling-Therapy«, *Hart, Corriere & Binder* 1975) gehen davon aus, daß der gesunde Mensch aus seinem Gefühl heraus lebt:
»... ein spannungsloses, abwehrfreies Leben, bei dem man ganz und gar man selber ist und ein tiefes Gefühl und innere Maßstäbe kennenlernt. Das ist die Seinsweise, die durch die Primärtherapie erreicht werden kann. Die Menschen werden sie selber und bleiben sie selber« *Janov* 1970, S. 13).
Das vollständige Gefühl ist eine Einheit von Empfindung, Bedeutung und Ausdruck: Wer Gefühle vollständig erlebt, ist psychisch gesund. Er hat eine einheitliche Entscheidungsgrundlage für sein Handeln. Es ist unklar, ob damit eine Betonung der Jungschen Wahrnehmungs- und Urteilsfunktion in dem Sinn gemeint ist, daß Fühlen und Empfinden Haupt- und Hilfsfunktion, dagegen Denken und Intuition minderwertige Funktion und sekundäre Hilfsfunktion werden (vgl. Kapitel 3), oder ob es sich um eine Einheit aller vier Pole handelt. Jedenfalls erlebt derjenige, der aus dem vollständigen Gefühl heraus entscheidet, die Welt befriedigend, so lange sie ihn befriedigt und ist zugleich sensibel für Störungen, d.h. bringt sie spontan zum Ausdruck und ist bemüht, sie sobald wie möglich zu beheben. Ein solcher Mensch befindet sich gemäß der klassischen Psychoanalyse im Primärprozeß, nach Begriffen der Gestalttherapie (Band III) im Kontakt sowohl mit seinen Bedürfnissen wie auch mit den Anforderungen seiner Umwelt. Er berücksichtigt,

wie es die Verhaltenstherapie fordert (Band II), die Ebenen der Physiologie (Empfindung, E), Kognition (Bedeutung, B) und Motorik (Ausdruck, A) gleichermaßen. Das hier gezeichnete Ideal widerspricht offensichtlich kaum einer Therapieform völlig – nur wird es in der Primärtherapie zum vorrangigen Therapieziel und sogar zum Primat der Lebensgestaltung (*Janov* 1976, 1980). Die neurotische Störung besteht darin, daß Gefühle unvollständig erlebt werden. Der Neurotiker empfindet z.B. innere Spannung, kann sie aber nicht deuten (»Ein bißchen nervös, aber sonst geht es mir gut«) und drückt sie vielleicht auch nicht aus (E, ~~B~~ ,~~A~~). Oder der Neurotiker bringt mit seinem Gesichtsausdruck und der Körperhaltung etwas zum Ausdruck (Trauer, Anspannung, Angst), was er weder empfindet, noch deuten kann (~~E~~, ~~B~~, A). Er kann auch Spannung empfinden und zum Ausdruck bringen, aber sie falsch attributieren, indem er sagt: »Die Welt ist so schlecht« (~~E~~, B, ~~A~~). Dabei kommt es nicht darauf an, irgendwelche Gefühle zu haben, sondern die richtigen: »Dora kauft einen Schaukelstuhl, kippt damit als erstes zu Hause um und schlägt sich den Kopf an. Ihre Reaktion ist eine Schimpfkanonade auf den Hersteller des Stuhls, und das zum Ausdruck gebrachte Gefühl ist Ärger. Damit überdeckt sie jedoch die eigentliche Reaktion in einer solchen Situation, wenn man rückwärts den Halt verliert, nämlich Angst« (*Hart, Corriere & Binder* 1975).

Schleusentheorie

Gefühle sind häufig Schmerzen. Physische Schmerzen und schmerzhafte Gefühle aufgrund psychischer Befindlichkeit werden bei Janov nicht unterschieden. So sind Geburtskomplikationen (verlängerte Wehen, Zangengeburt, Nabelschnur-Strangulation), Hunger oder Schläge ebenso schmerzhaft für das Kind wie das Verlassenwerden durch die Mutter, der Tod einer geliebten Person, das Gefühl der Ohnmacht oder starker Ärger. Alle ungestillten Bedürfnisse führen zu Schmerzen. Wird der Schmerz zu groß, dann verhindert der Organismus die sensorische Überflutung des Hirns durch Unterdrückung der afferenten Impulse: der Schmerz wird nicht mehr empfunden (~~E~~) und in seiner traumatischen Bedeutung nicht gesehen (~~B~~); die Erregung drückt sich jedoch noch in körperlicher Spannung aus. Bei zuviel Schmerz kann der Organismus in Ohnmacht fallen, seine Wahrnehmung selektiv einschränken oder den Anlaß verdrängen. Zur Erklärung dieser Phänomene nimmt *Janov* (1971) Bezug auf die Melzacksche Schmerztheorie (z.B. *Melzack* 1978). Danach hängen sensorische, kognitive und affektive Aspekte des Schmerzes eng zusammen und beeinflussen sich gegenseitig (vgl. Streßbewältigung, Band II). Der Affekt ist die emotionale Färbung (zumindest positiv-negativ), die die zunächst indifferente physiologische Erregung erfährt, die durch eine starke Reizung ausgelöst wird. Nach der »Schleusen«-Theorie des Schmerzes von Melzack (gate-control-theory) kann der Organismus sowohl durch bewußte Überlegungen zur Bewältigung der Situation wie auch durch den Affekt die subjektive Schmerzempfindung steuern. Wird der Affekt zu groß, so werden darüber hinaus weitere Empfindungen blockiert.

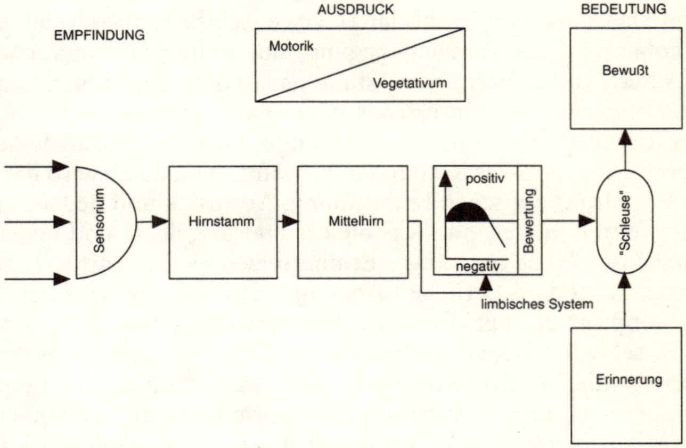

Abbildung 4.2: Die Erregung aus den verschiedenen Sinnesmodalitäten durchläuft mehrere Zentren des Hirns. Dabei wird eine affektive Bewertung vorgenommen. Wenn diese affektive Bewertung zu stark negativ ist, schließt sich eine hypothetische »Schleuse«, die im limbischen System angesiedelt wird, sodaß schmerzhafte Empfindungen entweder nicht mehr wahrgenommen, in ihrer Bedeutung verkannt oder nicht zum Ausdruck gebracht werden. Zur Schließung der Schleuse können auch schmerzhafte Erinnerungen beitragen, die dann nicht bewußt werden

Es ist z.B. bekannt, daß zusätzliche sensorische Reizung (Elektrostimulation) Schmerzen lindern kann und daß die Steigerung der Erregung durch Amphetamine hyperaktive Kinder beruhigt. Dies deutet darauf hin, daß der Organismus sich gegen Überlastung des Hirns wehrt, indem eine Schleuse (die vermutlich im limbischen System zu lokalisieren ist) geschlossen wird. Dies ermöglicht ihm zwar das Überleben in einer schmerzhaften Umwelt, aber um den Preis der Empfindungslosigkeit, d.h. Neurose. In Abbildung 4.2 sind diese Zusammenhänge schematisch dargestellt.

Urschmerz

Schmerzhafte Urerfahrungen müssen nicht durch einmalige große Traumen verursacht werden, wie eine schwierige Geburt oder Vergewaltigung, sondern können sich über die Zeit akkumulieren. Das ständige Gefühl der Unerwünschtheit, des Herumgeschobenseins, der Vernachlässigung, ungestillte Bedürfnisse nach Kontakt, Liebe, Berührung, ständige Verbote des Fühlens und Ausdrückens von aggressiven oder sexuellen Impulsen – alle derartigen kleinen Anlässe können irgendwann das Maß dessen übersteigen, was das Kind tolerieren kann. Von da ab wird dann eine Spaltung zwischen Empfindung, Ausdruck und Bedeutung des Gefühls eingeleitet. Was bleibt, sind losgelöste und bedeutungslose, daher verdrängte Erinnerungen an die schmerzhafte Situation und körperliche Erregung. Die Erregung wird häufig in Symptomen abgeführt, wie Nervosität, Agilität, Tics, Stottern, schnelles Reden, Kettenrauchen, Überessen, oder in psychosomatischen Symptomen wie Magengeschwüren, Allergien, Asthma u.a., oder in symbolisierter Form in Zwangsgedanken, Ritualen, Ängsten und Alpträumen. Dieses Ausagieren der körperlichen Erregung nützt dem Individuum aber nichts, da die Spannung permanent neu erzeugt wird – das Reservoir des unerledigten Urschmerzes bleibt erhalten. Der neurotische Mensch verleugnet seine realen Bedürfnisse und präsentiert ein irreales Selbst. Das entspricht etwa dem, was Jung die Persona genannt hat. Nach psychoanalytischer Ansicht ist das notwendig, um den Menschen in die Gesellschaft mit ihren Geboten und Verboten zu integrieren. Nach Ansicht der Primärtherapie ist die Abwehr nicht notwendig, ja schädlich. Der Mensch sei auch in

seinem realen Selbst gesellschaftsfähig. Es sind nicht mörderische oder chaotische Impulse, die der Mensch verdrängt, sondern Bedürfnisse nach Liebe, Nähe und Anerkennung.
Wir haben gelernt, die schmerzhaften Ereignisse der frühen Kindheit zu blockieren, damit sie uns nicht überwältigen. Erleben wir später als Erwachsene ähnliche, aber nun völlig ungefährliche Frustrationen wie die damaligen Erlebnisse, so werden die alten Erinnerungen wachgerufen. Sie können sich aber wegen der über sie verhängten Blockade nicht artikulieren und äußern sich lediglich in Spannung, die in den für das Individuum typischen Symptomen ausagiert wird. Da es dabei nicht zur Entleerung des Topfes von Urschmerz kommt, treten die Spannungen und die damit verbundenen neurotischen Symptome stets wieder von neuem auf. Die Erinnerungen werden durch die Blockade im limbischen System daran gehindert, ins Bewußtsein zu dringen. Die durch die Urerlebnisse gegebene Bedeutung jetziger Frustrationen kann mit der Empfindung nicht integriert werden, so daß nur Ersatzreaktionen übrigbleiben. *Janov* (1971) versucht, mit experimenteller Literatur zu belegen, daß die entscheidende Blockade zwischen Erinnerung und Bewußtsein in einer Struktur des limbischen Systems, nämlich dem Hippokampus, gelegen sein muß.

Träume, Drogen, Heilung

Es ist bekannt, daß die Tätigkeit des Hippokampus während der Traumphasen herabgesetzt ist. Wenn es stimmt, daß dem Hippokampus die Funktion der Verdrängung alter Erinnerungen und damit des Urschmerzes zukommt, so ist die Ruhe des Schläfers in den Traumphasen gefährdet. Die Erinnerungen dringen ins Bewußtsein, die Schleuse ist vorübergehend geöffnet und das Großhirn muß jetzt nach anderen Abwehrmechanismen suchen. Durch Verknüpfung mit assoziativ nahegelegenen Inhalten und Symbolen wird eine verwirrende Ideation angeregt, so daß die Erinnerung nur verschlüsselt bewußt werden kann – für das Bewußtsein des Schläfers nicht deutbar und damit ungefährlich (vgl. Freuds Bemerkung vom Traum als Hüter des Schlafes).
Ähnliches findet nach Ansicht von Janov unter LSD-Einfluß statt. Die hemmende Aktivität des Hippokampus ist dann ebenfalls herabgesetzt, und es kommt zu Erinnerungen des Urschmerzes,

die eine verstärkte Tätigkeit des Großhirns im Sinne von verschlüsselnder Ideation veranlaßt. Es resultieren dann Horrortrips, die mit Alpträumen vergleichbar sind, falls der Urschmerz groß ist. Tranquilizer (z.B. Chlorpromazin) bewirken das Gegenteil. Die Tätigkeit des Hippokampus, der Schleuse, wird verstärkt. Dadurch werden die schmerzhaften Erinnerungen zurückgedrängt, und das Individuum ist beruhigt.
Die Genesung des Menschen ist die Wiederherstellung des vollständigen Gefühls. Dazu muß die Empfindung des Urschmerzes geweckt und an die ursprüngliche Bedeutung gekoppelt werden. Diese wiederhergestellte Verbindung von Empfindung und Bedeutung sowie der dazugehörige Ausdruck (Urschrei) entlastet die Person endgültig: »Es ist wichtig, zu verstehen, daß nicht der Schrei es ist, das Herausschleudern von Erinnerungen, das Schlagen auf Kissen usw., die bedeutsam sind. Es ist die Verknüpfung, die die Person endlich und endgültig in permanenter Weise erleichtert« (*Janov* 1971, S. 77).
Dieses Ereignis, in dem die Verknüpfung gestiftet wird, ist nur möglich, wenn die Abwehrmechanismen daran gehindert werden, den Schmerz zurückzuhalten, d.h., wenn die »Schleuse« geöffnet wird und offen bleibt, so daß in Zukunft keine schmerzhaften Gefühle mehr verdrängt werden und Anlaß zu neuem Ausagieren geben. In dieser Hypothese, der permanenten Öffnung der »Schleuse«, setzt die Primärtherapie ihre ganze Hoffnung. Der ursprüngliche Affekt wird in Empfindung, Bedeutung und Ausdruck als ungefährlich erlebt; die Schleuse wird daher überflüssig und für immer beseitigt.

4.6 Primärtherapie

Abwehr und Symptome

Warum ist Neurose so attraktiv? – Warum ist es scheinbar sinnvoll, die Fähigkeit des vollständigen Fühlens zu verlieren? – Weil Neurose das Individuum vorhersagbar für die Gesellschaft macht; Neurose, hier verstanden als Anpassung. Und der Lohn für die Anpassung ist Sicherheit und Stabilität der Lebensumstände.

Die Abwehrmechanismen sind im allgemeinen das, was die Eltern in der Erziehung vom Kind verlangen. Es gibt willkürliche und unwillkürliche Abwehrmechanismen. Willkürlich ist z.B. Rauchen, Trinken, Drogennehmen und Sichüberessen. Hierdurch werden übermäßige Spannungen abgebaut. Willkürlich sind auch Fragen, Lächeln (keep smiling), indifferentes Reden (»Einerseits... andrerseits...«). Hierdurch wird die Zustimmung der Mitmenschen erkauft. Unwillkürliche Abwehrmechanismen sind Zwinkern, Bettnässen, Stottern. Die Verkrampfung der Bauchmuskulatur und verflachte Atmung verhindern das Weinen. Verkrampfung in Schultern und Armen verhindern das Zuschlagen.
Auch wenn der Klient seinen neurotischen Zustand beenden möchte, hängt er doch an seinen Abwehrmechanismen und gibt sie ungern auf, weil sie ihm bisher Sicherheit gegeben haben und er Schlimmes befürchtet, falls er sie aufgibt. Das nennen Psychoanalytiker Widerstand, und der Therapeut sieht sich gezwungen, die Abwehr des Klienten zu durchbrechen, um ihm zu seinen wahren Gefühlen zu verhelfen.

Maßnahmen, um die Abwehr zu durchbrechen

Die Abreaktion und damit der Zugang zum Urschmerz findet nur statt, wenn der Klient sich in einer persönlichen Krise befindet, in der das Abwehrsystem zusammenbricht. Janov verlangt von seinem Klienten nach einem Vorgespräch zunächst Absetzen von Schmerzmitteln und Beruhigungstabletten. Sie erhalten striktes Verbot, zu rauchen und Alkohol zu sich zu nehmen. Vierundzwanzig Stunden vor Beginn der Therapie wird der Patient in einem Hotelzimmer isoliert und gebeten, den Raum nicht vor der Therapiestunde am nächsten Tag zu verlassen. In den vierundzwanzig Stunden darf er weder lesen noch fernsehen noch telefonieren. Wenn eine starke Abwehr vermutet wird, wird er angehalten, die ganze Nacht wachzubleiben. Schreiben allerdings darf der Klient, was ihn in dieser Zeit bewegt. Nach dieser »Isolationshaft« kommt der Klient müde, ängstlich und entnervt in die erste Therapiestunde. Er wird gebeten, sich hinzulegen und Beine und Arme offen auszustrecken. In dieser wehrlosen Position beginnt der Therapeut, ihn zu bearbeiten.
Nicht nur die körperliche Abwehr wird geschwächt, sondern auch die intellektuelle, indem der Therapeut den Klienten ver-

bal mit allem konfrontiert, was als Ausweichmanöver gedeutet werden kann. Der Klient soll von sich selbst sprechen, um zu dem zu gelangen, was ihn beunruhigt.
Eine andere Art des Ausweichens ist das Gefühl der Verwirrung (kein echtes Gefühl). Der nächste Auszug zeigt noch massivere Eingriffe von seiten des Therapeuten, um die Klientin aus der Fassung zu bringen – Fassung im Sinne von Anpassung (*Hart et al.* 1975).
Die Klientin fühlte sich durcheinander und empfindet die Dinge als chaotisch. Der Therapeut verlangt Einzelheiten:

Kl: Ich müßte die Kinder abends baden. Ich tu das nur einmal die Woche. Die Kinder gehen auch zu spät ins Bett und morgens haben sie Schwierigkeiten aufzustehen. Ich mußte immer halb acht zu Bett gehen, wie ich klein war.

Immer, wenn die Klientin aufhört zu sprechen, schlägt der Therapeut mit einem Kissen neben die Klientin, um sie zu terrorisieren.

Kl: Hören Sie auf, mich zu ängstigen.
Th: Nein, reden Sie weiter.
Kl: Ich mach den Kindern kein richtiges Essen.
Th: (schreit) Was ist ein gutes Essen.
Kl: (schreit) Ich weiß nicht. Vielleicht Hühnchen.
Th: Sie wissen es genau. Was ist ein gutes Essen.
Kl: Ich weiß nicht.
Th: (schlägt mit dem Kissen) Was für Hühnchen?
Kl: Ich weiß nicht. Hühnchen.
Th: Brathühnchen?
Kl: Ich weiß nicht.
Th: Hühnerfrikassee?
Kl: Ich weiß nicht.
Th: Los, reden Sie.
Kl: Ich weiß nicht.
Th: Was sonst noch (schlägt mit dem Kissen)?
Kl: Salat. Ich bin durcheinander.
Th: Was für Salat?
Kl: Ich weiß nicht. Grüner Salat, Bohnen, sie sollen Salat haben... Aber ich hasse Salat. Und Milch. Sie brauchen Milch, aber... (schreiend) Ich hasse Milch. Ich möchte keine Milch. Ich hasse sie.

Die Klientin berichtet, daß sie nicht mehr wußte, was mit ihr geschah. Sie fühlte sich klein und zornig. Sie spürte den ganzen Haß auf die Milch. Sie schrie. Aber sie schrie nicht mehr den

Therapeuten an, sondern die eigene Mutter. Sie fühlte sich nicht als Mutter, sondern als Kind böse auf die eigene Mutter.
Ein weiterer Zugang, die Abwehr zu durchbrechen, ist die Atmung. Dem Zusammenhang zwischen Affekt und Atmung hat *Reich* (1933) besondere Beachtung geschenkt. Durch flaches Atmen und Versteifung des Zwerchfells läßt sich Affekt unterdrücken, insbesondere Schreien und Weinen. Wenn man erschreckt wird, preßt man den Bauch zusammen und hält den Atem an. Das Flachatmen ist daher symbolisch für den Schreck und die Angst vor dem hervordringenden Urschmerz. Während der Primärtherapie wird der Klient angehalten, tief zu atmen, insbesondere die Bauchatmung zu fördern. Durch leichten Druck mit der Hand auf die untere Brustpartie wird der Klient veranlaßt »gegen den Druck« anzuatmen und dabei besonders das Zwerchfell zu aktivieren. Durch anhaltendes tiefes Atmen in ruhiger Lage kommt es zu einem psychophysischen Ausnahmezustand, dem sog. Hyperventilationssyndrom.

Die starke Durchlüftung der Lungen führt zu einer übermäßigen Entfernung des Kohlendioxyds aus dem Blut, wodurch der pH-Wert ins Alkalische steigt (Alkalose). Unter diesen Bedingungen machen sich tetanische Symptome bemerkbar, wie Verkrampfung der Extremitäten und allgemeiner Tremor. Der Zustand wird psychisch als rauschhaft erlebt. Das Hyperventilationssyndrom wird jedoch in der Primärtherapie nicht angestrebt. Vielmehr geht es darum, neben der Bauchmuskulatur auch weitere Partien, die mit Atmung und Stimme zusammenhängen, von der Verkrampfung zu befreien. Zu diesem Zweck soll der Klient den Mund offen halten und beim Ausatmen einfache non-verbale Laute von sich geben. Auf diese Weise kann er weder schlucken noch lachen, was ebenfalls als Abwehr gedeutet wird.

Das Atmen scheint sich im Sinne positiver Rückkopplung zu verselbständigen und sich zu einem Schreien zu steigern: »Wenn sich das Atmen ausweitet und vertieft, spüren wir, daß der Höhepunkt in Sekunden oder Minuten da sein wird... Der Patient würgt und scheint im großen und ganzen auf der Flucht vor seinem Urschmerz zu sein. In einem einzigen großen Kampf scheint dann plötzlich die Verbindung hergestellt worden zu sein – und bricht als Urschrei aus dem Mund hervor. Der Patient atmet dann voll und leicht; ein Patient sagte: »Ich habe mich eben wieder ins Leben zurückgeatmet.« Patienten fühlen sich gelassen, gereinigt, sauber danach (*Janov* 1970, S. 110).

Folgende Punkte können beim Vorgehen in der Primärtherapie hilfreich sein (nach *Swartley* 1976):

- Den Klienten unterstützen, aber es ihm nicht um jeden Preis angenehm machen; um sich auf ein Primärerlebnis einzulassen, muß sich der Klient sicher fühlen und der vollständigen und unbedingten Unterstützung und Akzeptanz von seiten des Therapeuten gewiß sein. Es kommt aber darauf an, Unterstützung und Harmonisierung nicht zu verwechseln. Wenn schmerzhafte Gefühle auftreten, kann Harmonisierung hinderlich werden.
- Den Klienten auffordern, sich zu entspannen, tief zu atmen und seinen Körper frei zu bewegen. Wenn er anscheinend Lautäußerungen zurückhält, vorschlagen, sie herauszulassen.
- Keine Analyse und keine Intellektualisierung. Erst fühlen, später verstehen. Niemals »warum?« fragen, aber den Klienten auch nicht entmutigen, seine Gefühle zu verbalisieren.
- Niemals den Klienten in einer Richtung drängen, auch wenn man von der Richtigkeit diese Richtung überzeugt ist. Jeder findet seinen eigenen Weg, wenn er dazu bereit ist.
- Kommt der Klient nicht weiter, ihn ermutigen mit den derzeitigen Gefühlen zu beginnen. Sie müssen erfahren werden, bevor eine Regression in die Kindheit stattfinden kann.
- Wenn Gefühle auftreten, den Klienten sich selbst überlassen. Der Therapeut ist nur dazu da, ihn im Falle der Not zu stützen und Sicherheit zu gewähren.

Primärtherapie sollte von keinem ungeschulten Therapeuten durchgeführt werden (betont Janov), da eine gewisse Vertrautheit mit den Effekten des Primärprozesses erforderlich ist.

Das Primärerlebnis

Der Urschrei tritt nicht sofort in der ersten Stunde auf, es kommt zunächst zu halbherzigen Vorformen. Später wiederholt sich dann der Urschrei, und es werden schmerzhafte Erlebnisse aus zunehmend früherer Kindheit dabei zum Ausdruck gebracht. Wenn sich zuerst Haß und Liebesansprüche des Kindes gegen die Eltern artikulieren, so kommt es später nach Ansicht der Primärtherapeuten häufig zum Wiederdurchleben des Geburtstraumas:

Der Therapeut fragte: »Wie fühlen Sie sich?« Ich sagte: »Traurig.« Mit dieser denkbar einfachen Einleitung begann ich meinen Abstieg in die eigene Hölle – durch scheinbar endlose Gänge des Schmerzes. Ich kann nicht sagen, ich ging in den Schmerz hinein; es war mehr ein Fallen. Ich begann tief vom Zwerchfell her zu atmen und zu weinen. Die Traurigkeit kam aus mir heraus. Mir schien, ich würde in meiner eigenen Traurigkeit ertrinken. Ich sank mehr und mehr in das Gefühl hinein. Ich wußte nicht warum, und es war mir auch egal warum. Ich weinte. Ich hatte das Gefühl, diese Tränen haben ein Leben lang darauf gewartet, geweint zu werden. Und jetzt ertrank ich in meinen eigenen Tränen. Als das Weinen aufhörte, hatte ich Schwierigkeiten, Worte zu formulieren. Meine Lippen konnten die entsprechenden Bewegungen nicht ausführen. Jeder Moment war schmerzvoller. Ich fühlte mich, als bräche ich auseinander. Mein Magen war zusammengezogen und fühlte sich aufgerissen an. Das einzige, was mir bewußt war, waren die Schmerzen. Ich schrie und weinte nach meiner Mutter. Nach langem Eintauchen in den Schmerz des Verlangens nach meiner Mutter hörte ich auf zu weinen. Ich war naß von Schweiß, und meine Arme und Beine waren schlaff und taub. Ich war hilflos. Ich fing wieder an zu weinen und fühlte mich aufgegeben. Verlassen. Nur Schmerz. Ich begann mich zu winden, zu krümmen, zu weinen, zu spucken und zu schwitzen – und eine Szene begann sich in meinem Bewußtsein abzuzeichnen. Ich befand mich im Kreißsaal. Heißes, stechendes Wasser spürte ich in den Augen, meine Haut brannte, es tat mir über den ganzen Körper weh. Ich sah die Szene nicht – ich erlebte sie wieder. Dann fühlte ich mich alleine gelassen. Ich war in der Kinderstube. Allein und verzweifelt. Schließlich nahm mich eine Schwester und brachte mich zu meiner Mutter. Ich fühlte ihren warmen Körper und ihre unendlich liebevolle Brust.

Der Klient war tatsächlich ungewöhnlich lange nach der Geburt von seiner Mutter ferngehalten worden – insgesamt 15 Stunden. Auch die folgenden Therapiestunden beschäftigen sich mit dieser Primärszene (*Janov* 1971, S. 133).

Das Urerlebnis auf seinem Höhepunkt ist eigentlich wortlos. Es ist das Gefühl des realen Selbst. Der Klient empfindet sich als seine Substanz. Kognition und Körper sind nicht mehr geschieden. Der Klient ist der Schmerz. Überraschenderweise sagen die Klienten, der Urschmerz tue trotz allem Stöhnen, Schreien und aller krampfhaften Zuckungen nicht weh. Es ist vielmehr eine Erleichterung, endlich fühlen zu können.
Häufige Primärerlebnisse betreffen den Krankenhausaufenthalt während der Entbindung (Verlust des Körperkontakts mit der Mutter), die Flaschenernährung (Ersatz für den Körperkontakt mit der Mutter), Erfahrung der psychischen Distanz zur Mut-

ter, Abwesenheit des Vaters, Inzest, Geburt, Tod der Eltern, Operationen.

Nicht alle Primärerlebnisse sehen gleich aus, aber es gibt typische Kennzeichen eines solchen anfallsartigen Vorganges. Der Puls steigt rapide bis auf 200 Schläge pro Minute. Zugleich steigt der Blutdruck in den Bereich der Hypertonie, ebenso die Körpertemperatur. Die Atmung wird tiefer und erstreckt sich über den ganzen Körper. Anfänglich tritt eine starke Muskelspannung auf mit angezogenen Knien, gewölbtem Rücken und nach hinten gekipptem Kopf. Am Ende des Primärerlebnisses, das häufig eine Stunde und länger dauert und in starke Bewegungen ausläuft, gehen die Werte der autonomen Funktionen zurück: der Herzschlag sinkt 10 bis 20 Schläge unter den Ruhepuls, der Blutdruck nimmt stark ab, die Hautfarbe belebt sich, häufig verbunden mit starkem Schwitzen. Die Körpertemperatur sinkt, das Weinen hält an. Die Atmung ist unbeschwert und gleichmäßig ruhig.

Der Gefühlszyklus

In der Entwicklung bis zum Erleben des vollständigen Gefühls durchläuft der Klient mehrere Stufen:

1. *Scheinintegration:* Der Klient gibt die Gefühle zu seiner jetzigen Situation wieder (verwirrt, traurig, aufgebracht u.a.).
2. *Konteraktion:* Der Klient erlebt seine Abwehr und deren Zusammenbruch.
3. *Abreaktion:* Der Klient hat den Urschmerz wieder belebt und in einer kindlichen Szene die negativen Affekte gegen seine Eltern artikuliert.
4. *Proaktion:* Der Klient kann die wiederentdeckten Bedürfnisse, die in der Kindheit verdrängt wurden, im jetzigen Lebenskontext formulieren und adäquat zum Ausdruck bringen.
5. *Reintegration:* Der Klient erkennt, welche Veränderungen die Anerkennung der Bedürfnisse und der Zusammenbruch der Abwehr für sein jetziges Leben bedeuten.

Am Beispiel sollen die verschiedenen Stufen kurz skizziert werden (*Hart, Corriere & Binder* 1975, S. 45 ff.):

Scheinintegration:

Ramon berichtet über sein gegenwärtiges Leben und ist beunruhigt, daß er gelegentlich das unerklärliche Bedürfnis verspürt, jemand anderen zu würgen. Der Therapeut empfindet dies nicht als psychotisch, sondern meint einen inneren Kampf zwischen Trauer und Zorn zu spüren, und entschließt sich zunächst, die im Augenblick stärkere Regung des Zorns zu unterstützen.

Konteraktion:

Der Ausdruck des Zorns läßt den Klienten seine Neurose erleben, die der Therapeut akzeptiert, ja fördert. Der Klient spürt die Aggression, aber auch die chaotischen Reaktionen des Körpers im Zusammenhang damit. Die Aggression ist Abwehr von darunterliegenden Gefühlen, die später zum Ausdruck kommen. Aggression selbst ist aber auch nur bedingt zulässig und ruft ihrerseits wieder Gegen-Gegenreaktionen im Körper hervor. Die Aggression kann durch schlagende Bewegungen (z.B. mit Batakas) unterstützt werden. Ab einem bestimmten Zeitpunkt sieht der Therapeut ein anderes Gefühl neben der Aggression auftauchen: der Klient selbst fängt an zu würgen. Die weitere Unterstützung der Aggression hält der Therapeut für nicht zweckmäßig. Wichtig ist vielmehr das aufkommende Gefühl der Schwäche – die Aggression wird als Abwehr, falsche Stärke abgelegt. Der Klient fühlte sich schwach und zusammengeschlagen.

Abreaktion:

Während des Ausdrucks von Ärger kommen dem Klienten Erinnerungen an den Vater. Der Klient fühlt sich am Ende der Konteraktionsphase klein und schwach und spürt ein Würgen im Hals. Er erinnert sich, daß er mit seinem Vater oft gerungen hat, der ihn immer besiegte und ihn dann im Schwitzkasten hielt. In dieser Altersregression fühlt der Klient sich ängstlich und durch den Würgegriff völlig bewegungsunfähig. Er wird jedoch vom Therapeuten in dieser Hilflosigkeit nicht belassen. Der Therapeut versucht, den Klienten dazu zu bewegen, sich aufzulehnen – jetzt gegen den Vater. Am Ende steht die Trauer, daß der Vater ihn nicht liebhaben konnte und der einzige Kontakt mit dem Vater darin bestand, daß er mit ihm grob umging.

Proaktion:

Nachdem der Klient seinen Urschmerz mit dem ungestillten Verlangen, von seinem Vater geliebt zu werden, in Verbindung gebracht hat, kann er das Bedürfnis, von jemand anderem geliebt zu werden, in die jetzige Situation umsetzen. Das Bedürfnis ist damit nicht weg, sondern es wird anerkannt. Da ist zunächst der Therapeut, der ihm in der Therapiestunde die ersehnte Unterstützung in gewissem Grade geben kann. Tiefer jedoch wird dies Bedürfnis in der Beziehung zu seiner Frau zum Ausdruck gebracht.

Reintegration:

Nach diesem Urerlebnis fühlt sich der Klient verändert. Ein Mensch, der sich auf sein Gefühl verlassen kann. Nicht ein Supermann, der niemals unsicher oder ängstlich wäre. Das Gegenteil ist der Fall: »Ich fühle mich unsicherer als je zuvor in meinem Leben. Verletzbar. Aber ich kann offen sein, weil ich meinen Gefühlen vertraue. Für mich ist es nach dieser Therapie wichtig, nicht in unsinnige Gedanken zurückzuverfallen, nämlich jemanden zu würgen, wenn ich ihn in Wirklichkeit erreichen möchte.« Statt gewalttätiger Gedanken kann der Klient jetzt sein Bedürfnis zeigen, von seiner Frau gemocht zu werden. Er fühlt sich mehr, aber auch zugleich furchtsamer, als er je zuvor es erfahren hat.

Auch an diesem Beispiel, in dem die Entwicklung des Gefühls genauer nachgezeichnet wurde, wird wieder deutlich, daß nicht die Abreaktion an sich der Sinn der Therapie sein kann, sondern die Verknüpfung, die Attribution des jetzigen unsinnigen Bedürfnisses (zu würgen) mit der kindlichen Erfahrung, daß Gewalttätigkeit die einzige Art Kontakt zur geliebten Person sein konnte. Dadurch wird dem Klienten klar, was hinter diesem Bedürfnis nach Gewalttätigkeit steht: das Bedürfnis nach Liebe, das er nach dieser Erfahrung direkt zum Ausdruck bringen kann – auch wenn er dadurch verletzbarer wird.

Der postprimäre Mensch

In der Primärtherapie sieht der Klient zunächst seinen Therapeuten täglich, solange er das Bedürfnis hat (in der Regel zwischen 1 und 3 Stunden). Bei Janov dauert diese Einzelbehandlung 3 Wochen. Immer wieder kommt es zu Urerlebnissen, in denen einzelne traumatische Situationen und Aspekte der Kindheit aufgearbeitet werden. Häufig entwickelt sich die Regression rückwärts von der Jugend über die Kindheit bis zur Geburt. Zugleich aber kommen zuerst die leichten Traumen, während die schwereren nur aspektweise auftreten und erst am Schluß voll verarbeitet werden können. Häufig wird die erste Phase auch in Form von Marathons durchgeführt. Danach trifft sich der Klient in sog. postprimären Gruppen mehrfach in der Woche. In diesen Gruppen findet keine Gruppentherapie im eigentlichen Sinne statt. Es sind vielmehr Ansammlungen bis zu 150 Mitgliedern, in denen mehrere Therapeuten gleichzeitig arbeiten. Sie gehen von Klient zu Klient und helfen, wo sie es für nötig halten. Die Klienten haben gleichzeitig oder nacheinander ihre Primärerlebnisse. Die Gruppe dient mehr dem ökonomischen Prinzip, die Therapie möglichst billig zu halten.

Bevor der postprimäre Klient beschrieben wird, soll kurz angegeben werden, wie Janov den typischen Klienten für seine Therapie charakterisiert. Der ideale Primärklient ist unverheiratet und ziemlich jung und nicht auf seine Beschäftigung und andere gesellschaftliche Verpflichtungen festgelegt. Im Gegensatz zu anderen Therapieformen kommen in der Primärtherapie auch nicht-intellektuelle gut voran, schon viele der Klienten allerdings sind freiberuflich tätig, wie Psychologen und Künstler. Die Unabhängigkeit des Klienten erleichtert seine Therapie.
Durch die Primärtherapie ändert der Klient grundsätzlich seine Lebensweise. Er verzichtet auf Drogen, trinkt keinen Alkohol mehr, raucht nicht mehr. Trotzdem hat er mehr Freude am Leben, auch wenn er zum Beispiel weniger Wert auf Sexualität legt. Häufig ändern sich seine persönlichen Interessen, wenn er sie als zwanghaft und manipuliert erkennt. Konsumzwang spielt für ihn keine Rolle mehr, häufig entschließt er sich zu Berufswechsel oder Trennung vom Ehepartner. Der postprimäre Klient empfindet das Alleinsein ganz anders. Er liebt es, für sich selbst da zu sein, nicht für die Gesellschaft; Zurückgezogenheit bedeutet ihm viel, im allgemeinen wird er egozentrischer. Vielfach wurden körperliche Veränderungen an dem Klienten beobachtet. Die Beziehung zu den Eltern wird häufig distanzierter. Die Eltern selbst erleben das als unangenehm. Den Klienten wird klar, daß sie dazu da waren, um ihrer Eltern Bedürfnisse zu erfüllen. Insgesamt wird der Klient offener, unabhängiger, weniger anspruchsvoll und weniger zwanghaft.

4.7 Diskussion

Empirische Ergebnisse

Weder zur Bioenergetik noch zur Primärtherapie existieren bisher Kontrollgruppen-Untersuchungen (*Meyer et al.* 1990). Es liegen jedoch einige Daten vor, die sich auf Effekte der Primärtherapie beziehen. *Janov* behauptet bereits 1970, über 600 Klienten »total geheilt zu haben«, die oft jahrelang schon vorher ohne Erfolg in anderen Therapien waren. In dem als wissenschaftliche Ergänzung konzipierten Buch »Anatomie der

Neurose« (1971) wird lediglich eine Stichprobe von 25 Personen genauer befragt. 12% betrachten sich als geheilt – d.h., sie benötigen keine Primärsitzungen mehr. Dies nach einer Therapie von 2 bis 3 Jahren. Der Rest fühlte sich teilweise geheilt, d.h., diese Klienten nahmen periodisch an Primärsitzungen teil. Niemand fühlte sich unverändert oder schlechter. Über die Veränderung der subjektiven Befindlichkeit der Klienten, ihren Lebensstil und die körperlichen Veränderungen wurde schon berichtet. Darüber hinaus gibt es einige physiologische Beobachtungen. Insgesamt 50 Personen wurden einer aktiven und einer passiven Kontrollgruppe und 30 davon einer Primärtherapie zugewiesen. Dabei wurden Blutdruck, Pulsrate, Körpertemperatur und EEG gemessen. Das generelle Ergebnis war, daß die Spannung abnahm, insbesondere in Form von Körpertemperatur und Pulsrate. Der Blutdruck senkte sich nur bei solchen Personen, die einen milden essentiellen Bluthochdruck hatten. Die Maße wurden vor und nach der Therapiesitzung verglichen. Dabei zeigte sich erstaunlicherweise, daß die Pulsrate trotz der relativ starken körperlichen Tätigkeit bei Primärklienten abnahm, nicht dagegen bei der aktiven Kontrollgruppe, die in der Zeit Sport trieb. Bezüglich des EEGs wird berichtet, daß die Synchronisation zunimmt und die Amplitude dabei bei den Primärklienten um durchschnittlich 15% sinkt. Zugleich sinkt auch die Alphafrequenz. Im Gegensatz dazu ist bekannt, daß unter Bedingungen der Meditation und des Biofeedbacks das EEG zwar ebenfalls synchronisiert wird, jedoch bei höherer Frequenz und mit höherer Amplitude. Hieraus schließt Janov, daß die Abwehr des Organismus in der Primärtherapie, nicht aber in der Hypnose z.B., abgebaut wird: mehr Synchronizität und weniger Amplitude zeigt, daß weniger Hirnaktivität nötig ist. Derart einfache Schlüsse scheinen jedoch aus solchen physiologischen Erhebungen nicht ableitbar. Eine andere Untersuchung (*Woldenberg et al.* 1974) verglich Primärtherapie mit einer Pseudotherapie, in der die Klienten körperlich aktiv waren und laut schrien und Kindheitsszenen im Rollenspiel durchlebten (»Mecker«-Therapie). Auch unter diesen Bedingungen sanken zum Teil die Maße körperlicher Spannung. Das dürfte bedeuten, daß die reine Abreaktion allein schon eine gewisse Wirkung hat, auch ohne daß sinnvolle Verbindungen zur Vergangenheit (Attribution) hergestellt werden und der Widerstand durchbrochen wird.

Beim Vergleich erfahrener und neuer Klienten in der Primärtherapie konnte außerdem festgestellt werden, daß die unmittelbare Spannungsreduktion durch die Therapiesitzung bei den neuen Klienten größer war. Das lag daran, daß sie nach längerer Zeit wieder auf das alte Spannungsniveau zurückkehrten. Bei erfahrenen Klienten dagegen hielt sich die reduzierte Spannung über längere Zeit.
In neueren Untersuchungen (*Janov* 1980) werden die physiologischen Befunde durch biochemische Daten ergänzt. Wachstumshormone, Cortison, Testosteron und Cholesterin nehmen ab, wenn sie extrem hoch sind, und nehmen zu, wenn sie extrem niedrig waren. Dies wird von Janov im Sinne einer natürlichen Regulation interpretiert, kann aber auch als statistische Regression zur Mitte und damit als Artefakt gedeutet werden. (Extremwerte sind danach momentane Zufallsprodukte, die bei der zweiten Messung weniger extrem ausfallen, s. Kapitel 1). Von den etwa 2000 bis 1979 mit der Primärtherapie behandelten Klienten wurde eine Zufallsstichprobe von 200 mit einem Fragebogen untersucht. In mehr als 30% der Fälle wurden häufige Erkältungen, Sodbrennen, wiederkehrende Träume, Alkoholismus, Rauchen, Medikamentenabusus, homosexuelle Aktivitäten, Suicidversuche, agitierte Depression, Halluzinationen und Arbeitssucht völlig zum Verschwinden gebracht. Weniger gut sprachen die folgenden Beschwerden auf die Primärtherapie an: in weniger als 15% der Fälle verschwanden Migräne, Herzklopfen, Muskelverspannung, Überempfindlichkeit gegen Temperatur, Allergien, Schreckreaktionen, Alpträume, Menstruationsbeschwerden, Hang zur Pornographie, melancholische Depression, Zwänge, Phobien, unangemessene Wut, Introversion und Extraversion. Bei Nachuntersuchungen von Klienten, die mehr als 5 Jahre die Primärtherapie hinter sich hatten (N = 62), stiegen im allgemeinen die Quoten an.
Wenn man die vorangehenden Angaben zusammenfaßt, so zeigt sich, daß die hartnäckigen psychosomatischen Beschwerden (Migräne, Allergien) ebenso wie die hartnäckigen psychischen Beschwerden (Zwänge, Phobien) weniger erfolgreich durch diese Therapie behandelt werden, während Willkürreaktionen, wie Süchte, Homosexualität, Suizid und Arbeitssucht, wirksamer beeinflußt werden. Insgesamt sind es wohl auch nicht die empirischen Daten, die beeindrucken; eher schon die Fallgeschichten, in denen bemerkenswerte Veränderungen berichtet werden.

Zusammenfassung

Die Bionergetik und Primärtherapie versuchen, wie viele andere Therapieformen, den Klienten von den Schädigungen zu befreien, die er als Kind durch die Erziehung erfahren hat. Mit Massage, Körperübungen und Atemtechniken wird der Klient zu einer kathartischen Reaktion veranlaßt, in der er unter körperlicher Anstrengung und häufig auch Gebrüll, Zorn, Trauer, Ängste und die vergessene Sehnsucht artikuliert, als Kind von seinen Eltern geliebt zu werden. Die Empfindungen einer wiedergewonnenen körperlichen Beweglichkeit und freien Verfügbarkeit von eigener Energie und die Erkenntnis der ungestillten Bedürfnisse macht im günstigsten Fall seine Abwehrreaktionen überflüssig, die er sein Leben lang gezeigt hat. Er erlebt dieses Bedürfnis in seiner jetzigen Situation als ungefährlich und kann dafür Formen finden, die seinen Lebensumständen angemessen sind. Es wird dabei die Annahme gemacht, daß der Klient seine Bedürfnisse nicht wahrnahm, weil sie damals zu schmerzhaft oder angsterregend waren – weil sie ungestillt blieben oder abgelehnt wurden. Dieser Schmerz wird in abgespaltener Form aufbewahrt und die Abwehr im Muskelpanzer des Körpers petrifiziert. Eine problematische Annahme der Primärtherapie ist die, daß die Verknüpfung der ursprünglichen Bedeutung des Urschmerzes und dessen Wiedererleben das Schmerzreservoir endgültig entleert. Zugleich ändere der Klient seine Lebensweise, indem er mehr als früher aus dem einheitlichen, vollständigen Gefühl heraus lebt: seine Empfindung nicht mehr ignoriert, ihre Bedeutung erkennt und ihr Ausdruck verleiht. Das Gefühl wird hier nicht als reiner Affekt verstanden, sondern als sensorisch-emotional-kognitive Lebensgrundlage. Der Anspruch der Bioenergetik ist bescheidener, da die Katharsis als Anstoß zu einer erhöhten Bewußtheit neurotischer Reaktionen verstanden wird.

Die Bionergetik und Primärtherapie haben drei Ziele: Sie möchten den chronischen Spannungszustand des neurotischen Klienten senken und damit einerseits Energieblockaden aufheben, zum anderen daraus resultierende psychosomatische Symptome beseitigen. Sie möchten zweitens eine kognitive Verknüpfung herstellen zwischen Kindheitserfahrungen und deren Bedeutung im jetzigen Leben (Symptomen). Drittens möchte sie das »wahre Selbst« des Primärprozesses, die erste Natur wiederherstellen,

eine Art einfaches anthropologisches Ideal, das trotz der Restriktionen in unserer Gesellschaft und der Anpassungszwänge es dem Individuum erlaubt, hedonistisch frei und unabhängig zu agieren.
Diese Vorstellung erinnert an die alternativen Utopien (vgl. *Fromms* »The sane society« 1955), wie sie auch von der Gestalttherapie formuliert wurden. Man kann sie als unrealistische Schwärmerei abtun oder als den Versuch, im direkten Umgang mit den Menschen, die an ihre Grenzen gestoßen sind, in der Therapie das Bedürfnis nach einer besseren Lebensqualität zu wecken.

Kritik

Janov ist vor allem deswegen kritisiert worden, weil er das kindliche Bewußtsein als das wahre Bewußtsein verherrlicht (*Brown* 1979). Der postprimäre Mensch reagiert wie ein Kind: er nimmt seine Gefühlsregungen unmittelbar wahr, er kennt ihre Bedeutung und verleiht ihnen Ausdruck. Seine primären Bedürfnisse stehen im Vordergrund – wenn auch nicht zwanghaft. Danach ist der geheilte Mensch einem Tier vergleichbar und Janov scheint alle Werte, die eine Sozialisation mitbringen kann, zu ignorieren. Entfaltung und Bereicherung des *Ichs* nach der Kindheit und auch in späteren Lebensjahren (vgl. Jung) sind für ihn ohne Bedeutung. Lediglich gestreichelt, stimuliert und gesättigt zu werden, sind die natürlichen Bedürfnisse eines gesunden Menschen.
Das, was Janov Primärerlebnis oder Urerlebnis nennt, hat Freud Primärprozeß genannt. Trotzdem beansprucht Janov für sich, das Primärerlebnis entdeckt zu haben. Er ignoriert einfach seine historischen Vorläufer, die sich mit denselben Phänomen beschäftigt haben (*Freud & Breuer* 1885). Beide haben sich von der Arbeit mit dem Primärprozeß abgewendet, weil sie ihn nicht für sozialisationsfähig hielten. Der bekannte Fall der Anna O. belegt dies deutlich. Die Klientin machte in der kathartischen Situation dem Therapeuten derartig deutliche Avancen, daß sich Breuer genötigt sah, die Klientin an Freud abzugeben. Auch Freud war von kathartischen Reaktionen und damit verbundenen Übertragungsphänomenen so irritiert, daß er sie für wissenschaftlich nicht salonfähig hielt. Es bleibt unklar, was Janov

an Stelle des Realitätsprinzips im Sinne der klassischen Psychoanalyse setzen will. Anpassungen des Organismus an die Gesellschaft scheinen nicht nötig. Hierin kann einerseits Naivität, zum anderen eine revolutionäre Intention gesehen werden.
Sexualität und Liebe sind nach Janov eine neurotische Regung, in der symbolisch Zuwendung von Eltern verlangt wird. Dabei vergißt Janov, daß Sexualität die weitaus stärkste körperlich-psychische Entladung ist, die der Mensch erleben kann, die mit tiefer Empfindung und Befriedigung verbunden sein kann. In der Sexualität kommt zugleich das interaktive Bedürfnis des Menschen zum Ausdruck, nicht auf sich allein gestellt bleiben zu wollen. Janov dagegen behauptet, nach der Therapie seien seine Klienten eher zurückgezogen, mit sich selbst beschäftigt und weniger mit ihrer Umwelt in Kontakt. Wie es scheint, verkennt Janov die soziale Bestimmung des Menschen in einem gesunden Leben. Nach Brown verkennt Janov auch die Bedeutung des Urschreis. Er glaubt, im Urschrei wird dem Klienten bewußt, wie ungeliebt, unbehütet und unversorgt er als Kind war. Nach Auffassung der Bioenergetik ist der Urschrei lediglich die Erlösung von körperlichen Schmerzen, die durch die Verkrampfung im Charakterpanzer verursacht waren. Diese Lösung des Charakterpanzers betreibt die Primärtherapie vom Zwerchfell an aufwärts. Nach Auffassung der Bioenergetik ist dies jedoch eine unvollständige Behandlung, da eine weitere Verspannung häufig im Hüftgürtel liegt, die mit der Unfähigkeit zur erfüllten Sexualität zusammenhängt.
Der stärkste Vorwurf, den man Janov machen kann, ist wohl sein ursprünglicher Anspruch, die kurze Heilungsmethode für Neurosen gefunden zu haben. In der Tat dauert auch die Primärtherapie häufig über ein Jahr, mit gelegentlichen Auffrischungssitzungen über Jahre. Wie die empirischen Daten seiner eigenen Erhebung zeigen, ist die Heilungsquote bei verschiedenen neurotischen Störungen durchaus unterschiedlich. Die ursprüngliche Hoffnung einer universellen Kurztherapie hat sich daher nicht bewahrheitet (*Swartley* 1976). Die Bioenergetik und verwandte Bewegungstherapien legen mehr Wert darauf, daß die Behandlung das Bewußtsein für ein sensibles Körperleben dauerhaft schärft, damit es dem Klienten wieder möglich wird, sich psychosomatisch ganzheitlich zu erleben. Kritisch ist dabei anzumerken, daß die grundlegenden Begriffe der Bioenergie und deren freier Beweglichkeit empirisch bisher nicht abgesichert sind (*Frank & Frank* 1977).

Literatur

Boadella D.: Bioenergie und Körpersprache. In: Petzold H.: Die neuen Körpertherapien. Paderborn: Junfermann 1977

Boadella D.: Wilhelm Reich. Frankfurt/M: FischerTB 1983

Brown, M.: Ein Vergleich zwischen »Direkter Körperkontakt-Psychotherapie« und Janovs Primär-Therapie: Ähnlichkeiten und Unterschiede. In: Integrative Therapie, Zeitschrift für Verfahren Humanistischer Psychologie und Pädagogik 2,3/1975, 90-101

Freundlich, D.: Der Körper in der Primärtherapie. In: Petzold, H.: Die neuen Körpertherapien. Paderborn 1977, Kap. 111, 356-375

Hart, J., Corriere, R., & Binder, J.: Going Sane. An Introduction to Feeling Therapy. Jason Aronson, NY 1975

Janov, A.: Der Urschrei. Frankfurt/Main, Fischer TB Nr. 6286, 1970

Janov, A.: Gefangen im Schmerz. Frankfurt/Main, Fischer, 1981

Janov, A.: The Anatomy of Mental Illness. New York, Berkley Windhover Books, 1971

Lowen, A.: Bioenergetik. Hamburg, Rowohlt, 1979

Lowen, A.: Bioenergetische Analyse. In: Petzold H.: Die neuen Körpertherapien. Paderborn, Junfermann, 1977

Petzold H.: Die neuen Körpertherapien. Paderborn, Junfermann, 1977

5. Transaktionsanalyse: Das soziale Unbewußte

5.1 Einleitung

Alfred Adler

A. Adler (1870 bis 1937) schloß sich 1904 dem Freudschen psychoanalytischen »Mittwochs-Zirkel« an und hat sich als erster von ihm getrennt (1911). Adler stammt wie Freud aus einer jüdischen Kaufmannsfamilie, war Wiener, aber als überzeugter Sozialist nicht ein Arzt der gehobenen Gesellschaft, sondern der Arbeiterklasse. Bevor er sich der psychoanalytischen Bewegung anschloß, hat er sich intensiv mit Sozialmedizin beschäftigt. Seine erste Veröffentlichung (1898), ein »Gesundheitsbuch für das Schneidergewerbe«, behandelt die zahlreichen und gravierenden Berufskrankheiten dieses Handwerks und führt sie auf die schlechten sozialen Bedingungen zurück. Adler hat ebenso wie Jung eine eigene tiefenpsychologische Schule gegründet, der er den Namen *Individualpsychologie* gab. Ihm geht es ähnlich wie Kant, Nietzsche und Marx um eine pragmatische Psychologie der »Menschenkenntnis«, wie ein entsprechender Buchtitel (1927) lautet. Sie beruht auf sechs Prinzipien (s. *Ellenberger* 1970):

(1) Die *Unteilbarkeit* des Menschen bedeutet psychosomatische Einheit und gemeinsame Steuerung der psychischen Funktionen – im Gegensatz zu Freuds Auffassung, daß mehrere autonome Teilpsychen gegen einander arbeiten.

(2) *Zielstrebigkeit*: nach Adler handelt der Mensch immer auf Ziele hin, die ihm vorschweben – häufig aus der Defektsituation einer Organminderwertigkeit heraus. Auch hier unterscheidet sich Adlers teleologische von Freuds kausalistischer Auffassung. Der Mensch ist nicht tragisch durch Kindheitskonflikte und Traumen programmiert, sondern entscheidet sich für seine Ziele. Dazu braucht er Mut, die wesentlichste positive Cha-

raktereigenschaft, die es in Erziehung und Therapie zu fördern gilt.

(3) *Gemeinschaftsgefühl*: Adler schätzt die Bedeutung der sexuellen Instinkte geringer ein als Freud und hebt die sozialen Bedürfnisse des Menschen hervor. Das Gemeinschaftsgefühl ist eine grundlegende Tendenz, die über die Familie und den unmittelbaren sozialen Kontakt hinaus weitere soziale Bezüge, ja letztlich eine kosmische Einbindung betrifft. Mit dem Gemeinschaftsgefühl, in das auch die Bewertung der eigenen Person durch die Gemeinschaft eingeht, erhält das psychodynamische Modell eine sozialpsychologische und teilweise ethologische Dimension.

(4) *Selbstorganisation*: Empfindungen, Wahrnehmungen, Phantasien, Träume, Vorstellungen, Handlungsentwürfe, soziale Beziehungen: alles strukturiert sich nach den selbst gesteckten Zielen des Individuums, alles steht im Dienste seiner Leitidee und organisiert sich als ob dies die Realität sei.

(5) *Vernetzung*: In der Auseinandersetzung mit seiner Umwelt passen sich Individuen ebenso wie die Arten permanent an; auf diese Aktion erfolgt immer eine Reaktion der Umgebung, wobei Adler wie Marx die Fähigkeit des Menschen zur Modifikation seiner Umwelt hervorhebt.

(6) *Absolute Wahrheit* nennt Adler das Ideal, wenn es dem Individuum gelingt, eine optimale Balance zwischen Selbstverwirklichung und Gemeinschaftsgefühl zu finden. Menschliches Versagen, Unglück, Neurosen, Psychosen, Kriminalität, Sucht und Perversion stellen Abweichungen von dieser Norm dar.

Adler betont dabei die Bedeutung des *Ichs* und des Bewußtseins gegenüber dem Unbewußten. Durch die finale Betrachtungsweise psychischer Vorgänge, durch die Bedeutung der Ideale, Interessen und Einstellungen gewinnt das Menschenbild gegenüber der Freudschen Darstellung humanere Züge. Der Mensch wird nicht nur durch seine Triebe geschoben, sondern strebt selbstbestimmend in die Zukunft, entwickelt eine »Leitlinie« und einen individuellen Lebensstil.
Besonders fasziniert hat Adler ein menschliches Motiv: Der *Wille zur Macht* bzw. das Streben nach Überlegenheit. Dieses soziales Interesse hält Adler für einen angeborenen Trieb. Das dar-

aus resultierende Bedürfnis nach Kompetenz enthält mehr aggressive als sexuelle Komponenten. Gelingt es nicht, dieses Streben nach Kompetenz zu verwirklichen, so entwickelt der Mensch Minderwertigkeitskomplexe. Dies kann auch eintreten, wenn er von vornherein unter Benachteiligungen zu leiden hat, etwa körperlichen Mängeln. Das führt zur *Kompensation* als ein starkes Motiv seines weiteren Handelns bzw. zur Überkompensation. Als Beispiel hierfür wird gern Demosthenes genannt, der ein Stotterer war und durch hartnäckiges Üben mit Kieselsteinen im Mund zu einem der berühmtesten Redner der Antike wurde. Ebenso paßt Theodore Roosevelt in dieses Schema, der ein schmächtiges, kränkliches Kind war und sich später durch Training zum besonders ausdauernden Mann entwickelt haben soll. Für Adler können körperliche Mängel Anlaß zu großen Leistungen im Leben sein.
Die Entstehung von Minderwertigkeitsgefühlen liegt in der Kindheit und neben Organminderwertigkeiten oft an autoritärer, inkonsistenter oder verwöhnender Erziehung. In diesen Fällen wird dem Kind nicht zu einer richtigen Einschätzung seines Wertes verholfen und es wird so verunsichert. Die empirische Forschung hat hier zweifach angeknüpft. Einmal an der Leistungsmotivation (*Heckhausen* 1966), zu deren Entwicklung das Minderwertigkeitsgefühls eine wichtige Voraussetzung ist. Zum anderen an der Stellung in der Geschwisterreihe. Wie nachgewiesen wurde, haben Erstgeborene häufig »überlegene« Positionen im späteren Leben, jüngste und Einzelkinder geschwächte und mittlere Kinder besonders schwierige Positionen, weil sie befürchten müssen, vom jüngeren in den Schatten gestellt zu werden und die älteren niemals einzuholen. Die anthropologischen Wurzeln des Minderwertigkeitsgefühls glaubt Adler einmal darin sehen zu können, daß der Mensch als relativ schwache Art unter gleichgroßen Tieren das Bedürfnis entwickelt hat, (durch Arbeitsteilung) die Natur zu beherrschen. Zum zweiten soll die soziale Überlegenheit des Mannes als männlicher Protest gegen ein früheres Matriarchat zu verstehen sein.
Zu den Sicherungsmechanismen des Selbstwertgefühls gehören die Kompensation und Überkompensation (Eitelkeit, Aggression, Machtstreben, Kriminalität, Perversion u.a.), aber auch die Dekompensation (Zurückgezogenheit, Sucht, Psychose). Weitere Mechanismen sind kognitive Umstrukturierung (Entwertung) und neurotische Arrangements der Ausbeutung,

indem durch Depression, Amnesie, Zwänge, Phobien, Hysterien oder psychosomatische Reaktionen Hilfe von außen provoziert wird. Diese Sicherungsmechanismen haben die gleiche Funktion wie die Freudschen Abwehrmechanismen: sie schützen das *Ich*.
Die Individualpsychologie versucht zunächst, in einer Diagnose mit dem Klienten dessen u.U. unbewußten Lebensplan aufzudecken; er kommt sowohl in frühen Erinnerungen, wie auch Träumen, Idolen, Phantasien und dem Lebenstil des Klienten zum Ausdruck. Dadurch wird die als-ob-Welt des Individuums sichtbar, und es gilt im zweiten Schritt herauszuarbeiten, ob der Klient bereit ist, seine Fiktion aufzugeben, die entweder in einem Minderwertigkeits- oder einem Überwertigkeitskomplex zum Ausdruck kommt und die genannten Sicherungs-Mechanismen erforderlich macht. Und im dritten Schritt wird der Klient darin unterstützt, hinreichend Selbstsicherheit zu entwikkeln, um zu kompensieren – ohne Über- oder Dekompensation. Der Therapieerfolg sollte nach Adler an der Bewältigung der drei Lebensaufgaben: Beruf, Liebe/Familie und Einbindung in die Gemeinschaft gemessen werden.
Adlers Psychologie ist humanistischer als die von Freud, indem sie Willensfreiheit und Zielstrebigkeit des Menschen betont; sie ist politischer als Jungs Psychologie, indem sie die soziale Bestimmung des Individuums zwischen den Polen des Gemeinschaftsgefühls und des Machtstebens artikuliert. Adler hat keine explizit ausgearbeitete Therapie-Technik hinterlassen, aber viele Gedanken späterer Autoren vorweggenommen: die pathogenen Leitideen der Kognitiven Therapie (irrationale Gedanken, vgl. Band II), die psychosomatische Ganzheit als Konzept der humanistischen Therapien (etwa der Gestalttherapie, vgl. Band III), die Hervorhebung der Selbstsicherheit als Voraussetzung der psychischen Gesundheit und die Gemeinschaft als wesentliche Orientierung (wie in der Gruppentherapie, vgl. Band IV).

Weitere Ansätze

Es gibt noch eine Reihe von Autoren, die das psychoanalytische Bild vom Menschen modifiziert haben. Die meisten Überlegungen zielen auf eine sozialpsychologische Erweiterung des Modells. Keiner von ihnen hat eine so umfassende Theorie der Per-

sönlichkeit formuliert wie Freud oder Jung, aber einige der Gedanken sind weit verbreitet.
Karen Horney (1885 bis 1952) hat sich gegen Freuds Schilderung der weiblichen Psyche verwahrt und die Annahme des Penisneides verworfen. Sie sieht die weibliche Rolle mit ihren Konflikten vielmehr als Resultat des Erziehungsprozesses an. Das wichtigste Bestimmungsstück der psychologischen Entwicklung und Fehlentwicklung ist nach Horney die *Urangst*, die Unsicherheit (basic anxiety) und das Streben nach Sicherheit. Diese Unsicherheit wird in der Kindheit durch falsche Erziehung verursacht: Dominanz, Überprotektion, Indifferenz, zuviel oder zuwenig an Bewunderung, Wärme, Zustimmung, Mangel an Selbstverantwortlichkeit u.a. sind die Determinanten dieser Unsicherheit. Um die Urangst zu kompensieren, bilden sich neurotische Bedürfnisse heraus, die sich in drei Gruppen klassifizieren lassen:

Soziophile Bedürfnisse (*moving towards people*)
1. Anderen gefallen wollen (Narzißmus)
2. Vom Anderen dominiert werden (Anpassung)
3. Andere bewundern (Identifikation)

Soziophobische Bedürfnisse (*moving away from people*)
4. Sein Leben einengen (Rückzug)
5. Unabhängig sein (Isolation)
6. Unfehlbar sein wollen (Perfektionismus)

Aggressiv-kompetetive Bedürfnisse (*moving against people*)
7. Machtstreben
8. Prestigestreben
9. Leistungsstreben
10. Ausbeutung

Der neurotische Mensch verfällt auf eine der 10 Strategien, die dazu dienen, seine Unsicherheit zu kompensieren, ähnlich wie bei Adler die neurotischen Arrangements. Der Gesunde dagegen versteht es, Bedürfnisse aus allen drei Kategorien miteinander zu vereinen. Horney glaubt nicht wie Freud, daß Aggression ein angeborener Trieb im Sinne eines sich immer wieder füllenden Reservoirs sei, sondern eine im Krisenfall ausgelöste Schutzreaktion zur Verteidigung der Sicherheit.

Weitere Psychoanalytiker, die sich besonders mit den sozialpsychologischen Aspekten der Persönlichkeitsentwicklung aus psychoanalytischer Sicht beschäftigt haben, sind *H. I. Sullivan* (1892 bis 1949), *E. Erikson* (geb. 1902) und *H. Schultz-Hencke* (1892 bis 1953) und *E. Berne.*

Eric Berne hat versucht, eine psychodynamisch orientierte Sozialpsychologie der zwischenmenschlichen Kommunikation zu formulieren. Er geht von der Annahme aus, daß sich die Alternativen, die wir haben, um auf einen Mitmenschen zu reagieren, sinnvoller Weise in drei Klassen zusammenfassen lassen:

- elternhaftes Verhalten
- kindliches Verhalten
- erwachsenes Verhalten.

Sagt etwa jemand zu mir: »Wenn die heutige Jugend härter arbeiten müßte, gäbe es keine Drogenabhängigkeit«, dann könnte ich antworten: »Sie haben ganz recht, man sollte mehr durchgreifen.« Damit hätte ich in elternhafter Weise auf diese elternhafte Bemerkung reagiert. Ich hätte auch sagen können: »Ich finde, Sie haben eine ziemlich festgefahrene Meinung zu diesem Problem und können sich offenbar nicht in die Jugend hineinversetzen.« In diesem Falle hätte ich in kindlich-trotziger Weise geantwortet. Eine andere Reaktion wäre: »Sie haben recht, der Drogenkonsum ist ein ernstes Problem. Ich glaube, die Zusammenhänge sind viel komplizierter, als die meisten Menschen glauben.« In diesem Falle hätte ich weder herablassend (elternhaft) noch trotzig (kindhaft) reagiert, sondern in sachlicher Weise eine differenziertere Sicht des Problems angeregt. Es fragt sich, inwieweit eine solche Klassifikation des Verhaltens in wenige Typen von Reaktionen eine zu starke Vereinfachung darstellt. Phänomenologisch ist diese Sichtweise oft verblüffend. Berne und seine Nachfolger beschränken sich nicht auf die Klassifikation von Verhaltensweisen, sondern analysieren, in welcher Kombination sie besonders häufig auftreten. Es ergeben sich auf diese Weise typische Interaktionsmuster – genannt Transaktionen zwischen verschiedenen Ebenen zweier oder mehrerer Personen. Manche dieser Transaktionen sind doppelbödig – sie haben einen zunächst nicht offensichtlichen psychologischen Gehalt. *Berne* (1963) spricht von »Spielen der Erwachsenen« und beschreibt in amüsanter Weise eine Reihe stereotyper Interaktionsmuster in Ehe, Beruf und anderen Lebensbereichen. Die Fixierung auf solche Interaktionsmuster kann in vielen Fäl-

len als pathologisch angesehen werden und führt zu neurotischen Symptomen. Solche Transaktionen gründen sich nach Auffassung der Transaktionsanalyse auf frühe Verformungen der Persönlichkeit in der Kindheit. Sie sind dem Individuum im allgemeinen nicht bewußt und führen es fast schicksalhaft in immer wieder ähnliche Situationen – als ob es einem unbewußten Lebensplan (Skript) folgen würde.
Eric Berne (1910 bis 1970) war Kanadier, der in die USA einwanderte (sein eigentlicher Name ist Lenhard Bernstein). Erst war er Heerespsychiater, später ließ er sich in privater Praxis nieder. Er wurde psychoanalytisch ausgebildet, u.a. bei Federn und Erikson. Sein Gesuch um Aufnahme als Mitglied der amerikanischen psychoanalytischen Vereinigung wurde zunächst abgelehnt, was dazu beigetragen haben mag, ihn zur Formulierung eigenständiger Gedanken anzuregen. Berne begann mit 40 Jahren, seine eigenen Ideen zu artikulieren, gründete später (1964) die International Transactional Analysis Association (ITAA) und eine zugehörige Zeitschrift »Transactional Analysis Journal«. Bekannte Nachfolger sind *Harris* (»Im o.k. – you are o.k.«, 1967) und das Ehepaar *R. & M. Goulding* (»Changing lifes through redecisions«, 1979). Die Transaktionsanalyse wurde schnell in Amerika und dann in Europa populär – u.a. durch den journalistischen Stil der Autoren. Aus der Analyse menschlicher Interaktionsmuster als Manöver mit z.T. pathologischen Zügen ergeben sich interessante strategische Hinweise zur Therapie von Individuen, Paaren und Familien.

5.2 Transaktionen

Persönlichkeit

Nach der stark an die psychoanalytische Auffassung von Persönlichkeit angelehnten Einteilung der Transaktionsanalyse stammen die menschlichen Reaktionen aus drei Schichten, dem Eltern-Ich, E (entspricht dem Überich), dem Erwachsenen-Ich, A (von engl. adult, entspricht dem Ich) und dem Kind-Ich, K (entspricht in etwa dem Es). Es handelt sich um drei Haltungen, die der Mensch in unterschiedlichen Situationen einnehmen kann.

Entscheidend scheint zu sein, daß sie im allgemeinen alternativ auftreten. Keiner dieser Zustände ist – für sich genommen – unbedingt schlecht oder gut. Besonders das Kindheits- und das Eltern-Ich haben jedoch auch negative Seiten. Die positiven Funktionen des Kind-Ichs sind Intuition, Kreativität, Spontaneität und Freude. Entsprechend wird das Kind-Ich noch einmal in eine unbefangene Haltung (uK) und eine rebellische Haltung (rK) unterteilt. Das Erwachsenen-Ich ist auf die sachliche Problemlösung und die Nutzung der Überlebenschancen aus; es hat keine negativen Seiten. Das Eltern-Ich hat zwei Hauptfunktionen – der kritische Teil wird besonders dann nützlich, wenn es darum geht, eigene Kinder vor zu viel Freiheit und den damit verbundenen Gefahren zu behüten (kE). Das wohlmeinende Eltern-Ich dagegen wird besonders zur Förderung und zum Aufbau von Verhaltensweisen bei Kindern und mit Menschen

Abbildung 5.1: Drei Ich-Zustände. E: Eltern-Ich. A: Erwachsenen-Ich (von »adult«). K: Kind-Ich

eingesetzt (wE). So haben alle Persönlichkeitsaspekte einen Überlebenswert. Sogar das trotzige Kind-Ich (rK) kann in seiner energetisierenden und befreienden Absicht dem Individuum nützlich sein.

Der Mensch kann im allgemeinen, je nach sozialer Situation, zwischen den verschiedenen Ich-Haltungen wechseln. Trotzdem gibt es Fixierungen im Sinne der Dominanz bestimmter Komponenten. Welche der genannten Haltungen ein Mensch gerade einnimmt, läßt sich an drei Dingen erkennen:

1. An dem Inhalt dessen, was er sagt (E: »Ein anständiger Mann hilft seiner Frau beim Aufwasch«; A: »Wir müssen uns etwas überlegen, um den Haushalt zu vereinfachen«; K: »Der Haushalt wird mir einfach zu viel, ich schaffe das nicht mehr«).
2. Die nichtverbalen Signale können in dem genannten Fall entweder Vorwurf und Drohung ausdrücken (E) oder Schmollen und Hilflosigkeit (K).
3. Entsprechend können sich subjektiv die Emotionen unterscheiden.

Da nach Berne der Mensch grundsätzlich über alle drei bzw. fünf Persönlichkeitsaspekte und Haltungen verfügt, gibt es in der Transaktionsanalyse so etwas wie eine integrierte Persönlichkeit (etwa im Simme von homo tobus bei C.G. Jung) nicht.

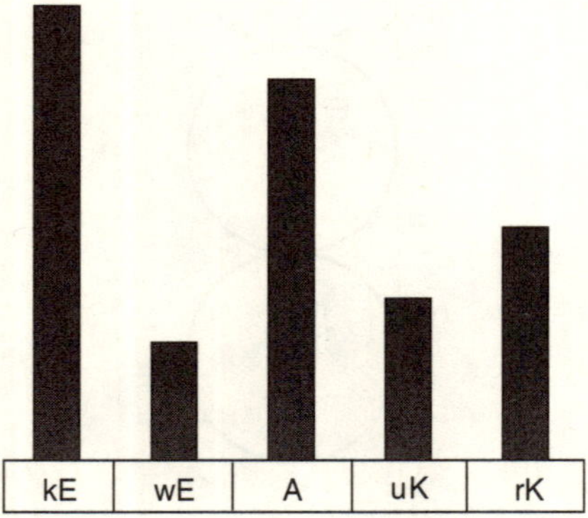

Abbildung 5.2: Egogramm nach Dusey (1977). Ausprägung der fünf differenzierten Ich-Zustände (Fiktiver Fall)

Herrscht die eine Haltung besonders vor, etwa das Eltern-Ich beim typischen Pastor oder das Erwachsenen-Ich beim typischen Manager oder Wissenschaftler, so spricht man von einer *Befan-*

genheit. Dusay (1977) hat vorgeschlagen, die unterschiedliche Ausprägung der genannten fünf Persönlichkeitskomponenten in einem Profil festzuhalten (Ego-Gramm). Dies ist beispielhaft in Abbildung 5.2 dargestellt.

Unter *Trübung* wird verstanden, daß die betreffende Person meint, als Erwachsener zu sprechen, in Wirklichkeit aber stark von Vorurteilen eines Eltern-Ichs oder vom Wunschdenken eines Kind-Ichs beeinflußt wird. Die Transaktionsanalyse versucht auch, klinisch-pathologische Bilder mit derartigen Befangenheiten und Trübungen zu erklären. Der Psychotiker zeichnet sich danach dadurch aus, daß er vorwiegend von einem verwirrten und irritierbaren Kind-Ich beherrscht wird, das er aber als Erwachsenen-Zustand interpretiert. Hier liegt eine Trübung von A durch K-Anteile vor. Beim manisch-depressiven Wechsel handelt es sich um eine abwechselnde Trübung durch das unbefangene Kind-Ich und das kritische Eltern-Ich. Bei der Phobie beispielsweise wird angenommen, das Erwachsenen-Ich sei durch Kind-Ich und Eltern-Ich gleichermaßen getrübt. Ebenfalls als Trübung wird psychopathisches Verhalten interpretiert, indem das unbefangene Kind-Ich das Erwachsenen-Ich beherrscht. Insgesamt scheint dieser Ansatz zur Krankheitserklärung plausibel, jedoch fragt sich, ob er der Komplexität und Vielfalt klinischer Störungen gerecht wird.
Schon im Kind bildet sich eine Unterteilung in verschiedene Positionen. Das infantile Kind K1 entspricht am ehesten dem, was die Analytiker mit den Regungen des Primärprozesses bezeichnen: Unbedingte und sofortige Wunscherfüllung. Eine frühe Erwachsenenstufe stellt der sog. »kleine Professor« (auch Rechtsanwalt genannt) dar, womit der kindlich-intuitive Einfallsreichtum für Problemlösungen gemeint ist: Wenn z.B. der Lehrer den Stock gebraucht, und das Kind einfach in der Klasse nie aufsteht, um so von Schlägen verschont zu bleiben. Eine frühe Form des Eltern-Ichs nennt Berne die »Elektrode«, um damit zu kennzeichnen, daß hier elterliche Normen implantiert sind. Man muß diese Elektrode nur antippen, um entsprechende Reaktionen auszulösen. Hier liegen frühe Imitationen der Eltern in Gesten, Reaktionen und Parolen vor. Sie können gutartig sein (die Schwester hält den kleinen Bruder im Arm) oder kritisch (sie hindert den kleinen Bruder daran, mit dem Telefon zu spielen). *Goulding & Goulding* (1979) glauben nicht an die automatische Introjektion elter-

licher Verhaltensweisen, wie Berne es mit dem Ausdruck Elektrode andeuten wollte. Vielmehr meinen sie, daß das Kind jederzeit eine Auswahl aus dem elterlichen Angebot trifft und schließlich eine Entscheidung für die Introjekte, die ihm die Zugehörigkeit zur Familie sichern. Dabei werden neben dem elterlichen Vorbild auch außerfamiliäre Einflüsse integriert.
Der Elternzustand des Erwachsenen läßt sich in mütterliche und väterliche Einflüsse, ebenso wie in kritische und wohlwollende unterteilen. Außerdem können die Impulse des Eltern-Ichs aus jedem der drei Ich-Zustände der leiblichen Eltern stammen, worauf noch eingegangen wird. Im ganzen ist folgende Auflistung von Ich-Zuständen in der Transaktionsanalyse üblich:

Eltern-Ich: E2	Kritisch wohlwollend	Em, Ev Am, Av Km, Kv
Erwachsenen-Ich: A2		
Kind-Ich: K2	rebellisch angepaßt unbefangen	E1 (Elektrode) A1 (Professor) K1 (Primärprozeß)

Während es bei Berne um das Erkennen des jeweiligen Ichzustandes als ersten Schritt in der Therapie geht, schlagen Goulding & Goulding vor, diese Etikettierung als kognitive Stütze erst im nachhinein vorzunehmen, wenn die Zustände vom Klienten im Rollenspiel neu durchlebt sind (ähnlich wie in der Gestalttherapie).

Zeitvertreib und Streicheleinheiten

Nach Berne hat der Mensch zwei grundsätzliche Motive: das nach sozialer Stimulation und das zur Strukturierung der Zeit, nämlich der Langeweile entgegenzuwirken. Aus der Befriedigung dieser beiden Bedürfnisse ergibt sich der Nutzen der sozialen Interaktion. Man vertreibt sich die Zeit und man handelt sich vom Sozialpartner meist positiv verstandene Stimulation ein: – Streicheleinheiten. Berne unterscheidet zwischen verschiedenen Arten von sozialer Interaktion:

- Isolation
- Rituale
- Verfahren, Aktivitäten
- Zeitvertreib
- Spiele
- Intimität

Isolation und *Intimität* markieren die Extreme möglicher Interaktion: Isolation bedeutet die Resignation gegenüber der Möglichkeit, aus sozialer Interaktion Gewinn zu ziehen. Intimität bedeutet die gegenseitig befriedigende Interaktion – ohne den anderen zu schädigen und voller Gemütsbewegung.
Rituale sind nach Berne verfestigte Verfahren, bei denen der ursprüngliche Zweck nicht mehr im Vordergrund steht, sondern der der Zeitstrukturierung. Dazu gehören die kirchlichen Zeremonien. Bei informellen Ritualen, wie bei Standard-Gesprächen und Begrüßungen, steht der Nutzen der gegenseitigen Verstärkung (Streicheleinheiten) im Vordergrund, wie etwa folgende oberflächliche Begegnung verdeutlichen mag:

X: »Hallo, guten Morgen.«
Y: »Hallo.«
X: »Wie geht's?«
Y: »Gut, bis aufs Wetter.«
X: »Könnte wärmer sein.«
Y: »Ja, wird Zeit, daß es Sommer wird.«
X: »Ich hoffe, Ihrer Frau geht's gut.«
Y: »Ja, danke, gleichfalls.«
X: »Bis morgen.«
Y: »Auf Wiedersehen.«

Ein solches Gespräch bringt für keinen der Beteiligten Informationsgewinn, stellt aber den Austausch von in diesem Fall fünf Streicheleinheiten dar. Die Länge und Intensität solcher Transaktionen entspricht in stiller Übereinkunft einer gegenseitigen Erwartung. Wäre einer etwas zu kurz oder übermäßig lang in diesem Gespräch, so würde das Unwohlsein auf der anderen Seite hervorgerufen. Haben sich die beiden, etwa wegen eines Urlaubs, länger nicht gesehen, so wäre eine längere Transaktion fällig. Rituale stellen relativ angstfreie Interaktionen dar, weil ihre soziale und daher im Prinzip nicht vorhersagbare Komponente durch das Rituelle in engen Grenzen gehalten wird.

Operationen oder Verfahren erreichen die Angstfreiheit auf andere Weise. Unter Verfahren wird die Kommunikation zu technischem Zweck verstanden, z.B. die technischen Transaktionen, die nötig sind, um ein Flugzeug zu lenken, etwas zu produzieren, eine Dienstleistung zu vollbringen. Der Nutzen ist oft im finanziellen Gewinn zu sehen oder in der Fertigstellung eines konkreten Produkts. Die nötigen Transaktionen laufen auf der Ebene des Erwachsenen-Ichs der beteiligten Personen ab. Durch die Produktorientierung ermöglichen diese Aktivitäten soziale Wertschätzung ohne das Risiko von Intimität.
Die nächste Stufe in Richtung auf die Intimität ist *Zeitvertreib*. Das können Geschwätz sein, Spaziergänge oder Formen der ritualisierten Intimität, bei denen sich die Partner nicht stark einlassen. Verglichen mit den Ritualen bestehen hier gewisse Wahlmöglichkeiten und individuelle Färbungen; trotzdem nimmt der Gesamtverlauf der Interaktion kaum unerwartete Wendungen. Viele längere Unterhaltungen, wie sie bei gesellschaftlichen Einladungen stattfinden, kann man als *Zeitvertreib* bezeichnen. Sie weisen eine relativ starke Stereotypie auf, indem es sich immer um dieselben Standardthemen handelt (Automodelle, Häuserkauf, Drogenabhängigkeit, Politik). Das Stereotype daran ist nicht etwa, daß die Themen nicht von Interesse wären, sondern vielmehr, daß der Verlauf immer relativ ähnlich ist und daher ein neues Gespräch über dasselbe Thema mit denselben Bekannten kaum Information bringt. Es dient nach transaktionsanalytischer Auffassung oft vielmehr dazu, einmal andere Schichten als das Erwachsenen-Ich einmal zur Sprache kommen zu lassen. Z.B. Gespräche über die Mißstände bei den Jugendlichen spielen sich meist auf der Eltern-Ich-Ebene ab, wie folgendes Beispiel zeigt:

X: »Ich glaube, die Zahl der Drogenabhängigen nimmt in letzter Zeit ständig zu.«
Y: »Sie haben völlig recht, das ist beunruhigend.«
X: »Ich glaube, der Staat hat wirklich genug dafür getan.«
Y: »Ja, im Ostblock gibt es so etwas nicht.«
X: »Die wissen einfach nicht, was sie mit ihrer Zeit anfangen sollen.«
Y: »Genau, ihnen fehlt der sinnvolle Lebensinhalt.«
X: »Unsere Erziehung läßt einfach zu viele Freiheiten und gibt zu wenig Verpflichtungen.«

Abbildung 5.3 zeigt diese Art von symmetrischen Transaktionen, wie sie sich bei Verfahren und Ritualen auf der Ebene des

Erwachsenen-Ichs und bei dem genannten Tratsch auf der Ebene des Eltern-Ichs abspielt.
Eine besondere Art von Transaktion sind die *Spiele*. Im Gegensatz zu den bisher genannten Interaktionsformen läuft diese Transaktion auf zwei Ebenen ab, vordergründig und hintergründig. Es wird darauf noch näher eingegangen. Die hintergründige bzw. untergründige dient meist der Rechtfertigung oder dem Ausleben eines neurotischen Konflikts. Spiele sind daher nach Berne Ausdruck neurotischer Symptome und bestimmen das Leben der Betroffenen häufig in schicksalhaft sich wiederholender Weise (s.u.).

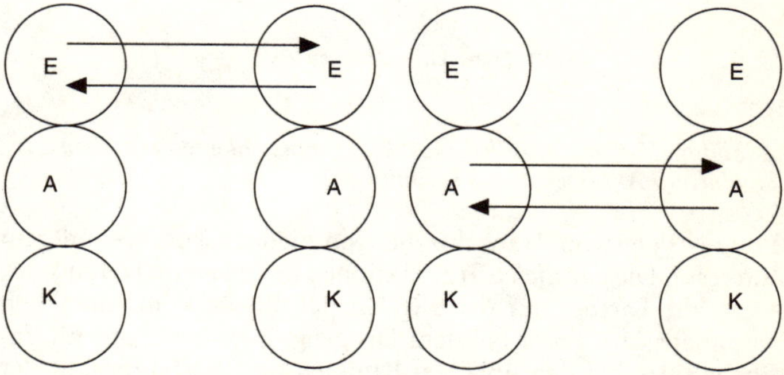

Abbildung 5.3: Symmetrische Transaktionen. Links: auf der Ebene des Eltern-Ich (z.B. der Drogen-Tratsch). Rechts: auf der Ebene des Erwachsenen-Ich: Verfahrensweisen

Gesunde und pathologische Transaktionen

Die Transaktionsanalyse unterteilt die menschliche Interaktion in verschiedene Typen von Transaktionen, die dadurch gekennzeichnet sind, in welcher der drei Positionen (E, A, K) sich Sender und Empfänger befinden. Prinzipiell kann das Eltern-Ich alle drei Ichs des Gesprächspartners ansprechen, ebenso trifft dies für das Erwachsenen-Ich und das Kind-Ich zu. Daraus ergeben sich 3 X 3 = 9 Ansprechformen, wenn man sich auf drei Ich-Zustände beschränkt. Gleicherweise ergeben sich 9 Antwortmöglichkeiten, so daß sich prinzipiell insgesamt 9x9 = 81 Transaktionsformen, bestehend aus Ansprache und Antwort, ergeben.

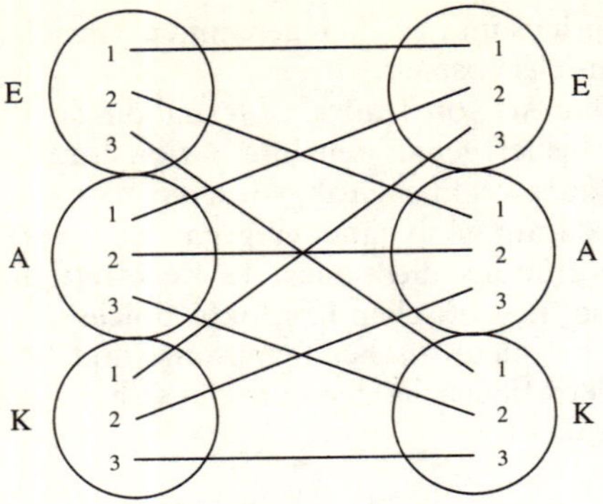

81 Transaktions Formen (9x9)

Abbildung 5.4: Prinzipielle Transaktionsmöglichkeiten zwischen 2 Individuen (9 Aktionen und 9 Reaktionen)

Einige Typen von Transaktionen sind jedoch von besonderem Interesse. Die *parallelen* Transaktionen finden einmal dann statt, wenn die Partner auf der gleichen Ich-Ebene kommunizieren (symmetrisch). Etwa bei dem Drogengespräch auf der Eltern-Ebene oder bei den üblichen Ritualen und Verfahren auf der Erwachsenen-Ebene (s. Abbildung 5.3). Ein zweiter Typ von paralleler Transaktion ist komplementär und dann gegeben, wenn z.B. eine Person sich Unterstützung suchend mit dem Kinder-Ich an das Eltern-Ich des Partners wendet und dieser in gewünschter Weise, nämlich beschützend, reagiert. Dies ist natürlich so bei Eltern-Kind-Beziehungen, Lehrer-Schüler-Beziehungen, aber auch bei Partner-Beziehungen zu beobachten. Man spricht von komplementärer Partnerwahl, z.B. wenn der eine Partner überwiegend versorgend ist und der andere überwiegend versorgt wird. Dasselbe läßt sich auf Dominanz und Unterordnung oder Imponieren und Bewunderung anwenden (vgl. *Willi* 1975). Solche parallelen Transaktionen, ob auf gleicher oder verschiedener Ebene, sind unproblematisch, weil jeder das bekommt, was er wünscht.
Problematisch dagegen sind *Überkreuz-Transaktionen*. Hierbei spricht der eine Partner den anderen auf der Ebene beispielsweise des Erwachsenen-Ichs an, dieser reagiert aber anders als

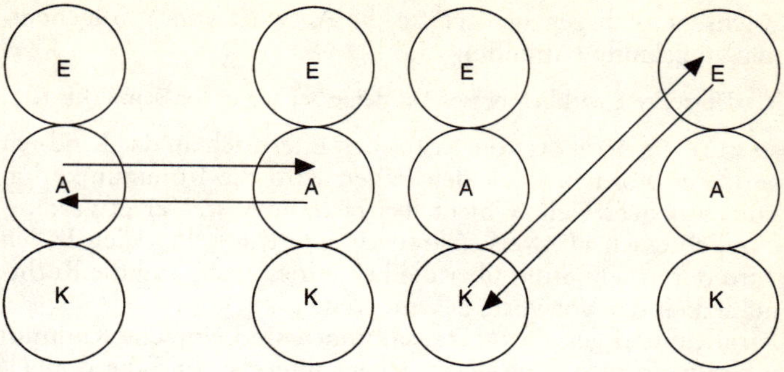

Abbildung 5.5: Parallele Transaktionen. Links: symmetrisch. (auf der Erwachsenen-Ebene) Rechts: komplementär (mit einem kindlichen und elterlichen Partner)

erwartet: er reagiert z.B. auf der Ebene des Eltern-Ichs und spricht damit das Kind-Ich des anderen an. Die beiden reden aneinander vorbei. Folgendes Beispiel (Abbildung 5.6a):

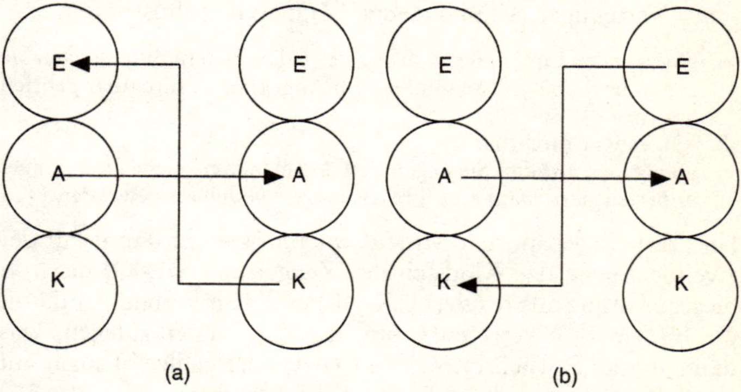

Abbildung 5.6: Gekreuzte Transaktionen (Erläuterung siehe Text)

X: »Ich finde mein Portemonnaie nicht. Hast Du es gesehen?« (A-A)
Y: »Alte Schlampe.« (rK-A)

In diesem Falle war die Frage auf der Erwachsenen-Ebene gestellt (A-A), die Antwort dagegen wurde nach Interpretation der Transaktionsanalyse vom rebellischen Kind-Ich an das Erwachsenen-Ich gegeben. Hätte die Antwort von Y folgendermaßen gelautet (Abbildung 5.6 b):

Y: »Du solltest wirklich besser auf deine Sachen aufpassen.« (kE-K)

so wäre die Antwort vom kritischen Eltern-Ich an das Kind-Ich gerichtet worden. In beiden Fällen wird die Kommunikation unterbrochen, weil X nicht das bekommt, was er erwartet – nämlich einen Hinweis -, sondern eine Rüge. In vielen Fällen wird daraus ein Streit über die Fehler des einen und die Rechtmäßigkeit der Vorwürfe des anderen.

Parallele und gekreuzte Transaktionen sind einfache Kommunikationsformen. Von eigentlichem Interesse sind die doppelbödigen Transaktionen. Hier gibt es eine vordergründige Kommunikation (soziale Ebene) und eine hintergründige bzw. untergründige (psychologische Ebene). Es werden zwei Typen unterschieden. Bei der *angulären* Transaktion findet die Ansprache auf zwei Ebenen statt, z.B. wird vordergründig das Erwachsenen-Ich angesprochen, hintergründig aber das Kind-Ich. Erfolgt dann die Antwort vom Kind-Ich, so ist diese doppelbödige Transaktion erfolgreich gewesen. Etwa folgender Dialog zwischen Verteidiger (V) und Zeuge (Z) mag dies illustrieren:

V: »Sie können uns bei der Klärung des Falles helfen. Bitte denken Sie genau nach. Sie müssen unter dem Angeklagten furchtbar gelitten haben?«
Z: »Ja, es war furchtbar.«
V: »Sie geben zu, daß Sie gegen den Angeklagten nicht unvoreingenommen sind. Damit ist Ihre Aussage zweifelhaft geworden.«

Der Verteidiger spiegelt Mitleid vor und spricht damit auf der zweiten Ebene das Kind-Ich des Zeugen an (wE-K), der von dieser Haltung aus reagiert (uK-wE) und dem Verteidiger damit die Information verschafft, um den Zeugen reinzulegen, was dann auf der Erwachsenen-Ebene (AA) oder vielleicht sogar auf einer destruktiven Eltern-Position (kE) geschieht.

In einer zweiten Art von doppelbödiger Transaktion spielt sich die Kommunikation parallel auf zwei Ebenen ab (*Duplex-Transaktion*). Flirts sind dafür gute Beispiele:

Gast: »Auch für Damen ist die Jagd eine interessante Angelegenheit.«
Hausfrau: »Dann müssen Sie mir das unbedingt einmal zeigen.«

Nach transaktionsanalytischer Ansicht wird hier auf der Erwachsenen-Ebene ein sachlicher Gegenstand ventiliert (AA), auf der

Ebene der kindlichen Neugier aber ein Angebot gemacht, sozial vielleicht nicht akzeptable Intimität spielerisch auszuprobieren. Bleibt es bei diesem Austausch auf zwei Ebenen, so ist das Spiel unproblematisch. Läßt sich dagegen die Hausfrau zunächst auf das Angebot des Gastes ein und macht ihm damit Avancen (uK-uK), so kann das zu Komplikationen führen, wenn der Gast nicht erkennt, wenn die vermeintlichen Versprechungen nicht ernst gemeint sind. Er wird sich ihr nähern und sie wird ihn empört zurückweisen (kE- uK), worauf er entsprechend verwirrt ist. Dieses Spiel heißt bei Berne »Hilfe-Vergewaltigung«. Die Frau erhält hierbei den Gewinn der Selbstbestätigung – auf Kosten des Casanovas. Sie erreicht ihn mit Hilfe des Tricks der doppelbödigen Kommunikation, die vom Verehrer für bare Münze genommen wird. Spielt sich das Ganze auf ehelichem Niveau ab (das Spiel heißt dann »Frigide Frau«), so kann es zu einer permanenten Ehekrise und zu sexuellen Symptomen bei beiden Partnern führen. Nicht nur die doppelbödigen Transak-

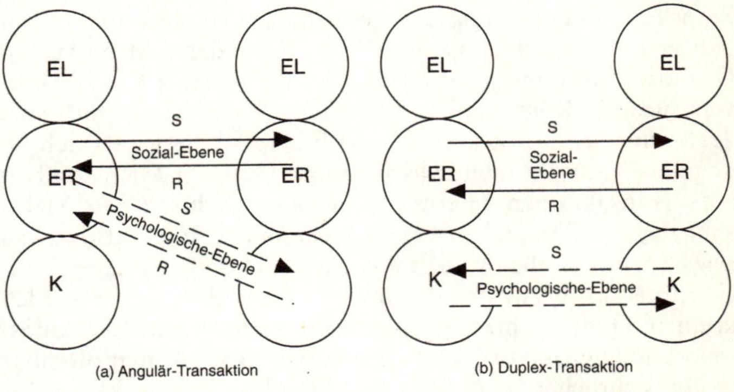

Abbildung 5.7: Doppelbödige Transaktionen (verdeckt). Links: Angular-Transaktion (wie bei der Zeugenvernehmung). Rechts: Duplex-Transaktion (wie beim Flirt)

tionen, sondern auch die gekreuzten können zu psychischen Störungen führen. So läßt sich z.B. die sog. double-bind-Hypothese zur Entstehung der Schizophrenie bei Kindern durch eine gekreuzte Transaktion folgendermaßen abbilden (verbale ohne affektive Zuwendung):

Kind: »Mami, hast du mich noch lieb?«
Mutter: »Was bedeutet eigentlich Liebe?«

Diese Transaktion (K-E/A-A) entspricht der Abbildung 5.6a in umgekehrter Abfolge. Diese Form der gekreuzten Transaktion kann als Mißachtung der kindlichen Wünsche und Gefühle interpretiert werden, die langfristig zur Verkümmerung dieser Gefühle beiträgt. So auch etwa das Ausreden von Angst:

Kind: »Ich habe Angst vor dem Zahnarzt.« (K-wE)
Vater: »Große Jungen haben keine Angst vor dem Zahnarzt.« (A-A)

Oder die Mißachtung von Mitgefühl:

Kind: »Habt Ihr Streit gehabt?« (wK-K)
Mutter: »Wie kommst du denn darauf, es war nichts.« (AA)

Die echte Intimität ist nach Berne weder formell (wie Rituale und Operationen) noch enthält sie verdeckte Absichten (wie Spiele). Die Intimität als soziale Beziehung stellt so etwas wie ein humanistisches Ideal menschlicher Interaktion dar.
Bernes Systematisierung der menschlichen Interaktion ist auf den ersten Blick frappierend. Mit einem denkbar einfachen Grundschema ermöglicht sie die Einordnung einer Vielzahl sehr verschiedener Kommunikationsformen. Neben den 81 einfachen Transaktionen (72 gekreuzte und 9 parallele) ergeben sich 36 anguläre Transaktionen und 81x81x-81 = 6480 Arten von Duplex-Transaktionen. Hiermit sollte es möglich sein, die Mehrzahl der im alltäglichen Leben ablaufenden Interaktionen zu erfassen. Tatsächlich sind es nur etwa ein bis zwei Dutzend solcher Interaktionsmuster, die immer wieder identifiziert werden können. D.h., die hier angebotene Theorie ist einfach, umfassend und zugleich ordnet sie die vorhandenen Daten offenbar in übersichtlicher Form. Was allerdings bisher fehlt, ist eine Ergänzung der Plausibilität durch empirische Befunde.

5.3 Spiele der Erwachsenen

Schema

Manche Autoren halten die Spiele als besondere Interaktionsformen für Bernes wesentlichsten Beitrag zur Psychologie und

Psychopathologie. Spiele sind Transaktionen, bei denen der eine gewinnt und der andere verliert. Im Sinne der Spieltheorie sind sie Nullsummen-Spiele. Sie basieren immer auf einem Trick und einer Schwäche. So etwa folgendes Spiel zwischen Therapeut und Klient (»Sie können mir auch nicht helfen!«):

1. »Herr Doktor, wird es mir bald besser gehen?« (Trick)
2. »Natürlich.« (Schwäche)
3. »Sie glauben wohl, daß Sie alles wissen?« (Umschaltung)
5. Therapeut verwirrt; Patient zufrieden. (Auszahlung)

Es handelt sich um eine doppelbödige Transaktion, bei der der Klient auf der Sozialebene vordergründig von seinem Kind-Ich aus das wohlmeinende Eltern-Ich des Therapeuten anspricht (K-wE). Der Therapeut antwortet dazu komplementär wohlmeinend dem Kind-Ich des Klienten (wE-K). Er fühlt sich in seiner Kompetenz, seinem Prestige angesprochen. Darin liegt seine Schwäche. Auf der hintergründigen Ebene hatte jedoch der Klient mit seinem kritischen Eltern-Ich das Kind-Ich des Therapeuten hereinlegen wollen und antwortet ihm jetzt in der Replik in dieser Richtung (kE-K), indem er vom K-Zustand auf den kE-Zustand umschaltet. Analytisch gesehen ist der Therapeut in die Falle der Gegenübertragung gelaufen, die der Klient durch seine Scheinrolle (Kind-Ich) provoziert, aber dann nicht eingehalten hat. Derartige (Ränke-)Spiele können deswegen als pathologisch angesehen werden, weil hier, im Gegensatz zu Verfahren und Ritualen, der eine Sozialpartner sich Streicheleinheiten vom anderen holt, ohne selbst entsprechend zu geben. D.h., hier liegt die Annahme zugrunde, daß soziale Interaktion ein Nicht-Nullsummen-Spiel sein kann – eines, das für beide Gewinn bringt. Der Klient sieht jedoch diese Möglichkeit nicht, sondern meint, sich nur auf Kosten anderer etwas zugute tun zu können.

Allerdings ist der Gewinn aus den Ränkespielen paradoxerweise oft negativ. Jemand kommt notorisch zu spät (Trick) und wird kritisiert (Schwäche) und schaltet dann von (K-E) auf (kE-K), indem er sich (oder dem Partner) sagt: »Was ist das für eine Freundschaft, wenn man nicht einmal zu spät kommen darf?« Der Gewinn ist hier Ärger. Er könnte auch zu sich sagen: »Ich bin unmöglich; anderen passiert das nie.«

Dann wäre die Transaktion intern, ein Dialog mit sich selbst und der Gewinn wäre Selbstmitleid. Die Erklärung für das Ver-

langen nach negativer Auszahlung ist das, was die Transaktionsanalyse »Lieblingsgefühl« (engl. racket) nennt. Jemand sucht Trauer, Ärger, Angst und konstruiert u.U. unbewußt Situationen, um derartige »Rabattmarken« einzusammeln, die er dann an gegebener Stelle eintauschen kann. Es wird angenommen, daß diese Person gelernt hat, mit ihren negativen Affekten die Umwelt zu steuern. Ständige Ängstlichkeit oder Depression heischt Mitleid, ständiger Zorn Gehorsam usw. Eine weitere Annahme ist dabei, daß Personen mit Lieblingsgefühlen den elterlichen Indoktrinationen (s.u.) nachkommen, wie etwa solchen: »Du bist ein Versager.«
In jedem Fall stellen Spiele eine neurotische Strategie dar, sich soziale Zuwendung zu verschaffen und sind durch gleichartige Wiederholung gekennzeichnet. Sie lassen sich zusammengefaßt auf folgende Formel bringen (»Spielformel«):

Trick – Schwäche – Umschalt. : Verblüffung. – Ausz. (+/-)

Derartige Spiele kommen in vielen Bereichen des Lebens vor. Berne hat eine Einteilung vorgenommen, um einen Überblick zu geben. Er unterscheidet Lebens-Spiele, Ehe-Spiele, Party-Spiele, Sex-Spiele, Räuber-Spiele, Doktor-Spiele und gute Spiele. Bevor wir auf die Diskussion der Spiele eingehen, zunächst ein typisches Beispiel (*Berne* 1967).

Ein typisches Spiel: »Alkoholiker«

Ein Spiel, das auch schon von Familientherapeuten und Systemtheoretikern beschrieben wurde (*Haley* 1963, *Watzlawick et al.* 1979). In diesem Spiel kommen fünf Rollen vor: der Alkoholiker, der Nörgler, der Retter, der stumme Helfer und der Versorger. Retter, Nörgler und stummer Helfer können auch in einer Person zusammengefaßt werden: der Ehefrau. Das Spiel wird folgendermaßen gespielt:

Der Alkoholiker betrinkt sich, die Frau spielt zunächst den stummen Helfer und versorgt den Patienten (bringt ihn ins Bett). Am nächsten Tag nörgelt sie über sein verantwortungsloses Verhalten und schließlich nimmt sie die Rolle des Retters ein, indem sie versucht, ihn davon abzubringen, weiterzutrinken. Der Versorger ist in diesem Spiel meist der Kneipen-Wirt von der Ecke. Das Trinken ist zunächst Vermeidungsverhalten – z.B. von intimen Beziehungen zum Partner. Als sekundären Krankheitsgewinn bringt es jedoch Zuwendung des stummen Helfers mit sich (Bemühung durch die Frau) und die Aufmerksamkeit des Retters. Das Nörgeln aber erlaubt ihm, von neuem zu trinken und somit das Spiel endlos fortzusetzen. Der Nutzen ist für den Alkoholiker also dreifach, einmal die direkte Befriedigung durch das Trinken und damit verbundene Geselligkeit. Zum zweiten die Vermeidung von problematischen Lebenssituationen wie beruflichem Streß, Verantwortung und Intimität zum Partner. Und zum dritten das Mitleid des Partners in der Retter- oder Helferfunktion. Natürlich hat auch der Nörgler und Retter diesen Partner nicht von ungefähr gewählt, denn er ermöglicht es ihm, Selbstbestätigung caritativer Art zu erhalten. Es gewinnen also beide etwas dabei. Das Durchtriebene jedoch daran ist, daß nicht mit offenen Karten gespielt wird. Vordergründig würden beide sagen, daß es ihnen schlecht geht. Hintergründig gewinnen beide etwas, aber um den Preis, daß sie sich womöglich zugrunde richten.

Die Richtigkeit einer solchen Analyse der Interaktion ist für Berne dann bestätigt, wenn sich angeben läßt, wie das Spiel unterbrochen wird (Antithese). Das geschieht, indem die Regeln aufgehoben werden. Z.B. kann der Partner die Rolle des Nörglers, stummen Helfers und Retters ablehnen. Wenn er ihn nicht mehr bedauert, ihm nicht mehr hilft und darüber hinaus noch animiert, etwas zu trinken, fällt für den Alkoholiker der sekundäre Krankheitsgewinn weg. Es bleibt allerdings der primäre Lustgewinn des Trinkens, der möglicherweise selbst schon das Problemverhalten aufrechterhält (durch die Beseitigung der Entzugserscheinungen). Die Transaktionen des Alkoholikerspiels laufen vordergründig auf der Erwachsenen-Ebene ab:

Alkoholiker: »Sag, mir, wie du über mich denkst, und hilf mir, das Trinken aufzugeben.« (AA)
Retter: »Ich will offen mit dir reden.« (A-A)

Auf psychologischer Ebene spielt sich die Interaktion zwischen Eltern-Ich und Kind-Ich ab:

Alkoholiker: »Sieh zu, ob du mich davon abhalten kannst.« (rK-wE).
Nörgler: »Du mußt mit dem Trinken aufhören, sonst gehst du zugrunde.« (kE-K).

»Der Alkoholiker« ist ein typisches Lebens-Spiel, weil es das ganze Leben der betroffenen Personen gestaltet und meistens mit Krankenhaus, Tod oder Anstalt endet.

Verwünschungen

Augenscheinlich nachteilige oder sogar zerstörerische soziale Verhaltensweisen sind auch von Kommunikationstheoretikern und Familientherapeuten beobachtet worden. Sie gehen davon aus, daß sich in menschlichen Beziehungen Regeln etablieren, die den beteiligten Interaktionspartnern nicht voll bewußt sind, dennoch das Verhalten steuern (*Watzlawik et al.* 1979, *Bandler et al.* 1976 u.a.). Die Maßnahmen, die Berne jeweils als Antithese vorschlägt, um das Spiel aufzubrechen, können meistens als paradoxe Intentionen gekennzeichnet werden. Sie erscheinen auf den ersten Blick häufig unsinnig: den Alkoholiker zum Trinken zu animieren, dem verzweifelten »Ja-aber-Klienten« in seinem Pessimismus zuzustimmen, sich von der begehrten Frau abzuwenden usw. Der gemeinsame Nenner dieser Interventionen ist das, was *Watzlawik et al.* (1979) Lösungen zweiter Ordnung nennt: Es wird die Spielregel gebrochen und so das System gesprengt. Diese Spielregeln dienen dazu, immer wieder erneuten Anlaß zu haben, die verdeckten Mitteilungen machen zu können:

Alkoholiker: »Hilf mir und kritisiere mich.«
Frigide Frau: »Möge mich und verschone mich mit Sex.«
Wenn Du nicht wärst: »Gib mir Freiheit und verhindere meinen Mißerfolg.«
Ja aber: »Hilf mir und zeige, daß mir nicht zu helfen ist.«

Diese Botschaften sind widersprüchlich in sich selbst, können also nicht befriedigt werden und können immer aufs neue mitgeteilt werden. Sie charakterisieren einen inneren Kampf des betroffenen Individuums zwischen den beiden Teilen des Satzes, die durch das *und* verknüpft sind. Der hintere Teil stellt möglicherweise ein elterliches Programm dar, gegen den sich die Person im vorderen Teil wehrt. Dieses elterliche Programm kann eine grundsätzliche negative Perspektive für den Klienten bedeuten (s.u. Skriptanalyse) – etwa folgendermaßen:

Alkoholiker: »Aus Dir wird nichts!«
Frigide Frau: »Männer wollen nur Sex« oder »Sex ist nichts Gutes.«
Wenn Du nicht wärst: »Du bist ein Versager!«
Ja aber: »Dir ist nicht zu helfen.«

Die Transaktionsanalyse glaubt, daß Eltern ihren Kindern häufig derartige negative Lebensperspektiven suggerieren, mit der

sie sich im Sinne einer Neurose ihr Leben lang auseinandersetzen müssen. Um ihren Eltern, die sie jetzt als Eltern-Ich in sich tragen, zu gefallen, müssen sie die negative Perspektive bestätigen. Damit haben sie als Kind Erfolg gehabt und Schutz und Zuwendung erreicht.
Nach *Karpmann* (1968) lassen sich Bernes Ränkespiele durch ein dramatisches Dreieck beschreiben, in dem es stets einen Verfolger, ein Opfer und einen Retter gibt. Die Handlung in dem Drama entsteht dadurch, daß die Personen ihre Rollen wechseln. Z.B. wird häufig aus dem Opfer ein Verfolger, wie die frigide Frau, die den Mann attackiert, die unterdrückte Hausfrau, die dem Mann Vorwürfe macht oder der Ja-aber-Frager, der den Ratgeber zur Verzweiflung bringt. Beim Alkoholiker wird aus dem Retter (der Frau) der Verfolger (wenn sie nörgelt). Beim Spiel »Frigide Frau« wird aus dem Verfolger (dem Mann) das Opfer. Bei der unterdrückten Hausfrau wird aus dem Verfolger (dem Mann) der Retter, indem er sie tröstet.

Lieblingsgefühle

Die häufige Konsequenz von Spielen sind bestimmte, immer wiederkehrende Gefühle. Ein Spiel heißt z.B. »Verlegter Schlüssel« und geht etwa so (es könnte sich auch um ein Portemonnaie oder etwas ähnliches handeln):

Der Betreffende ist verabredet, macht sich zur Abfahrt fertig, räumt alles Nötige viel zu spät zusammen, hastet zum Auto und stellt fest, daß er den Schlüssel vergessen hat. Er läuft zurück und findet ihn nicht. Er sucht und kramt, und es dauert einige Zeit, bis er den Schlüssel endlich findet. Dadurch hat sich die Abfahrt solange verzögert, daß er zu spät zur Verabredung kommt. Im Auto rauft er sich die Haare und sagt zu sich selbst: »Es ist zum Verzweifeln, immer klappt alles nicht. Warum muß ich alles alleine machen, es gibt so viele Dinge zu erledigen, und das schaffe ich einfach nicht«. Später wird diese Verzweiflung vielleicht noch ergänzt durch Selbstvorwürfe, wenn er von der Person kritisiert wird, mit der er verabredet war. Es gibt Menschen, denen solches immer wieder passiert. Jedesmal verbunden mit dem unglücklichen Gefühl der Verzweiflung oder der Selbstkritik.

Man könnte vermuten, daß dieser Mensch nicht gelernt hat, gewisse organisatorische Aufgaben erfolgreich zu lösen. Die Transaktionsanalyse zielt direkt auf das dabei resultierende Gefühl ab. Sie glaubt, daß dieses Gefühl einen Nutzen für die Person darstellt, obwohl es negativ ist. Menschen haben sicher die ursprüngliche Tendenz, glücklich zu sein. Trotzdem gibt es eine Reihe von Gründen, die sie dazu bringen können, grundsätzlich unglücklich zu sein. Das Kind beschädigt einen wertvollen Gegenstand, die Eltern schreien es an; daraufhin ist das Kind traurig, ängstlich oder verzweifelt und die Eltern sind friedlich – scheinbar zufrieden. Kinder brauchen die Nähe von Bezugspersonen. Vielleicht war die Mutter immer traurig, und die einzige Möglichkeit für das Kind, sich ihr nahe zu fühlen, war die Traurigkeit.

5.4 Unbewußter Lebensplan, Skript

Entstehung des Skripts

Nicht erst Freud hat die Idee formuliert, daß unser Leben, unser Charakter, unsere Handlungen durch sehr frühe Ereignisse geprägt und weitgehend festgelegt sein sollen. Schon in der Mythologie und der griechischen Tragödie findet sich dieser Gedanke.

Berne sieht die Ursache für einen schicksalhaften Lebensplan weder im Willen der Götter noch ausschließlich in der psychosexuellen Fixierung und dem Triebkonflikt – wie es Freud tat. Bei ihm sind es elterliche Imperative, gute und schlechte, die das Kind schon früh zeichnen. Es sind positive (»Du bist ein Glückspilz«) und negative Indoktrinationen. Gerade die negativen, destruktiven Gebote der Eltern wirken sich fatal aus und führen zu einem neurotischen und psychotischen, süchtigen oder delinquenten Lebenswandel. Dabei handelt es sich um Dinge, die die Eltern immer wieder sagen, nicht nur ein Mal; Dinge wie:

- »Du kannst mir gestohlen bleiben. Ich kann dich nicht gebrauchen. Mach, daß Du wegkommst (Du bist überflüssig).«
- »Ein Junge wäre uns lieber (Dein Geschlecht paßt uns nicht).«
- »Sei erwachsen, du mußt für deine Geschwister sorgen (Sei kein Kind).«
- »Bleib immer mein kleiner Klaus (Werde nicht erwachsen).«
- »Ich wußte, du wirst es nicht schaffen (Sei ein Versager).«

- »Laß es, es geht bestimmt schief (Du bist ein Tolpatsch).«
- »Traue niemandem.«
- »Schone dich (Sei krank).«
- »Überlaß das Denken den Pferden, die haben größere Köpfe Denke nicht).«
- »Sei anständig (und empfinde nichts: keinen Sex, keinen Ärger, keine Emotionen).«

Diese Verwünschungen, aber auch Glückwünsche, Rezepte und Programme der Eltern an ihr Kind stammen oft aus eigenen Frustrationen (aus ihrer eigenen Lebensgeschichte, aus ihren Wünschen, ihren unerfüllten Sehnsüchten), aber auch aus der Familienkonstellation. Hierbei spielt es eine Rolle, welchen Platz in der Geschwisterreihe das Kind einnimmt, welche Funktionen es deshalb zu übernehmen hat usw. Irgendwann in seinem frühen Leben entscheidet sich das Kind, diesen Empfehlungen zu folgen oder sich ihnen zu widersetzen. Gemäß der Transaktionsanalyse hat das Kind kaum eine Chance, ihrer Wirkung zu entgehen, wenn diese Indoktrinationen häufig und stark genug wiederholt werden.

Berne hat nun sieben Arten solcher frühen Einflüsse unterschieden, die er den *Skript-Apparat* nennt. Da ist zunächst das destruktive Grundgebot (1) und dann eine unfaire Anweisung, die das Kind darin behindert, sich dem Grundgebot zu widersetzen, die Injunktion (2). Es folgen Ermunterungen provokativer Art, die das Kind in Richtung des Grundgebotes drängen (3). Daneben gibt es gegenteilige Kräfte im elterlichen Einfluß, nämlich die Lebensrezepte, mit denen man gut durchs Leben kommt (4), das elterliche Vorbild, wie man bestimmte Dinge tut, das Programm (5). Es gibt auch den kindlichen Trotz, der allem zuwiderhandelt und alles über den Haufen werfen kann, genannt der Dämon (6) und es gibt schließlich die bewußte Bemühung, dem Gebot der Eltern zuwiderzuhandeln, das Anti-Skript (7). Letzteres bedeutet aber keineswegs eine Befreiung aus dem Skript, sondern vielmehr eine Bindung in umgepolter Richtung. (Die Lebensalternativen, die in den Lebensrezepten und dem elterlichen Programm angeboten werden, heißen verwirrenderweise gelegentlich auch Gegen-Skript. Allerdings ist hier die Terminologie nicht ganz einheitlich). Die sieben Skript-Elemente sind demnach:

Indoktrinationen:

1 Verwünschung, Skript-Auszahlung: »Du wirst verrückt werden.« »Du bist wie dein Vater (Alkoholiker).« »Du ißt dich zu Tode.«
2 Injunktion: »Laß mich in Ruhe.« »Beklage dich nicht.« »Tue,was man dir sagt.«
3 Provokation: »Iß noch ein bißchen.« »Nimm einen Schluck.« »Zum Trinken bist du noch zu jung (später darfst du).« »Laß dir nichts gefallen.«

Handlungsanweisungen:

4 Lebensrezepte: »Arbeite hart.« »Halte dein Geld zusammen.« »Sei nett zu den Mitmenschen.« »Halte durch.«
5 Elterliche Programme: Modellverhalten und Anleitung der Eltern für spezifische Aktivitäten (wie sich Frauen pflegen, wie Männer männlich sind).

Gegenkräfte:

6 Dämon: »Laß alles sausen.« »Ihr könnt mich mal.«
7 Anti-Skript: Die Verkehrung ins Gegenteil.

Die elterlichen Anweisungen, unter denen Lebensrezepte und elterliches Programm zusammengefaßt wurden (4 und 5), stellen oft die aufs Praktische gerichteten Handlungsanweisungen dar (Gegen-Skript). Man fragt sich, wie Berne auf die zynische Darstellung des elterlichen Erziehungseinflusses in Form der destruktiven Imperative (1 bis 3) kommt. Die Provokationen (3) und destruktiven Grundgebote (1) der Eltern stammen aus deren trotzigem Kind-Ich (rK) und spiegeln Konkurrenzbedürfnisse, Ressentiments u.ä. mißgünstige Strebungen wider, die den Eltern jedoch nicht bewußt sind. Wie kommt es, daß das Kind sich sein ganzes Leben lang nicht von diesen Anweisungen lösen kann? – All diese elterlichen Einflüsse werden, gemäß der Transaktionsanalyse, im Eltern-Ich des Kindes verankert und dort für immer eingegraben. Sie bleiben immer wirksam, auch dann, wenn die Eltern längst nicht mehr da sind.
Abbildung 5.8 zeigt schematisch, wie die Transaktionen zwischen Eltern und Kind bei einem Alkoholiker ablaufen könnten. Von den Eltern-Ichs der beiden Eltern gehen Injunktionen der Art aus: »Sei ein Mann.« Aus dem kindlichen Rachebedürfnis des Vaters stammt die Verwünschung: »Mach dich lächerlich (damit ich etwas zu lachen habe).« Die Mutter, ebenfalls aus der kindlichen Position heraus, setzt provokative Äußerungen an das männliche Gegenüber in ihrem Sohn, derart wie:

»Sei nicht zimperlich.« Damit ist gemeint, daß er auch schon mal einen Schluck nehmen kann. Hinzu kommen Lebensrezepte der Art wie z.B. keine krummen Touren machen und väterliches Modellverhalten, wie man sich beim Trinken benimmt (Menge und Anlaß, Ort und Zeit des Trinkens). Auf diese Weise ist das Skript des jungen Alkoholikers weitgehend geprägt. Er hat zwei Möglichkeiten, dagegen anzugehen: Einmal die kindliche Trotzhaltung, alles hinzuschmeißen (Dämon) oder das adaptierte Gegenprogramm aufzustellen und Antialkoholiker zu werden.

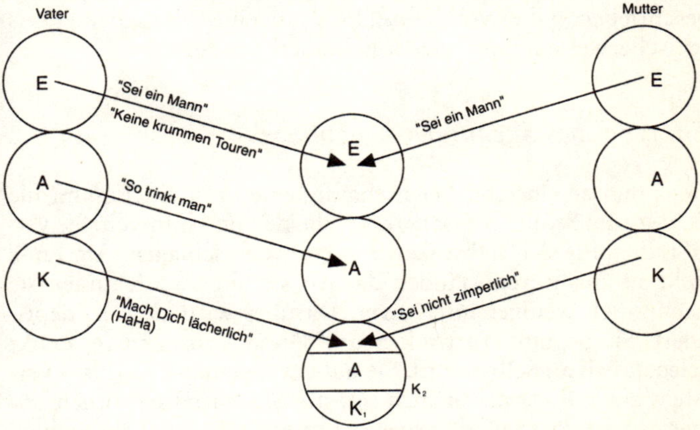

Abbildung 5.8: Elterliche Indoktrinationen (Skriptmatrix) zum Beispiel eines Alkoholikers

Nach Berne müssen die folgenden Bedingungen für die Entstehung eines Skripts gegeben sein: Verwünschung (1), Injunktion (2) und Provokationen (3) müssen als frühe elterliche Einflüsse (FEE) vorhanden sein. Daraus entsteht ein Programm, das dem Kind seinen Lebensvollzug im einzelnen klarmacht, entweder durch Vorleben oder durch Instruktion. Das Kind wird sich irgendwann für oder gegen dieses Skript entscheiden (Zustimmung). Daraus wird wesentliches Verhalten (WV) im Lebensvollzug bestimmt werden. Es ergibt sich nach Berne die sog. »Skript-Formel«:

FEE – Programm: Zustimmung – WV : Auszahlung

Die Auszahlung, der Skriptgewinn, ist in den Grundgeboten bereits formuliert: Den Eltern zuliebe wird das Kind später verrückt, krank, hilflos, Alkoholiker u.a.
Bernes Idee des unbewußten Lebensplanes geht auf die wohl auch allgemein geläufige Beobachtung zurück, daß manchen Menschen im Leben häufig dasselbe mehrfach widerfährt. Frauen heiraten immer wieder Alkoholiker, überhaupt ähnelt der neue Ehepartner nach der Scheidung oft dem alten. Versager bringen sich immer wieder in Situationen, aus denen sie als Versager hervorgehen. Aber auch erfolgreiche Menschen handeln oft nach dem gleichen Rezept. Im folgenden ist ein Skript kurz beschrieben, wie es von *Berne* (1972) in seiner klinischen Praxis typischerweise immer wieder gefunden wurde.

Ein typisches Skript: »Übriggeblieben«

Der typische Übrigbleiber ist häufig eine Frau. Sie kommt nie richtig zum Schuß. Sie ist nett, bescheiden und hilfreich. Sie vergißt aber, für sich selbst Gewinn daraus zu schlagen. Am Ende steht sie mit leeren Händen da. Als sie älter wird, finden sie Leute auch weniger interessant. Darüber wird sie sehr deprimiert. Sie beginnt, zu trinken und Drogen zu nehmen, denkt gelegentlich an Selbstmord. Sie hat ein »niemals«-Skript: »Verlange niemals etwas für dich selbst.« Sie wartet eigentlich immer auf den Prinzen, der sie erlöst und der ihr das Lebensglück bringt – sie wartet vermutlich vergeblich, da sie keine eigene Initiative ergreift.
Ihre Eltern haben ihr eingeimpft: »Sei ein hilfreicher Mensch und ein liebes Mädchen.« Sie hatten ihr gezeigt, wie man Menschen hilft. Die sabotierenden elterlichen Anweisungen (Injunktionen) lauten: »Strebe nicht nach etwas für dich selbst« und »Tue deine Pflicht und beklage dich nicht.« Ihre Entscheidung war: »Ich werde mich selbst bestrafen, wenn ich mich beklagen sollte.« Ihr Skript war: Mauerblümchen und ihr Programm: »Lerne Menschen zu helfen.« Ihr Lieblingsgefühl war Depression und die endgültige Auszahlung ihres Lebens bestand im Selbstmord bzw. dem Nachruf: »Sie war ein gutes Mädchen.« Sie hätte kuriert werden können, wenn sie aufgehört hätte, ein liebes Kind zu sein (Anti-These) und sich die Erlaubnis gegeben hätte, daß ihr Erwachsenen-Ich sinnvolle eigene Ziele verfolgt.

Grundhaltungen und Erlebnisweisen

Mit dem Skript assoziiert ist die Grundhaltung, im Leben entweder ein »Gewinner«, »Verlierer« oder »Nicht-Gewinner« zu sein. Diese einfache Dreiteilung wird nach Berne durch elterliche Indoktrinationen geprägt. Gewinner sind Menschen mit Selbstvertrauen und realitätsbezogenem Denken, die ihr unbefangenes, kreatives Kinder-Ich (uK) auch im Erwachsenenleben sinnvoll zur Geltung bringen, im übrigen aber im richtigen Moment das Erwachsenen-Ich die Lenkung übernehmen lassen. Es handelt sich also um die sozial Erfolgreichen. Diese einfache Charakterisierung übersieht die Möglichkeit, daß man in einem Lebensbereich »Gewinner«, im anderen »Verlierer« sein kann. Typische Aussagen von »Gewinnern« sind: »Das war ein Fehler, das wird mir nicht noch einmal passieren, jetzt weiß ich, wie ich's richtig machen muß.« Sie sagen sich im Prinzip: »Ich bin o.k.« Ein »Verlierer« dagegen sagt: »Wenn doch nur.« »Hätte ich doch nur.« »Ja aber.« Sie sagen sich im Prinzip: »Ich bin nicht o.k.«

»Nicht-Gewinner« sind Menschen, die es zu nichts Besonderem bringen, aber ansonsten ein redliches Leben führen. Solche Menschen sagen über sich: »Wenigstens habe ich dies und jenes erreicht« oder »Ich bin dankbar, daß ich es so weit gebracht habe.« Die genannte Grundeinstellung ist individuell. Im Gegensatz dazu gibt es auch eine interaktionelle Grundeinstellung, die sich aus den Kombinationen o.k. und nicht o. k. und Ich und Du ergibt.

		Du: o.k.	Du: nicht
Ich	o.k.	(1) gesunde Haltung (Gewinner)	(2) arrogante Haltung (Retter/Soziopath)
Ich	nicht o.k.	(3) depressive Haltung (Selbstmord/ Sucht)	(4) mutlose Haltung (Schizophrenie)

Abbildung 5.9: Vierfelder-Schema der Lebensbefindlichkeit (nach Harris 1973)

Diese einfache Klassifikation von Interaktionen ist sehr viel gröber als die in Abbildung 5.4. Sie stellt ein anderes Raster dar und beschreibt Lebenspositionen aufgrund des Skripts. Die Transaktionen in Abbildung 5.4 dagegen beruhen auf momentanen Ich-Zuständen, die sich laufend ändern. Es gibt Menschen, die zwischen den Lebenshaltungen hin und her pendeln können und nicht völlig festgelegt sind. Berne hält es aber für möglich, daß Menschen eine dieser Haltungen für den größten Teil ihrer Transaktionen fix beibehalten. Die erste Haltung (1) ist die ideale. Sie charakterisiert die Gewinner. Sie haben ein gesundes Selbstbewußtsein, aber auch keine Vorurteile gegenüber ihrer Umwelt. Die zweite Haltung (2) ist mehrdeutig; sie kann einen Gewinner, nämlich jemanden, der sich mit Überheblichkeit durchsetzt, aber auch einen Delinquenten beschreiben. Die dritte und vierte Haltung sind Verlierer-Positionen. Am schlechtesten ist die Prognose in der Haltung 4 (nicht o.k./nicht o.k.). Diese Grundhaltungen werden nach Berne während der Stillzeit, aber vor allem während der Reinlichkeitserziehung geprägt. Nach *Harris* (1973) ist die erste Haltung relativ selten. Die zweite Haltung resultiert bei brutalen Eltern, die das Kind offen mißhandeln. Hier merkt das Kind, daß der andere (die Eltern) nicht o.k. sein können und muß sich selbst die nötigen Streicheleinheiten verabreichen. Daher resultiert die Haltung o.k./ nicht o.k.. Die dritte Haltung ist die, in der die meisten Neurotiker gefangen sind. Sie resultiert, wenn die Eltern hauptsächlich abwertende, niemals aufwertende Kommentare geben (»Du kommst schon wieder zu spät.« »Hast du noch immer nicht aufgeräumt.« »Aus dir wird nie was.«). Die vierte Haltung (nicht o.k./nicht o.k.) entsteht nach Harris bei Kindern, die unter einer gefühlskalten Mutter leiden. Sie vernachlässigt ihr Kind, so daß dieses schließlich keinen Kontakt zur Umwelt mehr hat und sich auf sich selbst zurückzieht (im extremen Fall autistisch werden kann).
Aus dem Skript eines Menschen folgen nach Berne nicht nur die Bewertung der eigenen Person und die seiner Umwelt, sondern auch bevorzugte Motive, und die stereotypen, negativen Erlebnisweisen wie Ärger, Zorn, Rache, Kränkung, Hilflosigkeit usw. Er vergleicht das Einsammeln dieser Gefühle, indem man sich in Situationen begibt, in denen sie mit Sicherheit resultieren, mit dem Sammeln von Rabattmarken. Gesunde Leute verzichten auf das Sammeln von Rabattmarken und gehen lieber einen fairen Handel ein, bei dem die Ware dafür billiger ist.

Mythen und Märchen

Wie schon *C.G. Jung* vor ihm, so hat *Berne* versucht, die volkstümlichen Überlieferungen auf ihre Bedeutung hin für die individuelle Existenz abzuklopfen. Nach Berne kommen in den Mythen intuitiv erfaßt typische Skripts zum Ausdruck. Solche Skripts treten aufgrund der kulturellen Gegebenheiten immer wieder auf und werden zu häufigen Schicksalen, die dann in Form von Märchen, oft im Sinne des Wunschdenkens, einer günstigeren Lösung zugeführt werden als dies im Leben möglich ist.

»Rotkäppchen« ist in verschlüsselter Form ein solches Skript. Rotkäppchen ist ein leichtfertiges Mädchen, das sich allein in den Wald begibt und sich der Gefahr aussetzt, überfallen zu werden – um später gerettet zu werden. Sie ist besonders auffällig bekleidet (roter Mantel, rote Kappe), damit sie der Wolf auch nicht übersieht. Der Wolf ist vermutlich ein Verführer, der sich an sie heranmacht und in verkleideter Form (als Großmutter) mit ihr zu Bett geht. Schließlich kommt aber ein guter Mensch und rettet Rotkäppchen, die ihn dafür natürlich reichlich belohnen wird. Nach den Erfahrungen mit dem Wolf hat sie Grund, alle Männer, die sich an sie heranmachen, für üble Kerle zu halten. Dabei wartet sie ständig auf etwas Aufregendes wie einen Prinzen oder einen Retter. In der Zwischenzeit füllt sie den Wölfen die Bäuche mit Steinen – d.h. bringt sie in Mißkredit. Im Märchen vom Rotkäppchen ist natürlich auch die Familienkonstellation nicht ohne Bedeutung: die Mutter ist sehr leichtsinnig, das Kind in den Wald zu schicken. Die Großmutter ist auch etwas eigenartig, daß sie so allein im tiefen Wald wohnt und nicht zu ihrer Familie zieht.

Vieles an der Transaktionsanalyse geht über den Rahmen einer Psychotherapie hinaus. An der Interpretation der Märchen als kulturell geprägte Urformen des Lebensskripts wird der Anspruch deutlich, eine umfassende Anthropologie zu liefern, der nur hermeneutisch und nicht mehr empirisch faßbar ist.

Lebensentwicklung

Berne verfolgt den Lebensplan von der Geburt einer Person bis zu ihrem Tode. Ja eigentlich beginnt er schon vor der Geburt, weil auch die Erwartungen der Eltern eine Rolle spielen, die Stellung in der Geschwisterreihe und der Einfluß der Großeltern. Für ihn ist wichtig, nach welchen Onkeln, Tanten oder

Großeltern das Kind benannt ist, weil sich damit entsprechende Erwartungen verknüpfen. Die Erwartungen gehen bis auf die Heirat und die Zahl der Kinder und sogar bis auf das Jahr des Todes (»Du wirst nicht älter als dein Vater«). In den ersten Jahren der Säuglingszeit und des Toilettentrainings werden die genannten Grundhaltungen geprägt, und es kommt oft auch schon, durch die elterliche Indoktrination, zur Anlage des Skripts. Es entwickeln sich die Lieblingsgefühle und die Spiele, um diese Lieblingsgefühle zu kassieren. Wenig später, in der Schulzeit, wenn mehr Reflexion beim Kind einsetzt, kommt es dann zur Entscheidung für das Skript. Während der Jugend werden die Modelle der Eltern übernommen oder ihr Gegenbild entwickelt. In der Pubertät kann das Skript stellenweise bewußt werden, besonders dann, wenn das Kind Versuche macht, ein Anti-Skript zu entwickeln, d.h., die Indoktrination der Eltern zu überwinden. Hinzu kommen neue Helden und Vorbilder. Längst sind inzwischen auch die Märchen und Mythen bekannt, von denen sich das Kind die Lieblingsgeschichte ausgewählt und auf sein Leben übertragen hat. In den späteren Jahren der Jugend entwickelt sich das Lebensmotto. Im Erwachsenenalter gerät das Skript zu voller Blüte. Es entwickelt sich ein Lebensdrama. In diesem Drama werden im allgemeinen drei Rollen abgewechselt: Die des Helfers, die des Verfolgers, die des Opfers (s.o.). Diese Rollen finden sich auch in den meisten Spielen und Märchen wieder. Es sind auch die Standardrollen vieler Dramen aus der Literatur – und hier wie bei den Märchen intuitiv dem Leben abgeschaut. In den Krisen wechselt die Hauptperson die Rolle. Rotkäppchen ist zunächst Opfer und wird dann Verfolger des Wolfes. Aschenputtel ist zunächst Opfer und wird dann Verfolger der Stiefschwestern usw. Nach Berne enthalten Skripts oft Zeitmarken: »Du bist erst frei, wenn du drei Kinder aufgezogen hast.« »Arbeite hart, bis du einen Herzinfarkt hast.« »Du wirst nicht älter als dein Vater.« Älter werdende Leute sehen dann solchen Ereignissen mehr oder weniger gefaßt entgegen. So warten manche auf ihren Herzinfarkt oder sie erwarten, daß sie von ihren Kindern befreit werden.

Aber auch wann, wie und wo ich sterbe und wer dabei sein wird, liegt nach Berne im Skript schon fest. Menschen haben bereits ihre letzten Worte vorformuliert, die im wesentlichen ein Dialog mit den Eltern sind, um ihnen mitzuteilen, daß das Skript erfüllt wurde. Die Sterbeszene ist die letzte Transaktion, in der der Sterbende vielleicht den Anverwandten mitteilt: »Nimm dir einen neuen Mann« (seiner Frau). »Werde reich« (seinem Sohn). »Gehe ins Kloster« (seiner Tochter). Er kann hier ein letztes Mal seine Lieblingsemotionen ausleben, vollendet damit sein Skript und prägt zugleich neue Skripte bei seinen Nachfahren.

Im Sinne eines Dialogs mit den Eltern deutet Berne auch den *Galgenhumor* der zum Tode Verurteilten. Es ist oft berichtet worden, daß Menschen, bevor sie gehenkt oder erschossen wurden, noch ein Wort an die Umstehenden gerichtet haben: »Mein Vater hat immer gesagt, sterbe glücklich, wie du glücklich gelebt hast« (innerlich zum Vater: »Siehst du, ich bin deinem Wunsch nachgekommen«). Berne fragt seine Patienten auch, was sie glauben, daß die Mitmenschen nach ihrem Tod über sie sagen und was auf ihrem Grabstein stehen könnte. Etwa, daß sie beeindruckt sind, daß sie trauern, daß er es ihnen gezeigt hat usw. Hier kommen wieder die Lieblingsemotionen zum Ausdruck. Die hypothetische Grabsteininschrift schließlich enthüllt oft das Lebensmotto wie: Sie werden schreiben »Er hat sich alle Mühe gegeben, aber es hat nicht geklappt.« »Er war ein guter Mensch« usw.

5.5 Skriptanalyse und Therapie

Diagnose, Skript-Zeichen

Die Therapie strebt die Befreiung aus dem Skript an. Die bloße Umkehrung des Skripts im Sinne einer Rebellion bedeutet keine Befreiung: Jemand, der die Autorität seines Vaters ablehnt und dafür Sektenanhänger wird, macht nichts anderes, als das, was ihm sein Vater, allerdings mit einer anderen Zielperson, befahl: nämlich autoritäre Abhängigkeit. Autonomie gewinnt der Mensch erst, wenn er das Skript nicht umdreht, sondern wegwirft. Unter wichtigen Lebensaspekten sind Ehe, Kinderaufzucht, Scheidung, die Art des Todes u.a. gemeint. Es müssen die Komponenten der »Skript-Formel« identifiziert werden: Frühe elterliche Einflüsse, Programm, Entscheidung, wesentliches Verhalten, Skript-Gewinn. Nach Berne kann das Verhalten autonomer Menschen nicht nach

dieser Formel bestimmt werden, wohl aber das neurotischer Menschen. In der Skriptanalyse werden die Umstände des elterlichen Zuhauses, die frühe Kindheit und die spätere Karriere mit dem jetzigen Verhalten in Verbindung gebracht. Dabei fragt der Therapeut auch solche Dinge wie: »Wer wird bei deinem Tode dabei sein?« »Was wird auf deinem Grabstein stehen?« »Wie wird dein Nachruf lauten?« usw. Außerdem aber achtet er in der aktuellen Interaktion mit dem Klienten auf die äußere Erscheinung, die Sprache, die Syntax und die Semantik. In all diesen nonverbalen und paraverbalen Aspekten des Verhaltens zeigen sich Skriptzeichen. Die wichtigsten im Zusammenhang mit der Skript-Analyse auftauchenden Fragen hat Berne in einem Fragebogen zusammengestellt, der, nach einzelnen Abschnitten unterteilt, etwa 200 Fragen umfaßt. Eine Kurzform dieses Fragebogens mit den wichtigsten Fragen findet sich im Anhang zusammen mit einem Fragebogen zur Erfassung des Therapieerfolgs.
Neben der Analyse der Lebensgeschichte benutzt der Therapeut in der Transaktionsanalyse auch Träume in ähnlicher Weise wie die Gestalttherapie und das Psychodrama. Im übrigen achtet er auf nonverbale und paraverbale Zeichen, die im folgenden kurz diskutiert werden.

Nonverbale Zeichen

Gestik und Haltung können Hinweise darauf sein, daß die Person nicht in der realen Welt, sondern in ihrer Skript-Welt lebt. Immer, wenn Abel angesprochen wurde und man von ihm eine Antwort erwartete, setzte er sich erst umständlich im Stuhl zurecht, griff sich eine Zigarette, summte leise vor sich hin, als wenn er seine Gedanken sammle und dann begann er: »Also...« Hier vermutet der Therapeut, daß Abel in seiner Jugend nicht gerade zum Sprechen ermuntert wurde, es ihm sogar nahegelegt worden war, den Mund zu halten. Bei Frauen beobachtete er häufig, daß sich ihre Haltung änderte, wenn das Gespräch auf sexuelle Inhalte kam. Sie ändern ihre entspannte Sitzhaltung, indem sie die Beine übereinanderschlagen und noch den einen Fuß um den anderen ranken, zugleich oft ihre Arme über der Brust kreuzen und sich nach vorne beugen.
Diese Haltung bietet einen vierfachen Schutz gegen eine Invasion von außen, die in der realen Situation gar nicht droht, wohl

aber in der Skript-Welt. Auch die Kleidung bildet Gelegenheit zu interessanten Beobachtungen. Manche Frauen ziehen sich sorgfältig an bis auf einen einzelnen Bestandteil, etwa die Schuhe oder die Frisur oder die Handschuhe, die abstoßend und häßlich wirken. Als weiteres Skript-Zeichen gelten Augenzwinkern, Zungebeißen, aufeinander gebissene Kiefer, Hochziehen, Händeringen, Ringe drehen und Fußbewegungen. Der geneigte Kopf markiert den Märtyrer. Skript-Zeichen sind stets eine Reaktion auf eine elterliche Anweisung. Folgendes Beispiel (*Berne* 1975, S. 365) mag verdeutlichen, wie nicht-verbale Zeichen zur Korrektur der verbalen Mitteilung verwendet werden können.

Frau XY wird gefragt, wie ihre Ehe geht und sie antwortet hochtrabend: »Meine Ehe ist perfekt.« Indem sie das sagt, greift sie ihren Ehering mit Daumen und Zeigefinger an ihrer rechten Hand und gleichzeitig schlägt sie die Beine übereinander und beginnt mit dem rechten Fuß zu schwingen.
Therapeut: »Das ist, was Sie sagen, aber was sagt ihr Fuß dazu?« Die Klientin schaut erstaunt ihren Fuß an.
Therapeut: »Und was sagt ihre rechte Hand zu dem Ehering ?«
Daraufhin bricht die Klientin zusammen, fängt an zu weinen und erzählt schließlich, daß der Ehemann trinkt und sie schlägt.

Im Sinne der Transaktionsanalyse kam der verbale Satz »Meine Ehe ist perfekt« vom mütterlichen Teil ihres Eltern-Ichs, der es nicht dulden konnte, daß die Ehe der Tochter schiefgeht. Das Erwachsenen-Ich hatte sich in der Geste ausgedrückt, mit der die rechte Hand überprüfte, ob der Ehering noch fest sitzt, um sich zu vergewissern, daß sie permanent verheiratet sei. Ihr Kinder-Ich drückt sich in der Beinhaltung aus, die den Mann abwehrt. Hier sind die drei Ich-Zustände dissoziiert und drücken sich voneinander unabhängig aus, ohne daß es der Person bewußt wird. Häufig werden manche Ich-Zustände auch ausgeschlossen. Die normale Äußerungsform besteht darin, daß das Erwachsenen-Ich in Übereinstimmung mit den beiden anderen Ich-Zuständen die Führung übernimmt. In künstlerischen Werken schließlich kommen alle drei Ich-Zustände gleichrangig, aber integriert zum Ausdruck. Auch psychosomatische Symptome werden im Sinne einer Skript-Krise interpretiert. So etwa Asthma oder Heuschnupfen oder Allergien.
Erwachsene nehmen im allgemeinen diese körperlichen Zeichen wahr, verwerfen sie aber dann wieder als Information und akzeptieren vielmehr, was die Person selbst dazu sagt. Die Person

selbst hat aber gelernt, eine Maske vorzuschieben (C.G. Jungs Persona), die sozial akzeptabel ist. Es gehört zum sozialen Kontrakt zwischen Menschen, diese Persona zu akzeptieren.

Sprache

Zunächst sind Atemgeräusche von Bedeutung, nämlich Husten (Niemand liebt mich), Seufzer (Wenn doch endlich), Gähnen (Hau ab), Grunzen (Du sagtest es schon) und Schluchzen (Jetzt haben sie mich erwischt). Berne meint außerdem, daß Leute mit drei verschiedenen *Stimmen* sprechen, nämlich eine Stimme, die ihr Eltern-Ich, eine Stimme, die das Erwachsenen-Ich und eine Stimme, die das Kind-Ich charakterisiert. Tatsächlich kann man ja oft an der Stimme allein erkennen – ohne daß man die Worte versteht – mit wem jemand gerade telefoniert. (Sie können wahrscheinlich sehr gut unterscheiden, ob ihr Partner mit einem Mann oder einer Frau telefoniert oder mit einem Kind.) Berne unterscheidet ebenfalls drei Arten des *Lachens*, die den einzelnen Ich-Zuständen zugeordnet sind; dabei vermeint er jedoch, noch jeweils zwischen einem gesunden und einem Skript-Lachen unterscheiden zu können.
Die Ich-Zustände lassen sich an der *Wortwahl* erkennen. Elterliche Worte sind meistens herablassend, moralisierend (»Lächerlich«, »Du hast ganz schön zugenommen« usw.). Das Erwachsenen-Ich redet hauptsächlich in sachlicher und technischer Sprache, während das kindliche Ich in revoltierenden, unschuldigen oder obszönen Worten spricht. Ein bedeutendes Wort in der Skript-Analyse ist das Wörtchen »aber«. In der Realität lebende Menschen sagen: »Ich will« oder »Ich will nicht« oder »Es ist mir gelungen« oder »Ich habe einen Fehler gemacht«. In ihrem Skript lebende Menschen dagegen sagen: »Ich will, aber...«, »Ich möchte nicht, aber...« oder »Es ist mir gelungen, aber...« oder »Ich habe einen Fehler gemacht, aber...«. Gemäß der Skript-Analyse bedeutet das Wörtchen »aber«, daß der Sprecher von seinen Eltern nicht die Erlaubnis hat, das zu tun, was in dem Satz ausgedrückt werden sollte. Häufig spiegeln sich in dem Wortschatz die kindlichen Szenen und Erziehungssituationen wider, die von besonderer Bedeutung für die Person waren, etwa, wenn Menschen viel über das Essen reden oder über das Trinken oder über Schiet und Dreck usw. Auch der bevorzugte Gebrauch von bestimmten

Metaphern kann im Sinne der Transaktionsanalyse als unbewußtes Thema interpretiert werden, etwa jemand, der von stürmischen Zeiten redet, knapp den Kopf über Wasser halten kann, Wogen der Empörung verspürt, befaßt sich eventuell vorbewußt mit Episoden seines Lebens, die mit der See zusammenhingen. Es sind nach der Transaktionsanalyse Szenen, die für das Skript bedeutsam sind. Aber selbst die Satzbildung ist interpretationsfähig. Auf die Bedeutung des Wörtchens »aber« wurde schon hingewiesen. Manche Leute sagen ständig »Vielleicht« (»Leg' dich nie fest«) oder »Ich denke, vielleicht« (»Wie kannst Du sicher sein«). Nach Ansicht der Skript-Analyse kommt die erste Anweisung meist vom Vater und die zweite von der Mutter. Manche Leute schützen sich in dreifacher Art, indem sie sagen: »Ich denke, vielleicht sollte ich«, und der häufige Gebrauch des Konjunktivs hat ähnliche Bedeutung. Für die Skript-Analyse hat dies prognostische Bedeutung: es läßt sich an der Dicke der Schutzschicht ermessen, wieviel Abwehrarbeit überwunden werden muß.
Manche Menschen scheinen im zweiten Satz das wieder aufzuheben, was sie im ersten gesagt haben, etwa: »Heute regnet es, aber morgen wird es schon besser werden« oder »Einerseits sind sie nicht besonders nett, aber sie sehen freundlich aus.« Das bedeutet nach Berne die elterliche Anweisung: »Schaue nicht zu genau hin, es stimmt doch nicht.«

Einsichten

Die Therapie besteht bei der Transaktionsanalyse einmal darin, dem Klienten transparent zu machen, wie sein Skript aussieht und wer es verursacht hat. Diese Einsicht allein bewirkt meist eine Besserung. Die Transaktionsanalyse ist daher eine teilweise Einsichtstherapie. Zur Selbsterkenntnis führt die Analyse von Spielen, des Einsammelns von Rabattmarken und das Erkennen der Ich-Zustände insbesondere dann, wenn die elterliche Indoktrination zur Sprache kommt. Häufig aber genügt dies nicht, um dem Klienten die Kraft zu geben, sich aus seinem Skript zu befreien. Diese Einsicht in die eigene Schicksalsgebundenheit und die Befreiung daraus erfolgen in den meisten Fällen erst nach längerer Vorarbeit.
Üblicherweise macht der Therapeut zunächst einen Behandlungsvertrag, in dem er die Absichten des Klienten klärt. Häufig möch-

te der Klient nämlich gar nicht geheilt werden, sondern lediglich besser mit seinem Symptom durch die Welt kommen – ein besserer Neurotiker sein. Bei dieser Gelegenheit interessiert es auch, wie der Klient mit früheren Therapeuten umgegangen ist. Es zeigt sich womöglich, daß der Klient mit dem Therapeuten ein Spiel spielen möchte wie: »Siehst du, du kannst mir auch nicht helfen.« Der Therapeut steht vor dem Problem, dieses Spiel nicht sofort zu entlarven, weil er damit den Klienten bloßstellt, ohne ihm zugleich Schutz zu geben. Vielmehr muß er die Dynamik des Spiels im Auge behalten und das Ganze so dosieren, daß der Klient zwar die Motivation nicht verliert, auf der anderen Seite aber auch Fortschritte in Richtung einer Befreiung aus dem Spielzwang macht.

Als erstes wird der Klient in die Theorie der Transaktionsanalyse eingewiesen und lernt, seine verschiedenen Ich-Zustände zu erkennen und zu diagnostizieren, so daß er jederzeit sagen kann, welcher Ich-Zustand jetzt gerade vorherrscht. Der Therapeut macht mit dem Erwachsenen-Ich einen Vertrag über dessen Stärkung und zukünftiges Verhalten. Dazu muß er natürlich den richtigen Zeitpunkt abpassen – nämlich den, wenn der Klient gerade die Erwachsenen-Position einnimmt. Die nächsten Schritte der Skript-Analyse bestehen darin, die Spiele transparent zu machen, die die Klienten spielen, um zu erkennen, wo und wann sie Rabattmarken sammeln und welche Grundhaltung ihren sozialen Kontakt bestimmt (die o.k.-Positionen bzw. die Gewinner-/Verlierer-Haltung).

Bis dahin sind sicher schon einige der frühen elterlichen Einflüsse klarer geworden. Die weitere Analyse des Skripts geht einmal mit Hilfe der Traumarbeit vor sich, zum anderen aber auch durch die Analyse von Szenen, die gelegentlich wie Mini-Skripts ablaufen. Folgendes Beispiel (*Berne* 1975, S. 344) mag verdeutlichen, wie eine einzelne Szene gewissermaßen das Mini-Skript des Lebensplanes darstellt:

Frau Müller streckt ihren Arm aus, streift dabei Frau Maiers Brust, um einen Aschenbecher am Ende des Tisches zu greifen. Als sie den Arm zurückzieht, verliert sie die Balance und fällt fast vom Stuhl. Sie kann sich gerade noch rechtzeitig auffangen. Sie lacht entschuldigend, murmelt »Verzeihung« und setzt sich zurecht, um zu rauchen. In diesem Augenblick wendet sich die betroffene Person ihr zu und murmelt ebenfalls »Verzeihung«.

Berne sieht in solchen Vorfällen, wenn sie sich in ähnlicher Weise wiederholen, eine kondensierte Form des Lebens-Skripts. Frau Müller versucht, geschickt zu sein, benimmt sich aber ungeschickt. Sie kommt dabei fast zu Fall, rettet sich aber im letzten Moment und bringt jemand in Verlegenheit. Sie tut Abbitte, aber in diesem Moment übernimmt schon jemand anders die Verantwortung für den Vorfall, indem er sich seinerseits entschuldigt. Sie hat in ihrer Kindheit gelernt, daß es sich lohnt, etwas ungeschickt zu sein, weil der Vater sie dann noch lieber hat und die Mutter sie möglicherweise rettet. Außerdem hat sie die wenigen Male, wo ihr Vater zugehört hat, um Entschuldigung gebeten, so daß dies eine wichtige Verhaltensweise für sie geworden ist.
Zum interaktionellen Drama wird diese Gewohnheit in dem Moment, wo sie routinemäßig andere dazu bringt, sich einzuschalten. Hier findet ein Rollenwechsel statt – sie ist zunächst Opfer, sucht einen Retter, der Retter deklariert sich aber seinerseits als Opfer, so daß sie als Verfolger dastehen kann.

Befreiung

Die Befreiung aus dem Skript-Zwang kann dann vonstatten gehen, wenn das Lebens-Skript hinreichend offengelegt worden ist. Dann kommt es zur entscheidenden Intervention, die darin besteht, daß das Kind-Ich das destruktive Grundgebot der Eltern (des Eltern-Ichs des Klienten) aufheben kann. Diese Aufhebung des destruktiven Grundgebots besteht in einem therapeutischen Imperativ, der zur rechten Zeit gegeben werden muß, sich zunächst an das Erwachsenen-Ich des Klienten richtet und in der Formulierung genau treffen soll. Solche therapeutischen Imperative können einfach lauten: »Höre auf zu trinken« oder »Habe einen Orgasmus mit deinem Mann« oder »Du mußt nicht betrunken sein, um zu beweisen, daß du ein Mann bist« oder »Du kannst etwas zu Ende bringen« (wenn es bisher immer nur Versuche gab). Um diesen therapeutischen Imperativ wirkungsvoll anzubringen, muß der Therapeut, wie schon gesagt, den richtigen Zeitpunkt gewählt haben und außerdem müssen die von Berne so genannten 3 P's gegeben sein: Potenz, Permission und Protektion. Der Therapeut muß dem Kind die Erlaubnis geben (Permission), den elterlichen sabotierenden Injunktionen zu widersprechen, ebenso wie den Provokationen. Um dies zu schaffen, muß der Klient geradezu an die magische Kraft (Potenz) des Therapeuten glauben, die ihn darin unterstützen wird. Nach dieser Entledigung des elterlichen Zwanges (Permission) muß der Therapeut eine gewisse Schutzfunktion (Protektion) ausüben, um den so von seiner Lebenslüge entblößten Klienten zu stützen. Etwa folgender Dialog mag dies verdeutlichen (Klient = Kl, Therapeut = Th):

Kl: »Wenn ich nicht aufhöre zu trinken, werde ich mich und meine Kinder ruinieren.« (A)
Th: »Stimmt. Sie brauchen also eine Genehmigung, mit dem Trinken aufzuhören.« (A-A)
Kl: »Allerdings.« (A)
Th: »Gut, dann hören Sie auf zu trinken.« (E-K, Permission)
Kl: »Und was soll ich tun, wenn ich wieder so verkrampft bin?« (K-E, Bitte um Protektion).
Th: »Rufen Sie mich an.« (A-A, Protektion).

Auf Dauer ist es wichtig, daß diese zunächst extern vom Therapeuten gegebene Aufhebung des destruktiven Grundgebots der Eltern in das Eltern-Ich des Klienten übernommen wird und in Zukunft von dort ausgeht. An diesem Punkt werden gelegentlich Verhaltensverträge gemacht, die Hausaufgaben beinhalten, mit denen der Klient den Widerspruch gegen die elterlichen Grundgebote ausprobieren soll. Die eigentliche Heilung wird dadurch eingeleitet, daß der Klient, der sein Skript kennt und durch die Aufhebung der destruktiven Grundgebote vom Skriptzwang befreit wurde, sich nun für einen neuen Lebensweg entscheidet, der weder durch die elterlichen Anweisungen des Skripts noch durch ihr einfaches Gegenteil bestimmt ist. Diese Entscheidung für neue Lebensmöglichkeiten soll in voller Autonomie geschehen und bedeutet eine Abkehr von der Vergangenheit und eine Wendung des Blickes in die Zukunft. Dabei kommt es darauf an, daß zunächst das Erwachsenen-Ich gestärkt wird, um rationale Entscheidungen gegen elterliche Einflüsse zu treffen. Zugleich kommt es aber darauf an, das unbefangene Kindheits-Ich wieder herauszuholen und in seiner naiven Kreativität zur Bereicherung des Lebens beitragen zu lassen. In manchen Fällen wird eine Neustrukturierung des Eltern-Ichs versucht. So nahm das Ehepaar *Schiff* (zit. nach *Schlegel* 1979, S. 204) jugendliche Schizophrene auf und ließen sie zunächst wie Kinder agieren, behandelten sie entsprechend, indem sie sie wieder fütterten, ihnen die Windeln sauber machten usw. Dabei ließen sie kindliches Verhalten bei den Klienten zu, nicht aber schizophrenes Verhalten. Allmählich machten sie einen verkürzten Reifeprozeß mit ihren Ziehkindern durch, bis sie ihr wahres Lebensalter erreicht hatten. Auf diese Weise konnten sie statt destruktiver Grundgebote neue Grundgebote indoktrinieren und andere Grundhaltungen induzieren. Es gelang ihnen bei zwölf solcher Kinder, die Schizophrenie völlig zu beseitigen (reparenting).

Neuentscheidung

Eine neuere Form der Transaktionsanalyse wird von *Goulding & Goulding* (1979) vertreten (Redecision-Therapy). Obwohl die Grundlage der Attribution von neurotischen Problemen für die genannten Autoren die Transaktionsanalyse ist, wird aus den zahlreichen Fallskizzen deutlich, daß es sich um einen integrativen Ansatz handelt. Es kommen sowohl Elemente der systematischen Desensibilisierung, des operanten Konditionierens und der kognitiven Umstrukturierung vor (vgl. Band 2). Bei der Aktualisierung der individuellen Probleme wird ausgiebig auf die Techniken der Gestalttherapie zurückgegriffen. Die Annahme der Redecision-Therapie ist wie in jeder Tiefenpsychologie die, daß die kindliche Psyche sehr formbar ist – häufig wird sie jedoch durch die neurotischen Haltungen der Eltern verformt. Wie bei Berne wird weiter angenommen, daß elterliche Indoktrinationen das Kind derart in die Enge treiben, daß es sich entschließt, diese Indoktrinationen zu übernehmen oder ihnen zuwiderzuhandeln.

Die Lebensrezepte sind im Gegensatz zu den Injunktionen meist bewußt und werden mit voller Absicht gegeben. Darunter fallen auch kulturelle Normen, Geschlechtsrollen und andere Stereotype: »Sei stark, arbeite hart«; »Beeile dich«; »Sei perfekt«; »Du mußt deinen Mitmenschen gefallen« u.a.

Diese Indoktrinationen können vom Kind abgelehnt werden, wenn es stark genug ist, die Eltern als krank diagnostiziert oder alternative Modelle hat (z.B. Lehrer). Wenn das Kind die Indoktrinationen akzeptiert, dann übernimmt es sie, entscheidet sich für sie als Teil des eigenen Eltern-Ichs. Dadurch werden sie bei jeder Gelegenheit, die sich bietet, reindoktriniert (genau dies sagt auch Ellis zur Erklärung seiner negativen Selbstkommentare und irrationalen Ideen, vgl. Band 2). Zum Beispiel die Injunktion »Tu das nicht« führt etwa zu folgenden Selbstkommentaren:

Ich kann das nicht entscheiden;
Ich könnte Fehler machen;
Ich bin schlechter als die anderen;
Ich brauche jemanden, der für mich entscheidet;
Ich halte mich da raus.

Die Verwirklichung eines solchen Lebensskripts (bestehend aus Injunktion, Rezept und Kontrakt) ist mit stereotypen Emotionen verknüpft (Lieblingsgefühlen) und führt zu Engpässen (impasses), die besonders in der Therapiesituation herausgearbeitet werden, z.B.:

Injunktion:

»Es wäre besser, du wärst nicht da.«

Kontrakt:

a) »Ich bring mich um, und dann tut es dir leid.«
b) »Ich zeig's dir, auch wenn ich dabei draufgehe.«

Stereotyper Affekt:

a) Traurigkeit (Depression).
b) Unterdrückte Traurigkeit (Typ A Leistungsmotivation).

Der Begriff des Engpasses (impass) entstammt der Gestalttherapie. Damit wird der Zustand beschrieben, in dem widerstreitende Handlungsmotive offenbar werden, die die Person handlungsunfähig machen, da sie sich gegenseitig aufheben. Goulding & Goulding unterscheiden Engpässe ersten, zweiten und dritten Grades, je nach Schwere.

Engpaß 1°: Der Klient setzt sich mit einem einschränkenden Lebenskonzept auseinander, das ihm als adaptiertes Kind [K(A) = kleiner Professor] von den Eltern und jetzt von seinem adaptierten Eltern-Ich [E(A)] indoktriniert wird.
Engpaß 2°: Der Klient setzt sich mit einer Injunktion auseinander, die ihm als adaptiertes Kind [K(A)] von seinen Eltern unbewußt und jetzt von dem entsprechenden Teil seines Eltern-Ichs [E(K)] indoktriniert wird.
Engpaß 3°: Der Klient setzt sich mit einer sehr frühen, vor-verbal vermittelten Injunktion auseinander, die er schon im kindlichen Zustand

akzeptiert hat. Etwa die Injunktion »Sei nicht« kann dem Kind durch nonverbale Abwendung der Eltern und Abschieben mitgeteilt worden sein, und zwar so früh, daß der Klient den Eindruck hat, dies sei für ihn schon immer der Fall gewesen, gewissermaßen ein angeborenes Merkmal (vgl. Abbildung 5.10).

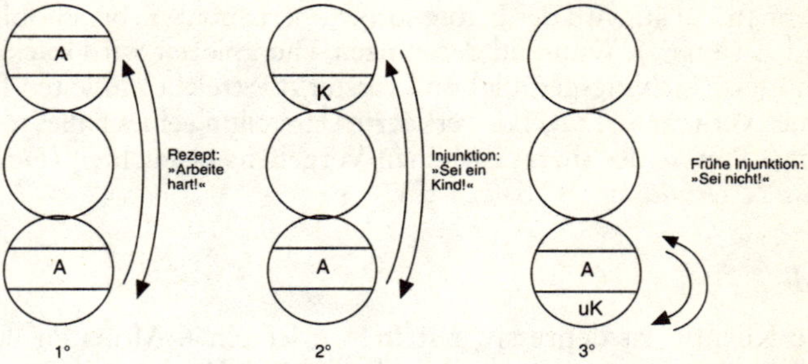

Abbildung 5.10: Neurotische Engpässe verschiedenen Schweregrades

In der Therapie geht es darum, die Lebensentscheidung (Kontrakt) einsichtig zu machen und sowohl an aktuellen Verhaltenssequenzen wie an kindlichen, erinnerten Szenen festzumachen. Das läuft wie in der Gestalttherapie in Form von Phantasieübungen und Rollenspielen ab, wobei es zu starken Affekten kommt. Häufig wird zuerst ein Kontrakt mit dem Klienten auf der Erwachsenenebene gemacht (A), z.B.: »Nicht während der Therapie Selbstmord machen«; »Drei Tage nicht rauchen« usw.

Dieser Kontrakt hat keine therapeutische Bedeutung, sondern dient als Arbeitsbasis. Nachdem die Attribution der Störung auf eine elterliche Indoktrination gelungen ist, wird der Engpaß herausgearbeitet. Die Elternposition (z.B. Injunktion) wird im Dialog vom Klienten seiner kindlichen Anpassungsreaktion gegenübergestellt. Da diese kindliche Reaktion für das jetzige Leben obsolet ist, wird dem Klienten in Rollenspielen (Dialog) ihre Absurdität klar, und er kann sich für Alternativen entscheiden (redecision). Dabei wird er der Elternposition aus der Kindposition widersprechen. Erst wenn er dies nicht nur aus der Vernunftposition (A) kann, sondern die ganze kindliche Unbefangenheit wiedererlangt hat und gegen die Eltern ausspielen kann, ist das Skript aufgebrochen und damit die elterliche Indoktrination aufgehoben. Die Redicision-Therapie wird als Kurztherapie in Gruppen durchgeführt (3 Tage bis 4 Wochen). Sie versteht sich als Anstoß und Neuentscheidung im Leben des Klienten. Zur weiteren Bearbeitung des Problems wird er häufig an eine längerdauernde Gruppe überwiesen, um z.B. spezielle Fertigkeiten wie Selbstsicherheit zu erlernen. Häufig ist die Wende doch so tiefgreifend, daß der Klient die Umsetzung ins alltägliche Leben selbst vornehmen kann. Wenn möglich, wird der Erfolg sofort überprüft (wie bei Phobien und Zwängen). Während der ganzen Therapiezeit wird selektiv ignoriert (Lieblingsgefühle) und verstärkt (Streicheleinheiten für neues Verhalten). Folgende verkürzte Darstellung eines Falles mag einige Punkte des therapeutischen Vorgehens beleuchten (*Goulding & Goulding* 197 S. 221 ff.).

Fall

Die Klientin ist depressiv, hat in den letzten 6 Monaten vier Selbstmordversuche gemacht, wobei einer beinahe tödlich verlaufen wäre. Sie hat sich bisher nicht zu einem Nicht-Selbstmordkontrakt entschließen können, außer für die Dauer der Gruppe. Sie ist beruflich erfolgreich, sagt jedoch von sich, nie glücklich gewesen zu sein. Sie ist extrem deprimiert über die Erfolglosigkeit ihrer Brüder. Die Eltern haben sie und alle anderen Kinder gröblichst vernachlässigt. Diese Anamnese wird in der ersten Sitzung erstellt. In der zweiten Sitzung werden kindliche Szenen rekonstruiert, die deutlich machen, daß sich die Klientin stets für ihre drei Brüder verantwortlich gefühlt hat.

Th: Können Sie sich an eine typische Szene aus Ihrer Jugend erinnern? Erzählen Sie, als würde es jetzt passieren.
Kl: Ich bin 7 Jahre alt. (Es folgt die Beschreibung einer Szene, wo der Vater die Brüder bedroht und die Klientin die Brüder in Schutz nimmt und dafür anschließend von Mutter und Vater angegriffen wird.)
Th: Und jetzt eine Szene im Alter von 14?
Kl: (Beschreibt eine so ähnliche Szene, wie sie die Brüder vor dem Vater rettet und die Mutter zornig darauf reagiert.)
Th: Sie waren sehr tapfer, als Sie im Alter von 7 Jahren für Ihre Brüder eingetreten sind. Damals waren die drei Brüder jünger und hilflos. Jetzt als 14jährige möchte ich, daß Sie zu den Brüdern folgendes sagen: »Ich habe Euch verteidigt, als Ihr 7 Jahre alt wart.«
Kl: Ja, das ist wahr, ich habe Euch verteidigt.
Th: »Und nun, da ich 14 bin, seid Ihr 11,10 und 9 und damit älter als ich war mit 7. Ihr seid also alt genug, um Euch selbst zu verteidigen!«
Kl: Wahrscheinlich (beginnt zu weinen).

Darauf bittet die Therapeutin, dies den Brüdern im Rollenspiel zu sagen, wozu die Klientin nicht in der Lage ist. In der 3. Sitzung wird kurz das Thema Selbstmord behandelt, in der 4. Sitzung kommt es zur Neuentscheidung.

Th: Schon vorher an Selbstmord gedacht?
Kl: (Erinnert sich, daß sie damals 8 war, als sie sich zum erstenmal umbringen wollte.)
Th: Seien Sie 8 Jahre alt und schildern Sie, was vorfällt.
Kl: Die Mutter klagt mich wegen etwas an, das ich nicht getan habe.
Th: Gut. Experimentieren Sie und sagen Sie der Mutter: »Wenn Du nicht damit aufhörst, bringe ich mich um.«
Kl: Wenn Du nicht damit aufhörst, bringe ich mich um, das ist wahr.
Th: Nein, das ist nicht wahr, denn Sie haben sich nicht umgebracht. Und jetzt sagen Sie ihr: »Egal, was Du tust, ich werde mich nicht umbringen!«
Kl: Das kann ich nicht.
Th: Jawohl, das können Sie, weil es wahr ist. Sie haben sich nicht umgebracht, was immer Ihre Mutter auch getan hat.
Kl: Ich weiß nicht wie.
Th: Alle Achtjährigen wissen, wie man sich selbst umbringt. Man kann vom Dach springen, sich vors Auto stürzen usw. Es ist wichtig, daß Sie begreifen, daß Sie sich damals nicht umgebracht haben.
Kl: Ja, das ist wahr. (Zur imaginären Mutter gewendet): Egal, was Du sagst, ich werde mich nicht umbringen.
Th: Stimmt das?
Kl: Ja, das fühle ich.

Danach bittet die Therapeutin, dasselbe dem Vater und den drei Brüdern zu sagen. Im nächsten Schritt soll sich die Klientin in ihr jetziges Alter zurückversetzen und sich ebenfalls mit ihrer Familie auseinandersetzen. Als die Klientin gebeten wird, ihrer Mutter zu sagen, daß sie sich ihretwegen nicht umbringt, fängt die Klientin an zu weinen und sagt:

Kl: Ich bring mich um, das ist es ja, was Du immer wolltest.
Th: »... und dann wird es Dir leid tun.«
Kl: Es würde ihr nie leid tun, sie würde glücklich sein, sie macht mich für alles verantwortlich, für alles, was in ihrem Leben schief gegangen ist.

Der Klientin wird mit Hilfe der Therapeutin klar, daß die Mutter möglicherweise psychotisch war. Nach längerem Proben sagt die Klientin halbherzig, daß sie sich ihrer Mutter wegen nicht umbringen werde. Da dies für die Therapeutin nicht überzeugend ist, bittet sie sie, die Gegenposition noch einmal einzunehmen (nämlich die Selbstmordabsicht), damit die Absurdität klarer wird. Das hilft ihr, schließlich mit ganzer Überzeugung festzustellen, daß sie sich ihrer Mutter wegen nicht umbringen will. In den folgenden Rollenspielen setzt sich die Klientin mit ihren Brüdern auseinander, wobei sie ebenfalls die Position »Ich will mich umbringen« und »Ich will mich nicht umbringen« der Brüder wegen gegeneinander abwägt. Das bereitet ihr besonders mit dem kleinen Bruder viel Kummer. Schließlich kann sie zu jedem der Brüder sagen »Ich liebe Euch und ich sorge mich um Euch, aber ich werde mich nicht umbringen, was immer Ihr tut«. Als letztes setzt sie sich in derselben Weise noch mit einer nicht näher bezeichneten Person auseinander und damit ist diese Phase der Therapie abgeschlossen.

Th: Wie geht es Ihnen?
Kl: Ich fühle mich so einsam, wie noch nie in meinem Leben, bin völlig alleine, völlig traurig, aber ich werde mich nicht umbringen.

In den skizzierten Therapiesitzungen ist der Klientin klargemacht worden, daß sie ihre selbstschädigende Haltung in Reaktion auf ihre Eltern entwickelt hat. Damals war das Kind klein und schwach und konnte sich nicht anders helfen. Durch die explizite Aussprache der Injunktionen, die im elterlichen Verhalten früher zum Ausdruck kamen, wird deren Unangemessenheit für das jetzige Erleben der Klientin deutlich. Sie kann sich von der Absurdität, von der Irrationalität ihrer Haltungen überzeugen und eine Gegenposition einnehmen. Damit ist eine Wendung, eine Neuentscheidung für die Klientin eingetreten. Trotzdem entschließt sich die Klientin, in einer längeren Therapie zu bleiben, um Unterstützung bei der Umsetzung ins tägliche Leben zu haben.

5.6 Diskussion

Zusammenfassung

Transaktionsanalyse ist eine tiefenpsychologische Analyse des neurotischen Verhaltens, die sich als Erweiterung der Psychoanalyse begreift. Der entscheidende Beitrag Bernes besteht in der expliziten Formulierung der sozialpsychologischen Dimension der frühkindlichen Verformung und des neurotischen Verhaltens des Erwachsenen. Während die Psychoanalyse die schädlichen Einflüsse der Kindheit in sexuellen Konflikten mit den Eltern und in der Fixierung auf bestimmte psychosexuelle Entwicklungsstufen sieht, ist die Palette der schädlichen Einflüsse auf das Kind in der Transaktionsanalyse viel weitgespannter

und besteht in direkten Indoktrinationen aller Art durch die Eltern. Sie können Abhängigkeit, Nicht-Kindlichkeit, Leistungsmotivation, Minderwertigkeit, Unerwünschtheit, Sauberkeit und viele andere Themen betreffen, die so nicht auf komplizierte Weise auf sexuelle Konflikte zurückgeführt werden. Die Leitideen Adlers haben einen ähnlichen Stellenwert. Auch Adler sah vor allem die soziale Relevanz solcher Lebensprinzipien.
Transaktionsanalyse ist Entwicklungspsychologie, Sozialpsychologie, Charakteranalyse und Therapie. Die Persönlichkeit schlägt sich in der Art des Skripts nieder. Ein Skript beschreibt die Kommunikation der drei Ich-Zustände des Individuums untereinander und mit den Ich-Zuständen von Interaktionspartnern. Die Ich-Zustände Eltern-Ich, Erwachsenen-Ich und Kind-Ich entsprechen weitgehend den Freudschen psychischen Instanzen. Hinzu kommen verschiedene Unterteilungen vom Eltern-Ich und vom Kind-Ich (siehe Abbildung 5.11), die, wenn auch willkürlich, zweckmäßig sein mögen. Das Skript ist das, was das Kind aus den elterlichen Einflüssen für sich als Lebensprogramm gestaltet. Zu diesen Einflüssen zählen unbewußte negative Injunktionen, die aus der Frustration und aus den Ressentiments der Eltern stammen; daneben sind es Maximen, von denen die Eltern glauben, daß sie fürs Leben praktisch sind (Rezepte), die in Wahrheit aber meist Einschränkungen und Zwänge darstellen.

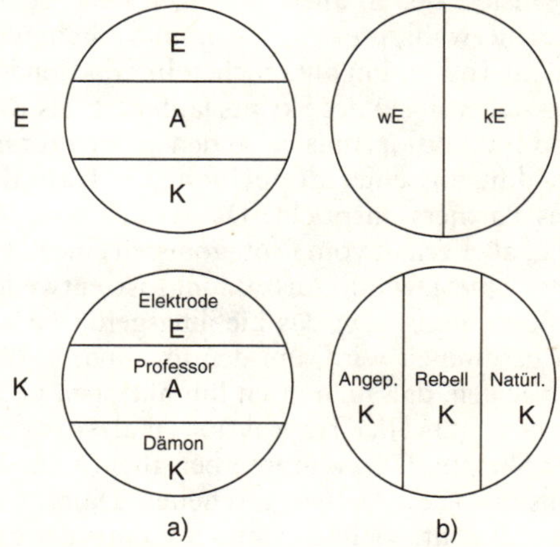

Abbildung 5.11: Strukturelle (a) und funktionale (b) Unterteilung von Kind-Ich und Eltern-Ich in der Analyse 2. Ordnung

Schließlich spielt das elterliche Modellverhalten sowie die direkte Anleitung zum praktischen Handeln (Wie mache ich mich als Frau schön? Wie trinkt man Alkohol? u.ä.) eine Rolle. Diese Formulierung des elterlichen Einflusses kommt einer lerntheoretischen Konzeption sehr nahe – insbesondere, wenn die Bedeutung von Streicheleinheiten als Verstärker auf kindliches Verhalten berücksichtigt wird.
Gemäß der Transaktionsanalyse wählt das Kind aus den elterlichen Einflüssen und unter dem Druck der Ko-Existenz in der Familie sein Lebensprogramm aus und formuliert es in Form von Parolen, mit denen es sich selbst immer wieder reindoktriniert, um sich entsprechend zu verhalten. Berne glaubt, daß sich häufig vorkommende Skripts in Mythen und Märchen niederschlagen, und nimmt daher eine Charakterisierung des Klienten mit Hilfe derartiger Themen vor (Rotkäppchen, das sich gefährdet und auf einen Retter hofft, z.B.). Die mit dem Skript verbundenen Verhaltensweisen sind im allgemeinen manipulativ und die damit gekoppelten Affekte oft negativ. Sie werden immer wieder stereotyp bei jeder Gelegenheit erlebt. Das erklärt sich damit, daß solche Gefühle (Trauer, Ärger, Angst, Schuld, Ressentiments u.a.) entweder geeignet waren, die Umwelt zu manipulieren, direkt belohnt wurden oder modellhaft vorgelebt wurden.
Das Skript realisiert sich in allen wichtigen Lebensentscheidungen: In der Partnerwahl, im Arbeitsstil, im Verhalten gegenüber Suchtmitteln, im Tod und in alltäglichen Interaktionen. Derartige aktuelle Inszenierungen des Skripts laufen oft als Ränkespiele ab. Spiele sind Interaktionsmuster, in denen der Protagonist mit einem Trick, d.h. mit einer doppelbödigen Transaktion eine Schwäche des Partners anspricht. Darauf reagiert der Partner vordergründig, aber erhält vom Protagonisten eine hintergründige Replik. Der Spielgewinn (Auszahlung) ist entweder Überlegenheit und Bestätigung oder das Lieblingsgefühl, das wie »Rabattmarken« gesammelt wird, um den imaginären Eltern (dem Eltern-Ich) zu zeigen, daß man ihren Injunktionen nachkommt.
Die Therapie besteht bei der Transaktionsanalyse in der Bewußtmachung des Skripts. Dies könnte aber allein vom Erwachsenen-Ich (A) als rationale Analyse geschehen. Damit wird jedoch keine Heilung erreicht. Vielmehr muß im Sinne der Erlebnisaktivierung die ursprüngliche Eltern-Kind-Konstellation bzw. die jetzige interne Eltern-Ich-/Kind-Ich-Interaktion nachempfunden

werden und von der Kind-Position aus revidiert werden. Dadurch kann das Skript gebrochen werden, um Alternativen möglich zu machen – eine Befreiung im Affekt. Dazu werden gestalttherapeutische Techniken mit einer Exploration der Kindheitsentwicklung kombiniert.

Kritik

Die Zerlegung der Persönlichkeit in drei Zustände (E, A, K), die im Menschen nebeneinander oder alternierend existieren, ist eine gelegentlich einleuchtende, jedoch nicht in irgendeiner Form als richtig nachgewiesene Beschreibung der menschlichen Psyche. Ähnlich verhält es sich mit der Annahme, der Mensch handle nach einem unbewußten Lebensplan. Zwar gibt es viele klinische Beispiele, die ein wiederholtes Aufsuchen fataler Konstellationen deutlich machen (Überforderung, Selbstgefährdung, Sucht, Verbrechen, Heirat mit immer wieder ähnlichen Partnern u.a.), doch sagt Berne selbst, daß solche Beobachtungen sehr unterschiedlich interpretiert werden können. Er zieht zur Stützung der Skript-These den historisch und kulturell verankerten Begriff des Schicksals heran, der mit anderen Worten das zum Ausdruck bringt, was mit dem Lebensplan gemeint ist. Darüber hinaus mißt er dem Konsens verschiedener Therapeuten bei einem Fall und natürlich dem Therapieerfolg Bedeutung bei. Letztendlich hält Berne jedoch das Vorhandensein eines Skripts nicht für empirisch nachweisbar, da man weder experimentelle Scheidungen noch Selbstmorde oder andere Unglücke provozieren kann, d.h. also keine Skripts mit möglicherweise fatalem Ausgang erzeugen kann. Dabei übersieht er, daß korrelative Studien, die einen Zusammenhang zwischen Elternverhalten, Kindheitserfahrung und späterem Schicksal der Kinder herstellen, es sehr wohl ermöglichen, Bedingungen zu ermitteln, die aufgrund der zeitlichen Präzedenz als nahezu kausal interpretiert werden können. Entscheidend ist für Berne vielmehr die eigene Praxis. Er sagt, er hätte in 10 Jahren über 10 000 Skripts analysiert und das wäre eine sicherere, wenn auch introspektive Basis seiner Theorie, als es empirische Untersuchungen sein können. Ähnlich hat Freud sich auch geäußert.
Diese Haltung hat zur Folge, daß Prozeß und Effekte der Transaktionsanalyse bisher nur mit Beispielen belegt sind. In der Stu-

die von Meyer et al. (1990) wird dann auch konstatiert, daß vier der fünf bis 1984 vorliegenden kontrollierten Studien methodisch schwach sind und die Resultate nicht überzeugen. Von der adlerianischen Individualtherapie konnten sogar nur zwei Untersuchungen lokalisiert werden. Die mehr auf Plausibilität als auf wissenschaftliche Nüchternheit abhebende Betrachtungsweise bringt auch mit sich, daß die verwendeten Begriffe manchmal trivial und oft nicht gut voneinander abgrenzbar sind (etwa die verschiedenen Indoktrinationen des Skriptapparates).

Abgesehen von einer schwachen Empirie, die auch von späteren Autoren der Transaktionsanalyse kaum verbessert wurde, setzt sich Berne mit einer Reihe von kritischen Einwänden auseinander. Die Skriptgebundenheit des menschlichen Verhaltens widerspricht der Forderung nach Autonomie und der von Fromm zitierten grundsätzlichen Freiheit. Tatsächlich glaubt Berne, ein wesentlicher Teil unseres Verhaltens sei durch das Skript vorhersagbar – allerdings bei weitem nicht alles. In dieser relativen Festlegung macht sich gerade die neurotische Verformung bemerkbar – das Gegenteil: Flexibilität und Autonomie sind das Therapieziel. Dem Einwand, wieso bei gleichen Eltern, also bei gleichem Einfluß die Kinder unterschiedliche Skripts haben können, wird dadurch Rechnung getragen, daß das Skript der Eltern unterschiedliche Kinderschicksale fordern kann (vgl. Aschenputtel und seine zwei Stiefschwestern), und durch die Stellung in der Geschwisterreihe. Insgesamt bleibt die Transaktionsanalyse eine wissenschaftliche Fiktion, die wie alle anderen Theorien keinen Anspruch auf Wahrheit hat und sich daher durch Nützlichkeit in der Praxis beweist. Die Empirie dazu ist mager. Hinzu kommt, daß Transaktionsanalyse vielfach als Kurztherapie verstanden wird (z.B. *Goulding & Goulding*), d.h. nicht als abgeschlossene Therapie, sondern vielmehr als Anstoß zu einer neuen Wendung im Leben des Klienten (vgl. *Rogoll* 1976 und *Rautenberg & Rogoll* 1980). Bemerkenswert dabei ist jedoch, daß dies erstens unter starkem Affekt bewerkstelligt wird, und zweitens zu einer plausiblen Attribution der Störung des Klienten führt. Damit schafft die Transaktionsanalyse unter Umständen mehr Motivation zur Änderung als eine gründliche, rationale Analyse mit einem gut ausgedachten Änderungsplan allein.

Literatur

Adler, A.: Praxis und Theorie der Individualpsychologie. Frankfurt/Main, Fischer TB Nr. 6236, 1978

Horney, K.: Der neurotische Mensch unserer Zeit. München, Kindler, 1951

Berne, E.: Spiele der Erwachsenen. Reinbek, Rowohlt, 1967

Berne, E.: Was sagen Sie, nachdem Sie »Guten Tag« gesagt haben? München, Kindler, 1975

Goulding, M., & Goulding, R.: Changing Lives Through Redecision Therapy. New York, Brunner/Mazel, 1975

Harris, Th.: I'm O.K. – You're O.K. New York, Avon Books, 1973

Schlegel, L.: Grundriß der Tiefenpsychologie (Bd. 5). München, UTB Francke, 1979

Schultz-Hencke, H.: Lehrbuch der analytischen Psychotherapie. Stuttgart, Thieme, 1970

Anhang

Fragebogen zur Transaktionsanalyse

Die folgenden Fragen sind aus Berne (1976) zusammengestellt. Zur Skriptanalyse (A) ist an der angegebenen Stelle noch eine ausführlichere Liste abgedruckt. Der Fragebogen (B) dient zur Beurteilung des Therapiefortschritts. Alle Fragen gehen gleichgewichtig ein.

A. Skriptanalyse	B. Therapiefortschritt
1. Familienkonstellation	
1. Was für ein Leben haben Ihre Großeltern geführt?	1. Nennen Sie Ihre Freunde mit dem Namen, den Sie gerne hören?
2. Welche Position nehmen Sie in Ihrer Familie ein?	
3. Wer war zugegen, als Sie geboren wurden?	
4. Nach wem wurden Sie benannt?	
5. Woher stammt Ihr Familienname?	
6. Wie hat man Sie als Kind genannt?	
7. Haben Sie irgenwelche Kose- oder Spitznamen?	
2. Kindheit	
8. Haben Sie als Kind unter Verstopfung gelitten?	2. Sind Sie eineO.-K.-Person?
9. Was geschieht mit Menschen, wie Sie es sind?	3. Kommt Ihnen die Welt heute anders vor?
10. Was haben Ihre Eltern zu Ihnen gesagt, als Sie noch klein waren?	4. Sind Sie frei vin irgendwelchen Wahnvorstellungen?
11. Wie hieß als Kind Ihr Lieblingsmärchen?	5. Hat sich die in Ihrer Kindheit getroffene Entscheidung geändert?
12. Was hat die Vorleserin zu dieser Geschichte gesagt?	6. Haben Sie damit aufgehört, die destruktiven Dinge zu tun, die Ihre Eltern Ihnen befohlen haben?

13. Wie haben Ihre Eltern reagiert, wenn es irgendwelche Schwierigkeiten gab?
14. Welche Gefühle beunruhigen Sie am meisten?
15. Worüber haben Ihre Eltern bei Tisch gesprochen?
16. Haben Ihre Eltern irgendeine Manie gehabt?

7. Können Sie jetzt konstruktive Dinge tun, die zu tun Ihnen Ihre Eltern verboten hatten?
8. Haben Sie heute einen neuen Helden, oder sehen Sie nur den alten Helden in einem neuen Licht?
9. Haben Sie aufgehört, Rabattmarken zu sammeln?
10. Reagieren Sie selbst anders, als das Ihre Eltern getan haben?
11. Leben Sie hier und heute?
12. Haben Sie damit aufgehört, ständig zu sagen »Wenn doch nur...« oder »Zumindest...«?
13. Haben Sie damit aufgehört, die gleichen Spiele zu spielen, die Ihre Eltern gespielt haben?

3. Adoleszenz

17. Erzählen Sie mir irgendeinen Ihrer Träume?
18. Hatten Sie jemals irgendwelche Wahnvorstellungen?
19. Was werden Sie Ihrer Ansicht nach heute in fünf Jahren tun?
20. Welches Etikett würden Sie an sich anbringen, damit die Menschen wüßten, daß Sie jetzt kommen?

14. Hat Ihre Traumwelt sich geändert?
15. Haben Sie sich von Ihrem Etikett endlich freigemacht?

4. Erwachsenenalter

21. Haben Sie jemals einen Selbstmordversuch unternommen?
22. Was werden Sie in Ihrem Alter tun?

16. Haben Sie die sogenannten Spielgewinne Ihres Skripts aufgegeben: Gefängnis, Nervenheilanstalt und Selbstmord?

5. Tod

23. Wie lange werden Sie leben?
24. Wie kommen Sie gerade auf dieses Alter?
25. Was für eine Inschrift wird man auf Ihren Grabstein setzen?
26. Welche Inschrift würden Sie selbst auf Ihren Grabstein setzen?
27. Sind Sie ein Gewinner oder ein Verlierer?

17. Werden Sie länger leben, als Sie ursprünglich geglaubt haben?
18. Haben Sie den Entwurf für Ihre letzten Worte geändert?
19. Haben Sie Ihre Grabinschrift geändert?

6. Neurose

28. Wissen Sie, welchen Eindruck Ihr Gesicht macht, wenn Sie auf irgendetwas reagieren?
29. Kontrolliert Ihr eigenliches (wirkliches) Ich stets Ihre Aktionen?
30. Haben Sie bestimmte Manien im sexuellen Bereich?
31. Nehmen Sie Düfte bzw. Gerüche bewußt war?
32. Wie lange vorher machen Sie sich Sorgen, bevor sich bestimmte Dinge ereignen?
33. Wie lange nachher machen Sie sich Sorgen, nachdem sich Dinge ereignet haben?
34. Zeigen Sie gern, daß Sie imstande sind, zu leiden?
35. Was sagen Ihnen die Stimmen in Ihrem Kopf?

20. Sind Sie sich dessen bewußt, welche Reaktionen Ihr Gesichtsausdruck bei anderen Menschen auslöst?
21. Wissen Sie genau, welcher Ich-Zustand in einem bestimmten Augenblick das Sagen hat?
22. Kann Ihr Erwachsenen-Ich aufrichtig und offen mit Ihrem Kindheits-Ich korrespondieren?
23. Können Sie sich sexuell erregen – ohne dabei eine künstliche Stimmulierung zu benötigen?
24. Sind Sie sich dessen bewußt, welche Wirkung Düfte bzw. Gerüche auf Sie haben?
25. Haben Sie Ihre Nachwehen und Ihre Vorauswirkung zeitlich so begrenzt, daß sie einander nicht überschneiden?
26. Sind Sie lieber glücklich als tapfer?

7. Skriptzeichen

(Fragen, die der Therapeut sich stellt?)

36. Welches ist das Skript-Signal?
37. Hat der Patient Halluzinationen?
38. Welches ist das am häufigsten vorkommende Atemgeräusch?
39. Woher kommen die O.-K.-Wörter?
40. Wie steht es mit den Metaphern?
41. Welches sind die Sicherheitswendungen?
42. Welche Art von Galgen-Transaktion wird angewandt?
43. Konsultiert der Patient seine Großmutter?
44. Welches ist seine Lebensgeschichte?

27. Ist Ihr Skript-Signal noch vorhanden?
28. Sind Sie frei von Halluzinationen?
29. Sind bei Ihnen die psychischen Symptome verschwunden?
30. Haben Sie damit aufgehört, ohne ersichtlichen Grund zu husten, zu säufzen und zu gähnen?
31. Benutzen Sie, wenn Sie über andere Menschen sprechen, anstelle von Adjektiven und abstakten Substantiven jetzt Verben?
32. Benutzen Sie jetzt eine größere Vielzahl von Metaphern?
33. Sind Ihre Sätze jetzt lebendiger und klarer?
34. Haben Sie damit aufgehört, auszuweichen, wenn Sie etwas aussagen?
34. Haben Sie damit aufgehört, zu lächeln, oder zu lachen, wenn Sie von Ihren eigenen Irrtümern erzählen?

8. Therapeuten-Beziehung

45. Wie kommt es, daß Sie mich ausgewählt haben?
46. Was haben Sie von dem Therapeuten gelernt, bei dem Sie vorher in Behandlung gewesen sind?
47. Warum sind Sie von ihm wieder weggegangen?
48. Könne Sie mir einen Ihrer Träume erzählen?

36. a) Hat sich bei Ihnen der Grund dafür geändert, daß Sie zu dieser Therapie gekommen sind?
    b) Haben Sie aufgehört, das zu tun, was Ihnen früher eine Einweisung in eine Nervenheilanstalt eingebracht hat?
38. Sehen Sie jetzt Ihren Therapeuten in einem anderen Licht?

49. Welches Ende haben Sie für Ihre Behandlung vorausgesehen?
50. Was muß geschehen, bevor Sie gesund werden können?
51. a) Wollen Sie lieber gesund werden, oder wollen Sie lieber vollständig analysiert werden?
b) Wollen Sie lieber gesund werden, oder wollen Sie lieber aus dem Krankenhaus entlassen werden?

39. Sind Sie in der Lage, Spiele abzublocken, noch bevor Sie sie begonnen haben?
40. Glauben Sie, daß Sie nicht nur Fortschritte gemacht haben, sondern daß Sie geheilt worden sind?

Gesamtbetrachtung

Aus den vielen psychodynamischen Theorien sind in der Hauptsache vier Ansätze herausgegriffen und kurz beschrieben worden, um Extrempositionen des analytischen Denkens zu umreißen. Sie unterscheiden sich deutlich hinsichtlich der Therapieziele, des Persönlichkeitsmodells, der Neurosentheorie und der Behandlungstechnik.

Therapieziele

Die klassische Psychoanalyse imponiert nicht so sehr als Therapie – angesichts der langen Therapiedauer haben sich viele analytisch ausgebildete Autoren von ihr distanziert (z. B. Ellis, Frankl, Berne, Janov). Die neueren Bestrebungen anlytischer Kurz- oder Fokaltherapie versuchen, stärker den Gesichtspunkt der Effizienz zu berücksichtigen. Dennoch beeindruckt die Psychoanalyse als umfassende Persönlichkeitstheorie und Neurosenlehre. Sie läßt sich als typisch retrospektive Analyse des menschlichen Handelns kennzeichnen, in der die individuelle Vergangenheit entdeckt wird.

C. G. Jung hat dem eine prospektive Betrachtung der Individuation entgegensetzt. In dieser Therapie wird gewissermaßen die Zukunft des Individuums entdeckt, seine potentiellen Lebensalternativen. Diese Betrachtungsweise liefert zugleich die Grundlage der Wachstumsideologie, die den humanistischen Ansätzen (Band III) gemeinsam ist.

Die Transaktionsanalyse strebt an, das Individuum von sich wiederholenden Inszenierungs-Zwängen und stereotyper Ersatzemotionalität zu befreien.

Weniger auf Introspektion vertrauen die Bewegungs- und Körpertherapien. Sie stellen ein Bindeglied zu den am Verhalten orientierten Therapieansätzen dar. Doch geht es nicht so sehr um die Einübung von neuen Verhaltensweisen und die Kompensation von Lern-Defiziten, als um den Abbau von Hemmungen, die eine natürliche Atmung, Haltung und Bewegung blokkieren.

Die Primärtherapie baut auf die heilende Wirkung der Katharsis, in der durch die Verknüpfung von frühen Erinnerungen und gegenwärtigen Problemen des Klienten die physiologischen Bahnen »gereinigt« werden. Dadurch soll es dem Klienten möglich werden, Bewußtsein, Empfindung und Handeln in Einklang zu bringen und psychisch gesund zu leben.

Persönlichkeitmodell und Neurosentheorie

Beim Vergleich der besprochenen Ansätze fällt eine unterschiedliche Differenziertheit des Persönlichkeitsmodells und der Neurosenlehre auf. Bei Freud wird Persönlichkeit als komplexes Resultat von Fixierungen auf bestimmten Entwicklungsstufen und bei Jung als relativ übersichtliche Typologie des Denkens, Fühlens und der Intro-Extraversion beschrieben. Die Transaktionsanalyse mit ihrem Schwerpunkt auf zwischenmenschlichen Beziehungen hat ein eher verarmtes Bild interindividueller Differenzen, die auf intrapsychische Konfigurationen zurückführbar wären. Die Körpertherapien knüpfen an die Charakterlehre der klassischen Psychoanalyse an, differenzieren jedoch die körperliche Phänomenologie der Typen. Die Primärtherapie räumt eine unübersehbare Vielfalt individueller Differenzen und Formen neurotischen Ausagierens zwar ein, macht sich aber nicht die Mühe einer Klassifikation.
Mit einer undifferenzierten Sicht individueller Unterschiede entfällt natürlich auch eine differentielle Indikation. D. h., es wird bei der Transaktionsanalyse und der Primärtherapie eigentlich eine Einheitstherapie vorgeschlagen. Sie läßt zwar unterschiedliche individuelle Ausformungen des Therapieablaufs zu, gibt aber keine Kriterien über die Eignung bestimmter Maßnahmen für bestimmte Störungen und bestimmte Klienten vor. Dennoch lassen die wenigen bisher vorliegenden empirischen Befunde der Primärtherapie nicht darauf schließen, daß dieses therapeutische Vorgehen bei allen Störungen gleich wirksam ist. Bei der Transaktionsanalyse liegen bisher noch kaum empirische Daten vor, die eine solche Aussage erlauben würden.
Die Jungsche Psychotherapie ist zwar prinzipiell nicht auf Klienten in der zweiten Lebenshälfte eingegrenzt, zielt aber in ihrem Ansatz so deutlich auf Sinnkrisen und individuelle Entfaltung, daß diese Altersgruppe wohl für die Behandlung nach der ana-

lytischen Psychologie als bevorzugt gelten kann. Die Freudsche Theorie dagegen macht Aussagen darüber, welche Störungen durch die Psychoanalyse besser und schlechter zu behandeln sind. Es wird in diesem Zusammenhang auf einen intakten Rest des Ichs hingewiesen, der vorhanden sein muß, um mit dem Therapeuten einen Behandlungskontrakt einzugehen.
Das Unbewußte spielt als Reservoir für Verhaltens-Vorlagen in allen besprochenen Ansätzen eine bedeutsame Rolle. Dort hausen je nach Sichtweise und Sprachgebrauch ganz unterschiedliche Akteure. Urszenen, inzestuöse Traumata und unsoziale Triebungeheuer bei Freud, archaische Bilder animalischer und gleichermaßen solche spiritueller Natur bei Jung, aus Minderwertigkeiten geborene Leitmotive bei Adler, Drehbücher als Inszenierungs-Anweisungen, Segnungen und Lebensflüche bei Berne und physiologisch konzipierte Panzerungen und Schleusen bei Janov und Reich. In dieser Reichhaltigkeit der nicht-rationalen Anteile unseres Handelns und Erlebens liegt der Beitrag der psychodynamischen Betrachtungsweise, der sie jenseits von aller therapeutischen Effektivität für das menschliche Selbstverständnis interessant macht.
Betrachtet man die Mechanismen, die die neurotische Verformung des Individuums gemäß den einzelnen Therapieformen herbeiführen, so spielen ganz unterschiedliche Gesichtspunkte eine Rolle. Bei Freud ist es die Vielfalt der Abwehrmechanismen, die zur Ausbildung der Symptome beitragen, bei Jung ist es der einfache Mechanismus der Abspaltung persönlicher Komplexe und die mangelhafte Auseinandersetzung mit den transpersonalen Archetypen. Relativ kompliziert wird in der Transaktionsanalyse die Entstehung des Lebensskripts beschrieben; doch die wesentlichen Konzepte sind hierfür die sogen. sabotierenden, elterlichen Indoktrinationen, Provokationen und das elterliche Modellverhalten. Die Primärtherapie und die Körpertherapien versuchen eine reduktionistische Theorie der Neurose auf physiologischer Basis zu formulieren, die zwar zunächst in ihrem potentiellen empirischen Gehalt imponiert, jedoch offensichtlich bisher an unzureichenden Daten untersucht wurde.

Therapietechnik

Wie man sieht, spielen Gesichtspunkte der physiologischen Grundlage und der entwicklungsgeschichtlichen Attribution der

Störung, des Primats von Affekt und körperlichem Ausdruck oder der sozialer Aktion sowie die Möglichkeiten zur Selbstentfaltung eine unterschiedliche Rolle in den einzelnen tiefenpsychologischen Ansätzen. Hinsichtlich der in der Einleitung (Kapitel 1.1) genannten Kriterien allerdings besteht innerhalb der tiefenpsychologischen Therapieschulen Einheitlichkeit. Die Behandlung ist selten symptomzentriert; vielmehr wird die Gesamtperson in ihrer subjektiven Befindlichkeit analysiert. Dadurch soll sie mehr Autonomie gewinnen.

Die therapeutische Arbeit konzentriert sich bei Freud und Jung mehr auf die kognitiv-affektven Verknüpfungen, die sich anhand von Matrial finden lassen, das sich einem unmittelbaren rationalen Zugriff entzieht (Fehlhandlungen, Träume, affektive Übertragungsreaktionen u.a.).

Körpertherapien dagegen setzen an der materialisierten Form der Störung sowohl bei der Analyse wie auch bei der Modifikation an. Die Veränderung der Atmung oder der manuelle Druck auf die muskuläre Verspannung soll sie lösen und dabei eingekerkerte, potentielle Aktionsfreiheiten und Affekte spürbar machen. Dasselbe soll die Anleitung zu Ausdrucksbewegungen erreichen, die aus Angst vor dem damit verbundenen Affekt blockiert sind.

Während Adler in der Therapie an der Revision von Leitideen und Lebensthemen arbeitet und dabei besonderen Bezug auf die soziale Relevanz nimmt – also einen der kognitven Therapie ähnlichen Zugang wählt (Band II, Kapitel 8), ist die Transaktionsanalyse die tiefenpsychologische Richtung, die die Lerngeschichte und deren Gegenwartsbezug in den sozialen Handlungen des Klienten im aktiven Rollenspiel erarbeitet. Sie stellt damit ein Bindeglied zu den übenden Verfahren der Verhaltenstherapie dar (Band II, Kapitel 6).

Auch wenn die Transaktionsanalyse deutliche Bemühungen erkennen läßt, das Verhalten des Menschen interaktiv zu definieren, favorisieren die Tiefenpsychologien grundsätzlich eine interne Determiniation des Verhaltens. Im nächsten Band (Verhaltenstherapien) wird diese Auffassung von der Therapie als Korrektur interner unbewußter Strukturen mit dem Modell externer Determination des Verhaltens und der Verhaltensänderung kontrastiert.

Die folgende Aufstellung ist der Versuch, verschiedene Ebenen der therapeutischen Intervention und die zugehörigen Phänome zu trennen. Jede Ebene beinhaltet spezifische Aspekte der Persönlichkeit und entsprechende Äußerungsformen. Jede Störung läßt sich auf vielen Ebenen lokalisieren. So hat ein depressiver Mensch auf der körperlichen Ebene Schlafstörungen, eine affektive Verarmung, hat die Leitidee, nichts zu können und von keinem gemocht zu werden, trägt womöglich die elterliche Indokriniation, nichts wert zu sein mit sich herum, wählt u.U. einen zwanghaften, kritischen Partner, ist oral fixiert, verhält sich zu anderen Menschen gehemmt, ist im kulturell-religiösen Sinn ein Büßer und hat existenziell beschlossen, daß sein Leben zu nichts lebenswertem führt. Auf jeder Ebene sind andere Interventionen indiziert und werden andere Aspekte eines umfassenden Persönlichkeitsmodells genutzt.

Systemebene	**Phänomen/Symptome**
1. *Individuum*	
1.1. *Körper:* (Zelle, Hormon-/ Immundysfunktion, Organe, Muskeln)	Konversionen, Psychosomatik Bewegungs-Blockaden, Panzerungen, Ausdruck
1.2. *Emotion*	Affekt-Abspaltung, Übertragung, Gefühlsmaschen
1.3. *Unbewußtes*	Träume, Archetypen
1.4 *Vorbewußtes*	Trance, Symbole, Metaphern
1.5. *Präattent.Gedanken*	Injunktionen, Irrationale Ideen
1.6. *Denken* (Logik / Werte/Vorstellungen)	Leitideen, Idole
1.7. *Sprache*	Assoziationen, Ideolektik
2. *Beziehungen*	
2.1. *Paar*	Partnerwahl, -konflikt
2.2. *Familie*	Fixierung, Delegation, Skript
2.3. *Soziale Gruppe*	Macht, Angst, Hemmung
3. *Kultur*	Freiheit, Norm, Repression
4. *Universum*	Sinn, Spiritualität

Mehrebenenmodell psychischer, sozialer und psychosomatischer Störung

Literaturverzeichnis

Abraham, K. (1924) Psychoanalytische Studien zur Charakterbildung. Wien: Intern. Psychoanalyt. Verlag

Adler, A. (1974) Die Technik der Individualpsychologie. Frankfurt/Main: Fischer TB Nr. 6160

Adler, A. (1978) Praxis und Theorie der Individualpsychologie. Frankfurt/Main: Fischer TB 6236

Aeppli, E. (1943) Der Traum und seine Deutung. Erlenbach-Zürich: Rentsch

Alexander, F. (1950) Psychosomatische Medizin. Berlin: DeGruyter

Alexander, F. (1965) Psychoanalytic contribution to shortterm psychotherapy. In Wolberg, L.R. (Hrsg.) Shortterm Psychotherapy. New York

Allport, G. W., Vernon, P. E. & Lindzey, G. (1951) Study of values. Boston: Houghton, Mifflin

Ammon, G. (1973) Gruppenpsychotherapie. Hamburg: Hoffman & Campe

Ammon, G. (1976) Analytische Gruppendynamik. Hamburg: Hoffmann & Campe

Appignanesi, R. & Zarate, O. (1980) Freud für Anfänger. rororo Sachbuch Nr. 7535

Balint, M. (1952) Primary love and psychoanalytic technique. London: Hogart

Balint, M. (1959) Angstlust und Regression. Ein Beitrag zur psychologischen Typenlehre. Stuttgart: Klett

Balint, M., Ornstein, P. H. & Balint, E. (1973) Fokaltherapie. Frankfurt/Main: Suhrkamp (Original 1972)

Bandler, R., Grinder, J. & Satir, V. (1978) Mit Familien reden – Gesprächsmuster und therapeutische Veränderung. München

Bandura, A. (1971) Principles of behaviour modification. New York: Holt, Rinehard & Winston

Bandura, A. (1977) Self efficacy: Toward a unifying theory of behaviour change. Psychological Review 84, S. 191–215

Bastine, R. (1975) Auf dem Wege zu euner integrierten Psychotherapie. Psychologie heute 2, S. 53–58

Baumann, U. (1981) Indikation zur Psychotherapie. Fortschritte der klinischen Psychologie Nr. 25. München: Urban & Schwarzenberg

Beck, A. T., Hollon, S. D., Young, J., Bedrosian, R. C. & Budenz, D. (1985) Combined cognitive-pharmacological therapy versus cognitive therapy in the treatment of depressed outpatients. Archives of General Psychiatry 42, S. 142–148

Behrens, M. L. (1954) Child rearing and the character structure of the mother. Child Development 25, S. 225–238
Bergin, A. E. & Lambert, W. (1978) Evaluation of Therapeutic Outcomes. In Garfield, S. C. & Bergin, A. E. (Hrsg.) Handbook of Psychotherapy and Behaviour Change
Bergin, A. E. & Strupp, H. H. (1970) New directions in psychotherapy research. In Journal of Abnormal Psychology 75, S. 125–133
Bergin, A. E. (1980) Psychotherapy and religious values. Journal of Consulting and Clinical Psychologie 48, S. 95–105
Bergin, A. E. (1985) Proposed values for guiding and evaluating counseling and psychotherapy. Counseling and values 29 (2), S. 99–116
Berlyne, D. E. & Madsen, K. B. (1973) Pleasure, reward, preference. New York, London: Academic Press
Berne, E. (1967) Spiele der Erwachsenen. Reinbek: Rohwolt
Berne, E. (1972) Was sagen Sie, nachdem Sie guten Tag gesagt haben. München: Kindler
Beutler, L. E. (1983) Eclectic psychotherapy: A systematic approach. New York: Pergamon
Bischof, N. (1972) Inzestbarrieren bei Säugetieren. Homo 73, S. 330–351
Bischof, N. (1985) Das Rätsel des Ödipus. München: Piper
Blakeslee, T. R. (1980) The right brain. New York: Anchor Press
Bloch, E. (1959) Das Prinzip Hoffnung. Frankfurt/Main: Suhrkamp
Boadella, D. (1977) Bioenergie und Körpersprache. In Petzold, H. (Hrsg) Die Neuen Körpertherapien. Paderborn: Junfermann
Boadella, D. (1983) Wilhelm Reich. Frankfurt/Main: Fischer TB
Borbely A. (1987) Das Geheimnis des Schlafs. München: dtv
Boysen, G. (1987) Über den Körper die Seele heilen. München: Kösel
Brenner, Ch. (1978) Grundzüge der Psychoanalyse. Frankfurt/Main. Fischer TB Nr. 6309
Broder, M. & Heck, J. (1974) Primal re-integration training. Unveröffentlichtes Manuskript. Center for the Whole Person Route 1, Box 84. Mays Landing. New Jersey
Brown, M. (1975) Ein Vergleich zwischen »Direkter Körperkontakt-Psychotherapie« und Janovs Primär-Therapie: Ähnlichkeiten und Unterschiede. Integrative Therapie, Zeitschrift für Verfahren Humanistischer Psychologie und Pädagogik 2, S. 90–101
Byrne, D. (1961) The repression-sensitization scale: Rationale, reliability, and validity. In Journal of Personality 29, S. 334–349
Campbell, D. T & Stanley, J. C. (1963) Experimental and quasi-experimental designs for research. Chicago: Rand McNally
Cobb., L (1977) Übertragung und das Pesso System psychodynamischer Therapie. In Petzold, H. Die neuen Körpertherapien, Paderborn: Junfermann

De Waele, J. P. (1961) Zur Frage der empirischen Bestätigung psycholoanalytischer Grundannahmen. In Zeitschrift für Psychologie 165, S. 90–134

Di Loreto, A. O. (1971) Comperative Psychotherapy, Chicago: Aldine

Dixon, N. F. (1981) Preconscious processing. New York: Wiley

Duehrssen, A. (1972) Analytische Psychotherapie in Theorie, Praxis und Ergebnissen. Göttingen: Vandenhoeck & Ruprecht

Dusay, J. M. (1977) Egograms – how I see You and You see me. NewYork: Harper & Row

Ellenberger, H. F. (1970) Discovery of the Unconscious. New York: Basic Books

Emerich, H. & Heinemann, L. G. (1966) EEg bei unterschwelliger Wahrnehmung emotional bedeutsamer Wörter. Psychologische Forschung 29, S. 285–296

Erikson, E. (1963) Childhood and society. New York: Norton

Erikson, E. H. (1980) Identity and the Life Cycle. New York: Norton

Eschenröder, C. T. (1986) Hier irrte Freud. München: Psychologie Verlags Union

Eysenck, H. J. (1970) The structure of human personality. Menthuen (UP)

Fenichel, O. (1941) Problems of psychoanalytic technique. Psychoanal. Quart. New York: Albany

Fenichel, O. (1945) The psychoanalytic theory of nerosis. New York: Norton

Ferenzci, S. (1989) Ohne Sympathie keine Heilung. In Fischer (Hrsg.) Das Klinische Tagebuch von 1932. Frankfurt: DuPont

Fichter, M. (1979) Versuchsplanung experimenteller Einzelfalluntersuchungen in der Psychotherapieforschung. In Petermann, R. & Hehl, F. (Hrsg) München: Urban & Schwarzenberg

Fischer, C. (1981) Träumen Sie nach Freud oder nach Jung? In Psychologie heute 3, S. 30–36

Foerster, H. v. (1985) Sicht und Einsicht. Braunschweig: Vieweg

Foulkes, D. (1982) Childrens's dreams. Longitudinal studies. New York: Wiley

Frank, J. D. (1973) Persuasion and healing. A comperative study of psychotherapy. Baltimore: John Hopkins Univ. Press

Frank, R. & Frank, R. (1977) Die Rolle des Körpers in der bioenergetischen Analyse. In Petzold, H. Die neuen Körpertherapien. Paderborn: Junfermann

Frankl, V. (1975) Theorie und Therapie der Neurosen. München: UTB 457

French, T. M. & Fromm, E. (1964) The Interpretation of dreams. New York: Basic Books

Freud, A. (1964) Das Ich und die Abwehrmechanismen. In Kindler Geist und Psyche Nr2001. München

Freud, S. (1900) Traumdeutung. Frankfurt/Main: Fischer TB 6344
Freud, S. (1909) Analyse der Phobie eines fünfjährigen Knaben. In GW Bd. VII. Frankfurt/Main: S. Fischer
Freud, S. (1909) Zur Psychopathologie des Alltagslebens. Frankfurt/Main: Fischer TB 6079
Freud, S. (1912) Totem und Tabu. In GW Bd. IX. Frankfurt/Main: S. Fischer
Freud, S. (1914) Erinnern, Wiederholen, Durcharbeiten. In GW Bd. X. Frankfurt/Main: S. Fischer
Freud, S. (1916–17) Vorlesungen zur Einführung in die Psychoanalyse. In GW Bd. 11. Frankfurt/Main: S. Fischer
Freud, S. (1926) Hemmung, Symptom und Angst. In GW Bd. XIV. Frankfurt/Main: S. Fischer
Freud, S. (1931) Das Unbehagen der Kultur. Frankfurt/Main: Fischer TB 6038
Freud, S.(1932) Neue Folgen der Vorlesungen zur Einführung in die Psychoanalyse. Frankfurt/Main Fischer TB 6390
Freud, S. (1939) Abriß der Psychoanalyse. In Gesammelte Werke. Frankfurt/Main: Fischer TB 47
Freud, S. (1979) Der Witz und seine Beziehung zum Unbewußten. Frankfurt/Main: Fischer TB 6038
Freud, S. & Breuer, J. (1895) Studien über Hysterie. Frankfurt/Main: Fischer TB 6001
Freundlich, D. (1977) Der Körper in der Primärtherapie. In Petzold, H. (Hrsg.) Die neuen Körpertherapien. Paderborn: Junfermann
Fromm, E. (1941a) Escape from freedom. New York: Holt, Rinehart & Winston
Fromm, E. (1941b) Man for himself. New York: Rinehart & Winston
Fromm, E. (1955) The same society. New York: Rinehart
Fromm-Reichmann, F. (1950) Principles of intensive psychotherapy. Chicago: University of Chicago Press
Gardiner, M. (1982) Der Wolfsmann vom Wolfsmann. Frankfurt/Main: S. Fischer
Garfield, S. L. & Bergin, A. E. (1978) Handbook of Psychotherapy and Behaviour Change. New York Wiley
Gendlin, E. (1969) Focusing psychotherapy. In Theory, Research and Practice 6, S. 4–15
Glasersfeld, E. v. (1987) Wissen, Sprache und Wirklichkeit. Braunschweig: Vieweg
Gleick, J. (1988) Chaos – die Ordnung des Universums. München: Droemer Knaur
Goldman-Eisler, F. (1948) Breast-feeding and character formation. In Journal of personality 17, S. 83–103

Gottman, J. M. & Markmann, K. (1978) Experimental design for psychotherapy research. In Bergin, A. E. & Garfield, S. L. (Hrsg) Handbook of Psychotherapy and Behaviour Change. New York: Wiley

Goulding, M. & Goulding, R. L. (1979) Changing lives through redicision therapy. New York: Brunner & Mazel

Grawe, K. (1978) Indikation in der Psychotherapie. In Pongratz, L. (Hrsg.) Handbuch der Psychologie, Bd. 8. Göttingen: Hogrefe

Grawe, K. (1992) Psychotherapieforschung zu Beginn der 90ger Jahre. In Psychologische Rundschau 43, S. 132–162

Grawe, K., Caspar, F. & Ambühl, H. (1990) Die Berner Therapievergleichsstudie: Fragestellung und Versuchsplan. In Zeitschrift für Klinische Psychologie 19(4), S. 294–315

Groch, A. S. (1974) Generality of humor and wit in cartoons, jokes, stories and photographies. In Psychological Report 35, S. 835–838

Gurman, A. S. & Razin, A. M. (1977) Effective psychotherapy. Handbook of Research. New York: Pergamon

Habermas, J. (1969) Technik und Wissenschaft als Ideologie. Frankfurt/Main: Suhrkamp Ed. Nr. 287

Haken, H. (1984) Erfolgsgeheimnisse der Natur. Synergetik. Frankfurt/Main: Ullstein

Haley, J. (1978) Strategies of psychotherapy. New York: Grune und Stratton. Deutsch: Gemeinsamer Nenner Interaktion – Strategien der Psychotherapie. München: Pfeiffer

Hall, C. S. & Lindsey, G. (1969) Theories of Personality. New York: Wiley

Hall, J. A. (1982) Arbeit mit Träumen ind Klinik und Praxis. Paderborn: Junfermann

Hall, R. V., Pangang, M., Rabon, D. & Broden, M. (1977) Unterweisung von Junglehrern in der Anwendung von Verstärkungsverfahren zur Verbesserung der Kontrolle über das Schülerverhalten. In Mees, U. & Selg, H. (Hrsg.) Verhaltensbeobachtung und Verhaltensmodifikation. Stuttgart: Klett

Hammerling-Balzert, Chr. (1978) Grundlagen, Probleme und Ergebnisse psychoanalytischer Therapie. In Pongratz. L. (Hrsg.) Handbuch der Psychologie, Bd. 8. Klinische Psychologie

Harlow, H. G. & Harlow, A. K. (1962) Social deprivation in monkeys. In Scientific American 207, S. 137–146

Harris, Th. (1974) Ich bin ok – Du bist ok. Reinbek: Rohwolt

Hart, J., Corriere, R. & Binder, J. (1975) Going sane. An introduction to feeling therapy. New York: Jason Aronson

Hartmann, H. (1939) Ichpsychologie und Anpassungsproblem. Stuttgart: Klett

Hartmann, H. Moessner, U. & Haerle, F. (1972) Zur Frage der Intelligenz und emotionaler Entwicklung von Kindern mit Lippen-, Kiefer-, Gaumenspalten. In: Praxis der Kinderpsychologie und Kinderpsychiatrie 21, S. 1–9

Heckhausen, H. (1963) Furcht und Hoffnung in der Leistungsmotivation. Meisenheim: Hain
Heigl-Evers, A. & Streeck, U. (1978) Analytische Gruppentherapie. In Pongratz, L. J. (Hrsg.) Handbuch der Psychologie, Bd. 8. Klinische Psychologie. Göttingen: Hogrefe
Heimann, P. (1950) On countertransference. In International Journal of Psychoanalysis 31, S. 81–84
Hetherington, E. M. & Brackbill, V. (1963) Etiology and covariation of obstinacy, orderliness and parsimony in young children. In Child Development 34, S. 919–943
Heyne, C. (1991) Tatort Couch. Zürich: Kreuz-Verlag
Hofstätter, P. R. (1960) Tiefenpsychologische Persönlichkeitstheorien. In Lersch, P. & Thomae, A. (Hrsg.) Handbuch der Psychologie, Bd. 4. Göttingen: Hogrefe
Holzkamp, K. (1968) Wissenschaft als Handlung. Berlin
Holzkamp, K. (1971) Kritische Psychologie. Frankfurt/Main: Fischer TB 6505
Holzkamp, K. (1973) Sinnliche Erkenntnis – historischer Ursprung und gesellschaftliche Funktion der Wahrnehmung. Frankfurt/Main: Fischer Athenaeum
Horney, K. (1951) Der neurotische Mensch unserer Zeit. München: Kindler
Jacobi, J (1957) Komplex, Archetypus, Symbol in der Psychologie C. G. Jungs. Zürich: Rascher
Jacobi, J. (1975) Die Psychologie von C. G. Jung. Frankfurt/Main: Fischer TB 6365
Jacobson, E.(1938) Progressive relaxation. University of Chicago Press
Jacobson, N. S. & Revenstorf, D. (1988)Statistics for assessing the clinical significance of psychotherapy techniques. Issues, problems and new developments. In Journal of Behavioral Assessment (10 (2))
Jacobson, N. S. (1978) Specific and nonspecific factors in the effectiveness of a behaviournal approach to the treatment of marital discord. In Journal of Consulting and Clinical Psychology 46, S. 442–452
Jacobson, N. S., Follette, W. C. & Revenstorf, D. (1984) Psychotherapy outcome research: Methods of reporting variability and evaluating clinical significance. Behaviour Therapy 15, S. 336–352
Jacobson, N. S., Follette, W. C. & Revenstorf, D. (1986) Towards a standard definition of clinically significant change. Behaviour Therapy 17, S. 304–311
Janov, A. (1971) The anatomy of mental illness. New York: Berkeley Windhover Books
Janov, A. (1975) Der Urschrei (1973) Frankfurt/Main: Fischer TB 6268
Janov. A. (1976) Revolution der Psyche. Frankfurt/Main: Fischer
Janov, A. (1977) Das befreite Kind (1973). Frankfurt/Main: Fischer
Janov, A. (1981) Gefangen im Schmerz. Frankfurt/Main: Fischer

Janovic, U. (1978) Traumforschung. In Pongratz, L. (Hrsg.) Handbuch der Psychotherapie, Bd. 8. Klinische Psychologie. Göttingen: Hogrefe

Jung. C. G. (1969)Über die Grundlagen der analytischen Psychologie. Frankfurt/Main: Fischer TB 6302

Jung, C. G. (1978a) Der Mensch und seine Symbole. Olten: Walter

Jung. C. G. (1978b) Welt der Psyche. München: Kindler TB 2010

Jung, C. G. (1990) Traum und Traumdeutung. München: dtv

Kanfer, F. H. & Schefft, B. S. (1988) Guding the process of therapeutic change. Champaign: Research Press

Kanfer, F. H. (1979) Self-Management: Strategies and tactics. In Goldstein, A. P. & Kanfer, F. H. (Hrsg.) Maximizing Treatment Gains. New York: Academic Press

Karpmann, S. (1968) Fairy tailes and script drama analysis. Transact. Anal. Journ. 4, S. 39–43

Kast, V. (1990) Die dynamik der Symbole. Freiburg: Olten

Kemper, W. (1955) Der Traum und seine Be-Deutung. Reinbek: Rohwolt TB Nr. 4

Kernberg, O. F. et. al. (1972) Psychotherapy and psychoanalysis – Finalreport of the Menninger Foundation's psychotherapy research project. Bulletin of the Minninger Clinic

Kiener, F. (1978) Empirische Kontrolle psychoanalytischer Thesen. In: Pongratz, L. J. (Hrsg) Handbuch der Psychologie, Bd. 8, Klinische Psychologie. Göttingen: Hogrefe

Kiesler, D. J. (1971) Experimantal design. In Bergin, A. E. & Garfield, S. L. (Hrsg.) Handbook of Psychotherapy and Behavior Change. New York: Wiley

Kinsey, A. C., Pomroy, M. B. & Martin, C. E. (1948) Sexual behavior in the human male. Philadelphia: Saunders

Klages, L. (1928) Die Grundlagen der Charakterkunde. Leipzig

Kline, P. (1972) Fact and fantasy in Freudian theory. London: Menthuen

Kohlberg, L. (1978) The cognitive developmental approach to behavior disorders. A study of the development of moral reasoning in derlinquents. In: Serban, G. (Hrsg.) Cognitive defects in the development of mental illness. New York: Brunner-Mazel

Kohut, H. (1979) Die Heilung des Selbst. Frankfurt/Main: Suhrkamp

Koukkou, M. & Lehmann, D. (1980) Psychophysiologie des Träumens und der Neurosentherapie. Das Zustands-Wechselmodell, eine Synopsis. Fortschritte der Neurologie u. Psychiatrie 48, S. 324–350

Krambeck, L. & Lorenzer, K. (1975) In Schraml, J. & Baumann, U (Hrsg.) Klinische Psychologie. Bern: Huber

Kretschmer, E. (1977) Körperbau und Charakter. Heidelberg: Springer

Laborde, G. Z. (1984) Influencing with integrity. Palo Alto: Syntony Publishers

London, P. (1964) The modes and morals of psychotherapy. New York: Holt, Rinehart & Winston

London, P. (1969) Behavior Control. New York: Harper & Row
Lorenzer, A. (1979) Kritik des psychoanalytischen Symbolbegriffs. Frankfurt/Main: S. Fischer
Lowen, A. (1977) Bioenergetische Analyse. In Petzold, H. (Hrsg.) Die neuen Körpertherapien. Paderborn: Junfermann
Lowen, A. (1979) Bioenergetik. Hamburg: Rowohlt
Luborsky, L. & Singer, B. (1975) Comperative studies in psychotherapies. Archives of General Psychiatry 32, S. 995–1008
Luborsky, L. & Spence, D. P. (1978) Quantitive research on psychoanalytic theory. In Garfield, S. L. & Bergin, A. E. (Hrsg.) Handbook of Psychotherapy and Behavior Change. New York: Wiley
Magnusson, D. & Endler, N. (1977) Personality at the crossroads. Hilldale, New York: Lawrence Erlbaum
Mahler, M. S. Pine, F. & Bergmann, A. (1975) The psychological birth of the human infant. New York: Basic Books
Masters, W. H. & Johnson, V. E. (1979) Human sexual inadequacy. Boston: Little Brown
Maturana, H. R. & Varela, F. J. (1987) Der Baum der Maturanaerkenntnis. Bern: Scherz
Mead, M. (1965) Leben in der Südsee München, Kindler
Meadows, D. H., Meadows, D. L. & Randers, J. (1992) Die neuen Grenzen des Wachstums. Stuttgart: DVA
Melzack, R. (1978) Das Rätsel des Schmerzes. Stuttgart: Hippokrates
Mertens, W. (1981) Psychoanalyse. Stuttgart: Kohlhammer, Urban TB (4. Aufl. 1992)
Mertens, W. (1983) Psychoanalyse. Ein Handbuch in Schlüsselbegriffen. München: Urban und Schwarzenberg
Meyer, A. E. (1981) The Hamburg short psychotherapy comparison experiment. Psychotherapy and Psychosomatics 35, S. 2–3
Meyer, A. E., Richter, R., Grawe, K., von der Schulenberg, J.-M. & Schulte, B. (1991) Forschungsgutachten zu Fragen eines Psychotherapeuten-Gesetzes. Bonn: Gesundheitsministerium
Meyer, V., Levy, R. & Schnurer, A. (1979) Die verhaltenstherapeutische Behandlung von zwangsneurotischen Störungen. In Kallinke, D., Lutz, R. & Ramsay, R. W. (Hrsg.) Die Behandlung von Zwängen. München: Urban & Schwarzenberg
Mildendorf, I. (1977) Atem und seine Bedeutung für die Entwicklung und das Heilssein des Menschen. In Petzold, H.: Die neuen Körpertherapien. Paderborn: Junfermann
Minsel, W.-R. & Zielke, M. (1978) Theoretische Grundlagen der Gesprächspsychotherapie. In Pongratz, L. J. (Hrsg.) Handbuch der Psychologie, Bd. 8, Klinische Psychologie. Göttingen Hogrefe
Nell, R. (1976) Traumdeutung in der Paartherapie. München: Kindler (Geist und Psyche)
Norcross, J. C. (Hrsg) (1986) Handbook of Eclectic Psychotherapy. New York, Brunner/Mazel

Obholzer, K. (1980) Gespräche mit dem Wolfsmann – Eine Psychoanalyse und ihre Folgen. Hamburg: Rowohlt

Orlinski, P. E. & Howard, U. I. (1979) The relation of process to outcome in psychotherapy. In Bergin, A. E. & Garfield, S. L. (Hrsg.) Handbook of Psychotherapy and Behavior Change. New York; Wiley

Orlinsky, D. E. & Howard, K. L. (1986) Process and outcome in psychotherapy. In Garfiled, S. L. & Bergin, A. E., Handbook of Psychotherapy and Behavior Change. New York, Wiley

Parloff, M. B. (1982) Psychotherapy research evidence an reimbursement decisions: Bambi meets Godzilla. American Journal of Psychiatry 139, S. 718–727

Perls, F. S. (1975) »Gestalt Therapy Verbatim«. New York: Bantam Books

Perrez, M. (1976) Zum Problem der Relevanzforderung in der klinischen Psychologie am Beispiel der Therapieziele. In Iseler, A. & Perrez, M. (Hrsg.) Relevanz in der Psychologie (S. 139–154). München: Reinhardt

Petzold, H. & Berger, A. (1977) Integrative Bewegungstherapie. In Petzold, H.: Die neuen Körpertherapien. Paderborn: Junfermann

Pirsig, R. M. (1974) Zen and the art of motorcycle maintenance. New York: Bantam Books

Pongratz, J. L. (1978) Handbuch für Klinische Psychologie. Göttingen: Hogrefe

Prigogine, I. & Stengers (1981) Dialog mit der Natur. München: Springer

Prioleau, N., Murdock, M. & Brody, N. (1983) An analysis of psychotherapy versus placebo studies. The Behavioral and Brain Sciences 6, S. 275–310

Prochaska, J. O. & DiClemente C. C. (1984) The transtheoretical approach: Crossing the traditional boundaries of therapy. Homewood, Il.: Dow Jones-Irwin.

Queckelberghe, R. van (1979) Systematik der Psychotherapie. München: Urban und Schwarzenberg

Rachmann, S. J. & Wilson, G. T. (1980a) The effects of psychological therapy. New York: Pergamon

Rank, Th. (1924) The trauma of the birth. New York: Harper-Row

Rautenberg, W. & Rogoll, R. (1980) Werde, der du werden kannst. Freiburg: Herder

Reich, W. (1933) Charakteranalyse. Amsterdam: de Munter

Reiter, L. & Steiner, E. (1976) Allgemeine Wert- und Zielvorstellungen von Psychotherapeuten und Beratern. Praxis der Psychotherapie 21, S. 80–91

Revenstorf, D. (1966) Theorien und Experimente zum latenten Lernen. Psychologische Beiträge 9, S. 122–163

Revenstorf, D. (1978) Persönlichkeit. IFT-Texte 9. München: Röttger
Revenstorf, D. (1978) Vom unsinnigen Aufwand in der Faktorenanalyse. Archiv für Psychologie 3, S. 1–36
Revenstorf, D. (1980) Therapieforschung. In Asanger, R. & Wenninger, G. (Hrsg.) Handwörterbuch der Psychologie. Weinheim: Beltz
Revenstorf, D. (1981) Neuere Methoden der Prozeß- und Evaluationsforschung in der Psychotherapie. In Brengelmann, J. C. (Hrsg.) Entwicklung der Verhaltenstherapie in der Praxis. München: Röttger
Revenstorf, D. (1984) Stärken und Schwächen der Meta-Analyse von Forschungsergebnissen. In Brengelmann, J. C. (Hrsg.) Entwicklungen der Verhaltenstherapie in der Praxis. München: Röttger
Revenstorf, D. (1992) Psychotherapeutische Ansätze im Überblick. In Bastine (Hrsg.) Klinische Psychologie, Bd. 2., S. 309–360, Stuttgart: Kohlhammer
Revenstorf, D., Heinrich, G. & Brengelmann, J. C. (1987) Die Rolle von Verhalten und Einstellung in der Veränderlichkeit des Rauchens. In Brengelmann, J. C. (Hrsg.) Fortschritte der Verhaltenstherapie. München: Röttger
Richter, H. E. (1978) Die Gruppe. Reinbek: rororo 7173
Rogers, C. R. (1959) A theory of therapy, personality, and interpersonal relationsships, as developed in the clientcentered frame-work. In Koch, S. (Hrsg) Psychology – A Study of Science, Bd. 111 (S. 184–256). New York: McGraw Hill
Rogoll, R. (1976) Nimm dich, wie du bist. Freiburg, Herder
Salter, A. (1952) The case against psychoanalysis. New York: Harper
Sarason, I. G. (1965) Science and theory in psychoanalysis. New York: Van Nostrand, Insight Book
Schiff, J. (1971) All my children. New York: Evan
Schlegel, L. (1975–79) Grundriß der Tiefenpsychologie. Bd. 4. (1975) Die Polarität er Psyche und ihre Integration. München: Franke UTB 216. (1979) Transaktionsanalyse, Bd. 5. München: Franke UTB 870
Schraml, J. (Hrsg.) (1970) Klinische Psychologie. Stuttgart: Huber
Schultz, J. H. (1932) Das Autogene Training. Thieme: Stuttgart
Schultz-Hencke, H. (1954) Lehrbuch der analytischen Psychotherapie. Stuttgart: Thieme
Sears, R. R., Macoby, E. E. & Levin, H. (1957) Patterns of child rearing. Evanston: Row
Sewell, W. G. & Mussen, P. (1952) The effects of feeding, weaning, and sheduling procedures on childhood adjustment and the formation of oral symptoms. Child Development 23, S. 185–191
Shapiro, D. A. (1985) Recent applications of metaanalysis in clinical research. Clinical Psychology Review 5, S. 13–34
Shofield, W. Psychotherapy as a purchase of friendship. Englewood Cliffs: Prentice Hall
Skinner, B. F. (1971) Beyond freedom and dignity. New York: Knopf

Sloane, R. B., Staples, F. R., Cristol, A. H., Yorston, N. Y. & Whipple, K. (1975) Psychotherapy versus behavior therapy. Cambridge, MA: Harvard University Press
Smith, M. L. & Glass, G. V. (1977) Meta analysis of therapy outcome. American Psychologist 32, S. 752–760)
Smith, M. L., Glass, G. V. & Miller, T. I. (1980) The benefits of psychotherapy. Baltimore: John Hopkins Universitiy Press
Speissmann, J. C. (1959) Depth of interpretation on verbal resistance in psychotherapy. Journal of Consulting Psychology 23, S. 93–99
Spitz, R. (1967) Vom Säugling zum Kleinkind. Stuttgart: Klett
Steiner, C. (1975) Scripts people live. New York: Bantam Books
Stekel, W. (1943) The interpretation of dreams. New York: Washington Square Press
Strotzka, H. (1978) Psychotherapie: Grundlagen, Verfahren, Indikationen. München: Urban & Schwarzenberg
Strupp, H. H. (1973) On the basic ingredients of psychotherapy. Journal of Consulting and Clinical Psychology 41, S. 1–8
Strupp, H. H. (1977) A reformulation of the dynamics of the therapists contribution. In Gurman & Razin
Sullivan, H. S. (1953) The interpersonal theory of psychiatry. New York: Norton
Swartley, W. (1976) Outline of primal reintegration. Unveröffentlichtes Manuskript. Center for Whole Person, R. R. 1, Box 84. New York: Mays Landing 08330
Tausch, R. & Tausch, A. (1978) Personenzentrierte Gesprächspsychotherapie. In Pongratz, L. J. (Hrsg.) Handbuch der Psychologie, Bd. 8. Göttingen: Hogrefe
Thomä, H. & Kächele, H. (1989) Lehrbuch der psychoanalytischen Therapie. Bd. 1. Grundlagen. Heidelber: Springer
Toman, W. (1978) Tiefenpsychologie. Stuttgart: Kohlhammer
Treppenhauer, A. (1976) Emazipatorische Psychologie. Frankfurt: Campus
Tscheulin, D. (1980) Gemeinsame Grundelemente in verschiedenen Psychotherapieformen. In Rey, E.-R. (Hrsg.) Klinische Psychologie. Stuttgart: Fischer
Urban, H. B. & Ford, D. H. (1971) Some historical and conceptual perspectives on psychotherapy and behavior change. In Bergin, A. E. & Garfield, S. L. (Hrsg.) Handbook of Psychotherapy and Behavior Change. New York: Wiley
Wachtel, P. L. (1981) Psychoanalyse und Verhaltenstherapie. Stuttgart: Klett-Cotta
Watson, J. B. (1913) Psychology as the behaviorist views it. Psychological Review 20, S. 158–177
Watzlawick, P., Beavin, J. H., Jackson, D. D. (1969) Menschliche Kommunikation. Bern: Huber (8. Aufl. 1990)

Watzlawick, P., Weakland, J. H. & Fisch, R. (1979) Lösungen – Zur Theorie und Praxis menschlichen Wandelns. Bern: Huber

Welkowitz, J., Cohen, R. & Ortmeyer, D. (1967) Value system similarity: An investigation of patient-therapist dyads. Jourbal of Consulting Psychology 31, S. 1, 48–55

Wetzel, H. & Linster, H. W. (1988) Psychotherapie. In Asanger, B. & Wenninger G. (Hrsg.) Handwörterbuch der Psychologie, S. 627–639. Weinheim: Beltz

Winson, J. (1986) Auf dem Boden der Träume. Weinheim: Beltz

Wyss, D. (1966) Die tiefenpsychologischen Schulen von den Anfängen bis zur Gegenwart. Göttingen: Vandenhoeck & Ruprecht

Yates, A. J. (1971) Konflikt. In Arnold, Eysenck & Meili (Hrsg) Lexikon der Psychologie. Freiburg: Herder

Zimmer, D. E. (1986) Schlafen und Träumen. Die Nachtseite unseres Lebens. Frankfurt/Main: Ullstein